SABER PROFISSIONAL

Análise Social das Profissões
em Trabalho Técnico-Intelectual (ASPTI)

COM O PATROCÍNIO
DA FUNDAÇÃO CALOUSTE GULBENKIAN

Telmo H. Caria (org.) • Fernando Pereira
José Pombeiro Filipe • Armando Loureiro • Margarida Silva

SABER PROFISSIONAL
Análise Social das Profissões
em Trabalho Técnico-Intelectual (ASPTI)

ALMEDINA

SABER PROFISSIONAL
ANÁLISE SOCIAL DAS PROFISSÕES EM TRABALHO TÉCNICO-INTELECTUAL (ASPTI)

AUTORES
TELMO H. CARIA (ORG.) • FERNANDO PEREIRA
JOSÉ POMBEIRO FILIPE • ARMANDO LOUREIRO • MARGARIDA SILVA

EDITOR
EDIÇÕES ALMEDINA, SA
Rua da Estrela, n.º 6
3000-161 Coimbra
Tel.: 239 851 904
Fax: 239 851 901
www.almedina.net
editora@almedina.net

EXECUÇÃO GRÁFICA
G.C. – GRÁFICA DE COIMBRA, LDA.
Palheira – Assafarge
3001-453 Coimbra
producao@graficadecoimbra.pt

Abril, 2005

DEPÓSITO LEGAL
225005/05

Toda a reprodução desta obra, por fotocópia ou outro qualquer processo,
sem prévia autorização escrita do Editor,
é ilícita e passível de procedimento judicial contra o infractor.

ÍNDICE

NOTAS BIOGRÁFICAS DOS AUTORES 9

APRESENTAÇÃO 13

CAPÍTULO 1 – TRABALHO E CONHECIMENTO PROFISSIONAL-TÉCNICO: AUTONOMIA, SUBJECTIVIDADE E MUDANÇA SOCIAL *(TELMO CARIA)* 17

    1.1. CONTORNOS DESCRITIVOS DO TRABALHO TÉCNICO-INTELECTUAL 17
        1.1.1. Primeiro contorno: um tema experiencial 17
        1.1.2. Segundo contorno: a categorização social 18
        1.1.3. Terceiro contorno: o trabalho intelectual-profissional 20
        1.1.4. Quarto contorno (que é fronteira): o uso do conhecimento 22
    1.2. PROBLEMATIZAR O TRABALHO PROFISSIONAL-TÉCNICO 23
        1.2.1. Os profissionais 24
        1.2.2. Uso profissional e instrumental do conhecimento 28
        1.2.3. Acção técnica no uso profissional do conhecimento 33
        1.2.4. Tecnologia, mudança e reflexividade sociais 36
        1.2.5. Actores, sistemas e estruturas 41

CAPÍTULO 2 – TRAJECTÓRIA, PAPEL E REFLEXIVIDADE PROFISSIONAIS - ANÁLISE COMPARADA E CONTEXTUAL DO TRABALHO TÉCNICO-INTELECTUAL *(TELMO CARIA)* 43

    2.1. PROBLEMÁTICA DA CULTURA NO TRABALHO PROFISSIONAL-TÉCNICO 44
        2.1.1. Cultura e enquadramento da experiência social 44
        2.1.2. Cultura e regras sociais 47
    2.2. CONTEXTOS DE TRABALHO TÉCNICO-INTELECTUAL 51
        2.2.1. Profissionalização, organização e representação da actividade ... 51
        2.2.2. Amostra e desenvolvimento da análise 51
        2.2.3. Contextos de profissionalização 53
        2.2.4. Dos contextos às trajectórias profissionais 55
        2.2.5. Papeis técnico-funcionais 60
        2.2.6. Reflexividade profissional 62
    2.3. RELAÇÕES SOCIAIS E PODER PROFISSIONAL 69
        2.3.1. Que relação entre trajectórias, papeis e reflexividade? 69
        2.3.2. Entre identificações e culturas 71
    Anexos II 75

CAPÍTULO 3 – NARRATIVIDADE, REFLEXIVIDADE E LEGITIMIDADE EM EDUCAÇÃO ESPECIAL *(JOSÉ POMBEIRO FILIPE)* 93

   3.1. Abordagens Sociológicas da Reflexividade 95
   3.2. Consciência Discursiva da Produção de Si e da Técnica na Relação... 105
   3.3. Da Narratividade à Reflexividade Institucional 109
      3.3.1. Lógicas/dimensões da acção 110
      3.3.2. Um posicionamento político crítico 114
   3.4. Reflexividade Institucional numa EEE 120
      3.4.1. Participação em políticas 120
      3.4.2. O problema da inclusão escolar 126
   3.5. Reflexividade e campo social 129
      3.5.1. Políticas e reflexividade 129
      3.5.2. Poder e cultura profissional 131
   Anexos III 137

CAPÍTULO 4 – OS SABERES PROFISSIONAIS-TÉCNICOS EM ASSOCIAÇÕES E COOPERATIVAS AGRÁRIAS *(FERNANDO PEREIRA)* 141

   4.1. O(s) conceito(s) de conhecimento 142
   4.2. A recontextualização do conhecimento em contexto de trabalho 143
      4.2.1. Episódios da intervenção profissional dos técnicos das ACA 144
      4.2.2. Saberes profissionais 150
   4.3. Uso do conhecimento 160
   4.4. O uso do conhecimento no desenvolvimento agrário de TMAD 165

CAPÍTULO 5 – O TRABALHO E O SABER DOS PROFISSIONAIS-TÉCNICOS DE EDUCAÇÃO E FORMAÇÃO DE ADULTOS EM CONTEXTO ASSOCIATIVOS *(ARMANDO LOUREIRO)* 169

   5.1. O contexto de trabalho 170
      5.1.1. Os técnicos 170
      5.1.2. Organização do trabalho 171
   5.2. A actividade colectiva 174
      5.2.1. A inter-ajuda 174
      5.2.2. A reformulação e a generalização do fazer 176
      5.2.3. A racionalização do fazer 177
      5.2.4. Um trabalho burocrático 179
   5.3. Saberes e aprendizagens profissionais em contexto 180
      5.3.1. Transferências de saberes e explicitação do implícito 181
      5.3.2. Usos do conhecimento abstracto 190
   5.4. Recontextualizadores e produtores de saber 195

CAPÍTULO 6 – USO DO CONHECIMENTO, INCERTEZA E INTERACÇÃO NO TRABALHO CLÍNICO DOS VETERINÁRIOS *(TELMO CARIA)*. 197

   6.1. Problemática e hipóteses 198

6.2. METODOLOGIA E AMOSTRA INQUIRIDA	199
6.2.1. *Uma investigação como processo educativo*	199
6.2.2. *Trajectórias e contextos de trabalho clínico*	200
6.3. O CONTEXTO DE TRABALHO CLÍNICO EM VETERINÁRIA	201
6.3.1. *Da insegurança inicial à recontextualização profissional do conhecimento*	201
6.3.2. *Formatos de recontextualização profissional do conhecimento*	208
6.3.3. *Institucionalização da interacção com clientes*	218
6.4. IDENTIFICAÇÕES ANCORADAS EM CONHECIMENTO	223
ANEXOS VI	227

CAPÍTULO 7 – DA EDUCAÇÃO FORMAL À PROFISSIONALIZAÇÃO EM SERVIÇO SOCIAL: O CASO DA ESCOLA DO PORTO (1960-1974) *(MARGARIDA SILVA)* 233

7.1. A EMERGÊNCIA DA QUESTÃO SOCIAL NO ESTADO NOVO	234
7.1.1. *Os anos 30 e 40 em Portugal*	234
7.1.2. *O período de institucionalização do Serviço Social*	237
7.2. A PREMÊNCIA DA QUESTÃO SOCIAL NO ESTADO NOVO	239
7.2.1. *Os anos 50 e 60 em Portugal*	239
7.2.2. *Novos sinais na questão social*	242
7.3. A EDUCAÇÃO FORMAL EM SERVIÇO SOCIAL	244
7.3.1. *A presença da ideologia conservadora*	244
7.3.2. *A evolução da formação na escola do Porto*	248
7.3.3. *A emergência do metodologismo e a negação da instrumentalidade*	252
7.4. QUE PROFISSIONALIZAÇÃO NO SERVIÇO SOCIAL?	257
ANEXOS VII	261

CAPÍTULO 8 – TRABALHO TÉCNICO-INTELECTUAL E DECISÃO EM CONTEXTO HOSPITALAR *(TELMO CARIA, CHRIS GERRY E FERNANDA NOGUEIRA)* 267

8.1. PROBLEMÁTICA TEÓRICA E METODOLOGIA	267
8.1.1. *Figurações da relação social decisão/técnica*	267
8.1.2. *Identificações, papeis e processos decisionais*	269
8.1.3. *Amostra*	272
8.1.4. *Operacionalizar identificações profissionais*	275
8.1.5. *Operacionalizar processos de decisão*	277
8.2. ANÁLISE DA RELAÇÃO DECISÃO-TÉCNICA	279
8.2.1. *Que relação entre identificação e papel?*	279
8.2.2. *Micro-políticas e grupos profissionais*	282
8.2.3. *Relação trabalho técnico-intelectual e processos decisórios?*	284
8.3. RELAÇÃO SOCIAL DECISÃO/TÉCNICA: CONCLUSÕES	287
ANEXOS VIII	291

COMENTÁRIO CRÍTICO – SITUAR O OLHAR, PERSPECTIVAR O "SABER PROFISSIONAL" *(ANA PAULA MARQUES)* 299

    1. Recontextualizações e reflexividades 300
    2. Saber, técnica e re-simbolização do trabalho 302
    3. Pela não radicalização de opções metodológicas 306
    4. Outros eixos analíticos 308

NOTAS BIOGRÁFICAS DOS AUTORES E COLABORADORES

Armando Loureiro
　　Licenciado, em 1992, em Sociologia, na Universidade da Beira Interior. Começou por trabalhar, em 1992, num projecto de luta contra a pobreza em de Vila Real. Desde 1996 é docente de Sociologia da Educação do Departamento de Educação e Psicologia da Universidade de Trás-os-Montes e Alto Douro. Colaborou ainda com a Escola de Enfermagem de Vila Real e com a Universidade Católica – Extensão de Vila Real, onde leccionou diversas disciplinas. Em 1999 obteve o grau de Mestre em Instrumentos e Técnicas de Apoio ao Desenvolvimento Rural pela Universidade de Trás-os-Montes e Alto Douro. Actualmente encontra-se a realizar uma investigação sobre o uso do conhecimento pelos técnicos de educação e formação de adultos em contexto de trabalho associativo, com o objectivo de obter o grau de doutor em Sociologia da Educação.

Chris Gerry (cgerry@utad.pt)
　　Licenciado e doutorado em Economia pela Universidade de Leeds, Inglaterra. Depois de ter realizado na década de 70 uma séries de estudos sobre a economia urbana subterrânea e a promoção de micro-empresas em países africanos e latino-americanos (Senegal, Colômbia), trabalhou durante dois anos no Centro de Estudos Africanos da Universidade Eduardo Mondlane, Moçambique. Docente no Centro de Estudos do Desenvolvimento da Universidade do País de Gales entre 1975 e 1995, tem acumulado uma experiência extensa como consultor de Programas de Desenvolvimento das Nações Unidas, da Organização Mundial de Saúde, do Secretariado do Commonwealth, do Banco Mundial e do Governo Britânico (Senegal, Tanzânia, Quénia, Chade). Desde 1997 é docente do Departamento de Economia, Sociologia e Gestão da Universidade de Trás-os-Montes e Alto Douro, onde se tem dedicado à investigação sobre a problemáticas ligadas ao desenvolvimento local.

Fernanda Nogueira *(nogueira@utad.pt)*
Licenciada em Gestão e Mestre em Instrumentos e Técnicas de Apoio ao Desenvolvimento Rural é docente no Departamento de Economia, Sociologia e Gestão da Universidade de Trás-os-Montes e Alto Douro desde 1997. Em 1999 dedica-se à investigação no sector da saúde integrando um estudo/projecto para a criação de uma Central de Compras Hospitalares para a zona de intervenção da Administração Regional de Saúde do Norte. Em 2001 integra a equipa do projecto de Avaliação de Unidades de Saúde PAUS, sob a coordenação do Instituto Nacional de Administração, solicitado pelo Ministério da Saúde. Entregou dissertação de Doutoramento em Gestão na temática da decisão em gestão da saúde, e aguarda a sua discussão pública

Fernando Pereira *(fpereira@ipb.pt)*
Em 1991 licenciou-se em Engenharia Zootécnica na Universidade de Trás-os-Montes e Alto-Douro (UTAD). Finda a licenciatura ingressou como investigador-estagiário no Departamento de Economia e Sociologia da UTAD pelo período de seis anos. Em 1995 obteve o grau de Mestre em Extensão e Desenvolvimento Rural pela mesma Universidade. Pode-se dizer que foi um ponto de viragem em direcção às ciências sociais, que culmina com o Doutoramento em Ciências Sociais no ano de 2004. Desde 1997 que é docente do Departamento de Economia e Sociologia Rural da Escola Superior Agrária de Bragança e membro efectivo do Centro de Investigação de Montanha. As áreas de interesse de investigação reflectem o percurso académico, centrando-se na abordagem interdisciplinar às questões do desenvolvimento agrário e rural e do papel dos actores do mesmo. Gosta particularmente de "desafiar" as metodologias das Ciências Sociais, adaptando-as às abordagens interdisciplinares.

José Pombeiro Filipe *(josemanuelfilipe@sapo.pt)*
Licenciado em Biologia e mestre em Metodologia do Ensino das Ciências. Nas décadas de 60 e 70 foi professor do ensino secundário. Durante década de 90 foi membro e coordenador de equipas de educação especial e de equipas coordenadoras de apoio educativo. Tem estudado, com a abordagem das histórias de vida, o desenvolvimento pessoal e profissional de professores e educadoras de infância. Tem actualmente um doutoramento em curso na área da Sociologia da Educação.

Margarida Santos Silva *(mc_santossilva@netcabo.pt)*
Assistente Social, docente de Serviço Social na Faculdade de Ciências Sociais do Centro Regional de Braga da Universidade Católica Portuguesa. Iniciou a sua carreira profissional, na década de 90, no âmbito dos Projectos de Luta Contra a Pobreza, com uma breve incursão pela área da saúde mental. Desde 2000 dedica-se exclusivamente à docência e à investigação na área da análise social dos grupos profissionais, concretamente dos Assistentes Sociais.

Telmo H. Caria *(http://home.utad.pt/~tcaria/index.html)*
Etno-sociólogo da educação, docente de Ciências Sociais da Universidade de Trás-os Montes e Alto Doutro e investigador do Centro de Investigação e Intervenção Educativas da Faculdade de Psicologia e Ciências da Educação da Universidade do Porto. Trabalhou em Educação Especial na primeira metade da década de 80. Durante a segunda metade da década de 80 e nos anos 90 dedicou-se à formação e investigação de professores, tendo para o efeito produzido vários trabalhos sobre *a Cultura Profissional dos Professores* e sobre metodologias etnográficas investigação em Ciências Sociais. A partir do final dos anos 90 transpõe o quadro teórico e as metodologias que desenvolveu com professores para um âmbito mais geral: a análise social dos grupos profissionais em trabalho técnico-intelectual, enquanto área de fronteira disciplinar entre a sociologia, a antropologia e a psicologia e espaço social de mediação entre os campos da educação, do trabalho e da ciência.

Ana Paula Marques *(amarques@ics.uminho.pt)*
Licenciada em Sociologia pela Faculdade de Letras da Universidade do Porto em 1989 e Mestre na Área de Especialização em Sociologia do Trabalho, pelo ISCTE Lisboa em 1996. Em 2003 obteve o grau de Doutor em Sociologia pela Universidade do Minho com uma tese sobre a inserção profissional de jovens engenheiros. Além de investigação, desempenha actividades de docência em cursos de graduação e pós-graduação, nas áreas de Sociologia do Trabalho e de Metodologias de Investigação, na Universidade do Minho e na Escola Superior de Enfermagem Calouste Gulbenkian de Braga. Nos últimos anos tem sido responsável pela organização de seminários científicos de Sociologia na universidade do Minho e tem publicado capítulos e artigos diversos nas áreas do trabalho, das qualificações, do emprego e da juventude.

APRESENTAÇÃO

Tema e percurso

Este livro tem como principal objectivo divulgar os resultados de um projecto de investigação e fazer um ponto de situação sobre a reflexão teórica que temos desenvolvido sobre o *saber profissional*. Trata-se, assim, de dar conta de um percurso de pesquisa teórico-empírica que se iniciou em 1999 através da constituição de um seminário de investigação sobre *Análise Social do Profissões em Trabalho Técnico-Intelectual* (ASPTI); seminário que mais tarde, em 2001, deu origem a uma proposta de investigação empírica que veio a ser financiada pela Fundação Calouste Gulbenkian. Esta proposta de investigação adoptou a designação de *Reprofor* (Recontextualização Profissional da Formação) e foi concretizada em vários estudos sobre diferentes grupos profissionais: veterinários, administradores hospitalares, técnicos de educação de adultos, engenheiros formados em ciências agrárias e assistentes sociais.

O conteúdo deste livro deve ainda ser visto como fazendo parte de uma linha de investigação que temos vindo a tentar "dar corpo" e que tem a sua origem entre 1991-97 na equipa de investigação em Antropologia da Educação dirigida por Raúl Iturra através de uma investigação etnográfica sobre a *Cultura Profissional dos Professores*, de que o organizador deste livro foi autor. Este livro, tem ainda a particularidade de incluir duas contribuições que importa destacar: (a) uma, contida ao capítulo 3, da autoria de um investigador que, embora não integrando a equipa de investigação *Reprofor*, participou regularmente, partir do final de 2002, no *seminário ASPTI* trazendo-nos reflexão e dados empíricos referentes a outro grupo profissional (professores/educadores); (b) a segunda, contida no último texto que integra o livro, da autoria de uma investigadora que apesar de ter uma participação recente no *seminário ASPTI* e interesses de investigação não coincidentes com os nossos, manifestou uma grande disponibilidade em contribuir com a sua colaboração para a constituição de uma rede temática nacional de investigação, dedicada aos grupos profissionais e consequentes relações entre educação, trabalho e conhecimento/ciência (designada por "GP-etc")[1].

A direcção que pretendemos trilhar com esta linha de investigação está centrada no tema do *saber profissional*, considerando que este não deve ser confundido com o conhecimento abstracto e científico que qualquer licenciado obtém no ensino superior; nem confundido com o saber experiencial acumulado num trajecto individual ou colectivo de aprendizagem em meio profissional. O *saber profissional* começa por ser algo de tácito e implícito, sem que isso queira dizer que não seja possível ser colectivizado, objectivado, formalizado e explicitado, isto é, trata-se de um saber que deriva da consciência prática do fazer numa profissão e que se pode transformar no centro de operações sócio-cognitivas e sócio-culturais que buscam a recontextualização de conhecimento abstracto e a transferência de saberes entre contextos de trabalho.

Em conclusão, a edição deste livro sintetiza as principais conclusões do projecto de investigação *Reprofor*, desenvolve algumas das mais importantes reflexões teóricas ocorridas no *seminário ASPTI* e tem como referências bibliográficas específicas vários textos do projecto e do seminário que foram escritos entre 1999 e 2005, uns que se encontram referenciados na bibliografia deste livro e outros que são mencionados no "site aspti/reprofor"[2].

Organização e agradecimentos

As reflexões e os resultados de investigação que aqui divulgamos não derivam da existência de um objecto teórico pré-estabelecido, nem o presente livro pretende formalizá-lo no momento. Também não temos a pretensão de propor um modelo de análise suficientemente homógeno e sistemático, dado sermos capazes de reconhecer ambiguidades e hesitações nas explicações e nas conceptualizações desenvolvidas; hesitações que se têm constituído em objecto de debate e comentário crítico, explícitos, entre os vários autores e colaboradores que integram este livro.

---

[1] Referimo-nos à proposta de protocolo de colaboração que está em discussão entre investigadores de várias universidades e institutos (o Instituto de Ciências Sociais da Universidade do Minho, a Universidade de Trás-os-Montes e Alto Doutro, a Faculdade de Psicologia e Ciência da Educação da Universidade do Porto, a Universidade de Évora e mais outras cinco instituições do ensino superior) para a constituição de uma rede nacional de investigação, entre várias equipas e projectos, dedicados a este tema.

[2] *http://home.utad.pt/aspti/*

Assim, este texto deve ser lido como um escrito a "meio de um caminho", do qual não conhecemos antecipamente o ponto de chegada" embora tenhamos hoje uma direcção para a "nossa caminhada".

Esta direcção está evidenciada numa problemática teórica que tem mobilizado teorias de diferentes disciplinas das Ciências Sociais e consequentes conhecimentos relativos aos sistemas institucionais que regulam os campos sociais da educação, do trabalho e da ciência. Mais especificamente, poderemos considerar que a organização do livro supõe implicitamente a existência de três partes.

Na primeira, relativa aos capítulos 1, 2, 3 e 4, concentramos as nossas principais contribuições teóricas, articuladas com os dados empíricos que melhor ilustram o nosso pensamento sobre o *saber profissional*. No capítulo 1, começamos por situar o "saber profissional" no âmbito das teorias sociais sobre o profissionalismo articuladas com os conceitos de "trabalho técnico-intelectual", de "profissional-técnico" e de "cultura profissional". De seguida, no capítulo 2, articulamos estes conceitos, particularmente o de "cultura profissional", com fenómenos que dão conta de processos organizacionais e de socialização profissional, evidenciando o impacto da diversificação de trajectórias sócio-profissionais. No capítulo 3, o conceito de cultura profissional volta ser equacionado, ainda que em parte num registo crítico face à abordagem do capítulo 2, com o propósito de especificar dimensões do saber profissional na articulação com políticas públicas e com os conceitos de "reflexividade institucional" e "racionalização da cultura". O capítulo 4 é aquele que mais longe vai na conceptualização dos saberes profissionais e que por isso os aborda com maior minucia e detalhe, especificando a importância dos contextos de interacção social com utentes/clientes no desenvolvimento de diferentes dimensões e modalidades de uso profissional do conhecimento.

Na segunda parte, relativa aos capítulos 5, 6, 7 e 8, incluímos conteúdos mais descritivos e exploratórios. Os capítulos 5 e 6 continuam a abordar em detalhe o "saber profissional" e articulam-o com outras modalidades do trabalho técnico-intelectual, designadamente as formas de trabalho "burocrático-administrativo" e "profissional-liberal". Os capítulos 7 e 8 permitem ilustrar algumas hipóteses complementares, enunciadas no capítulo 1, particularmente aquelas que ligam o "saber profissional" à constituição e desenvolvimento histórico das ocupações, associados à evolução dos cursos e das escolas que podem garantir a autonomia simbólico-ideológica e a institucionalização de determinadas profissões (capítulo 7); e aquelas que ligam o trabalho técnico-intelectual" à tomada de decisão político-organizacional (capítulo 8).

Na terceira parte, incluímos um comentário crítico, informado pela perspectiva da sociologia do trabalho, que pretende ser um desafio, a todos aqueles que investigam grupos profissionais, no sentido de se fomentar e promover o debate intelectual, construtivo e frontal de ideias e resultados de pesquisa entre diferentes equipas de investigação que têm os grupos profissionais como tema.

Na organização do livro será, ainda, de destacar que o essencial dos conteúdos relativos à especificação teórico-empírica do saber profissional estão contidos nos capítulos 3, 4, 5, e 6. Três destes (3, 4 e 5) são suportados por estratégias etnográficas de investigação. Os capítulos 2 e 8 estão suportados em dados quantitativos, recolhidos por inquérito. Os capítulos 6 e 7 são baseados em dados textuais, recolhidos em entrevista semi-estruturada e em análise documental.

Por fim, algumas palavras de agradecimento para todos aqueles que colaboram connosco e que não são autores deste livro, designadamente: (a) ao Artur Cristóvão, membro da equipa *Reprofor*, pela ideia que teve em nos candidatarmos ao financiamento da Fundação Calouste Gulbenkian e pelo interesse que sempre dedicou à nossa actividade, apesar dos seus múltiplos afazeres; (b) ao Steve Stoer, pelo incentivo e apoio que nos deu ao desenvolvimento inicial do projecto e à continuação do *seminário ASPTI* no Porto; (c) ao José Amendoeira, à Amélia Lopes, ao Pedro Ferrão, à Cristina Rocha, ao Fernando Bessa, ao David Tavares, ao Carlos Gonçalves, ao João Pedro Ponte e ao Almerindo Afonso pela colaboração e participação que deram ao *seminário ASPTI*, contribuindo, em vários graus e momentos, para muitas reflexões e algumas inflexões no percurso inicialmente projectado; (d) aos informantes e outros colaboradores de que dependemos para poder realizar os diversos estudos do projecto *Reprofor*, em particular agradecemos a disponibilidade da maioria dos alunos do 5ª ano de Medicina Veterinária dos anos lectivos de 2001/04 e o interesse em colaborar dos veterinários, dos engenheiros e outros técnicos de associações e cooperativas e dos administradores e chefes de serviços hospitalares que contactámos; (e) agradecemos, ainda, ao Carlos Estevão, ao José Portela, à Darlinda Moreira, ao José Alberto Correia, à Sofia Silva e ao António Martins, colegas que tendo interesses de investigação próximos ou paralelos aos nossos fizeram-nos chegar o seu apoio e incentivo.

CAPÍTULO 1

Trabalho e conhecimento profissional-técnico: autonomia, subjectividade e mudança social

Telmo H. Caria

Começaremos neste capítulo por abordar os contornos descritivos das nossas preocupações sobre o tema que serve de título e subtítulo a este livro. De seguida faremos algumas considerações teóricas sobre o "puzzle" de conceptualizações que podem servir à análise do trabalho técnico-intelecutal. No final deste texto e no início do capítulo dois formalizaremos os conceitos de identificação e cultura profissionais, dado considerarmos serem aqueles que teoricamente melhor enquadram a nossa temática na teoria social.

1.1. Contornos descritivos do trabalho técnico-intelectual

1.1.1. Primeiro contorno: um tema experiencial

Todos nós, autores deste livro, somos educadores profissionais e participamos de uma forma mais ou menos intensa na formação universitária e politécnica de vários grupos profissionais, quer seja formal quer seja profissional. Daí que partíssemos, no início deste caminho de reflexão, sobre o trabalho e o conhecimento profissionais, de uma abordagem centrada na interrogação sobre o valor social e profissional da formação em Ciências Sociais que é desenvolvida no ensino superior em cursos que não são de Ciências Sociais.

Esta abordagem transporta-nos imediatamente para uma visão que questiona o etnocentrismo científico-disciplinar que forma e investiga grupos profissionais a partir de uma Ciência Social, que para os seus autores, é inquestionável, pois sempre a pensaram e a exerceram profissionalmente a partir do centro dos campos das Ciências Sociais. A nossa abordagem procura distanciar-se desta formatação: de uma ciência social que sempre se conforma à disciplinaridade e sub-disciplinaridade instituídas e que nunca coloca em dúvida o valor social do conhecimento que é transmitido, dado os seus autores estarem inevitavelmente comprometidos com a necessidade de desenvolver o "espírito de corpo" dos sociólogos, dos antropólogos, dos economistas, dos psicólogos, etc.

Em conclusão, a primeira delimitação desta problemática está em saber conviver com o nosso etnocentrismo científico, para o poder relativizar e criticar, para que o nosso olhar não seja excessivamente disciplinar e comprometido com o "espírito" das várias corporações das Ciências Sociais em Portugal. No nosso caso, esta relativização começa na diversidade disciplinar e institucional da nossa equipa de investigação.

1.1.2. Segundo contorno: a categorização social

Todas as reflexões e resultados que apresentamos neste livro, ou que no passado escrevemos a propósito de grupos profissionais (Caria, 2000, 2001, 2002a, 2003a e 2005), têm por base estudos etnográficos, estudos de caso ou estudos quantitativos exploratórios centrados na subjectividade dos actores sociais, isto é, estudos centrados na representação social que estes têm da sua posição em campos sociais específicos e nas normas e valores que lhes permitem interpretar os processos de interacção social que nos descrevem e/ou que nós pudemos observar (v. Pais, 2001). Assim, podemos admitir que, do ponto de vista das regularidades sociais, importa introduzir alguma delimitação, que nos dê outro contorno que aclare o nosso olhar, porventura suspeito de ser demasiado subjectivista.

Duas contribuições são de destacar: (1) uma mais empírica e institucional, e por isso mais centrada na análise das estatísticas nacionais sobre as recomposições socio-profissionais da sociedade portuguesa, da autoria de Almeida e outros (1994); (2) outra mais de cunho teórico-crítico, ancorada na teoria neo-marxista das classes sociais, inspirada por Eric Olin Wright, da autoria de Estanque e Mendes (1998). Ambos os estudos falam-nos dos lugares ou das localizações de classe social e dão-nos aproximações quantitativas ao tipo de categorias sociais a que nos estamos a referir quando abordamos grupos profissionais em trabalho intelectual.

No primeiro caso, os autores destacam o *lugar de classe* que designam de "profissionais técnicos e de enquadramento" em que se cruzam as dimensões de análise relativas a níveis de escolaridade intermédios e elevados e lugares de chefia não dirigentes. Indicam que esta categoria social teve em Portugal uma taxa de crescimento de 70%, entre os anos 60 e 90 do século XX, variando de um peso relativo na população activa de 2,6% para 16,8% (só mulheres varia de 1,3% para 8,4%) (Almeida e outros, 1994: 325-327).

No segundo estudo, os autores falam-nos das *localizações de classe social* que resultam do cruzamento de três tipos de recursos: em meios de produção, em recursos organizacionais e em recursos de qualificação/credenciação A partir deste estudo, podemos dizer que as categorias sociais de que nos ocupamos neste livro são de trabalho assalariado (localizações de classe que não têm a propriedade de meios de produção), são relativas aos trabalhadores que têm os recursos de qualificação mais elevados (trabalhadores qualificados, designados de *técnicos*), e são relativas ao trabalho exercido em lugares intermédios ou subalternos em recursos organizacionais (supervisores qualificados e técnicos não gestores). Indicam-nos, a partir de um grande inquérito que conduziram em 1995 à população activa do continente, que as localizações de classe de "técnicos não gestores" e "supervisores qualificados" têm um peso relativo, respectivamente, de 3,7% e 1%; peso que se reduzirá se se considerar apenas aqueles que têm frequência ou diploma de ensino superior, passando, respectivamente, para 2,3% e 0,8%. (Estanque e Mendes, 1998: 39-54; 63-102)

A grande diferença percentual destas categorias sociais nos dois estudos põe em evidência quanto os contornos empíricos dos grupos profissionais em trabalho intelectual são "movediços" e não tiveram ainda em Portugal um olhar analítico suficientemente específico.

Não cabendo aqui discutir as razões teóricas, empíricas e operacionais que explicam as diferenças de perspectivas (v. Estanque e Mendes, 1999; Firmino da Costa e outros, 2002), importa apenas referir o facto de, para nós, ser essencial a utilização da variável escolaridade, como indicador de estruturação macro-social, pois é a partir dela que em grande parte poderemos percepcionar o papel relativamente autónomo que o conhecimento tem vindo a desempenhar nas nossas sociedades em associação estreita com o desenvolvimento do trabalho intelectual. Deste modo, o segundo estudo mencionado é para nós mais esclarecedor, pois permite distinguir e/ou verificar as sobreposições organizacionais entre os lugares de direcção, gestão e supervisão e os lugares técnicos com maior especificidade no trabalho intelectual e, eventualmente, sem funções de enquadramento e supervisão. A categoria de "profissionais técnicos e de enquadramento", do primeiro estudo, não permite fazer esta diferenciação.

Subscrevemos, os comentários de Estanque e Mendes (1999: 182) quanto às limitações empíricas e operacionais de basear a análise apenas na manipulação de categorias estatísticas (do tipo "profissão" e "situação na profissão"), pois estas podem facilmente ocultar ou iludir os efectivos recursos organizacionais que os indivíduos detém no espaço das relações laborais. Deste ponto de vista, igual questionamento poderá ser colocado por nós, no que se refere ao estudo destes autores, relativamente ao indicador de "recursos em qualificações" — o nível de escolaridade enquanto certificação de qualificações — por também ser uma categoria formal que pode não levar em conta como é que é usado o conhecimento em contexto de trabalho[1].

É justamente neste ponto, de procurar *compreender o uso que é feito do conhecimento* pelos grupos profissionais que desenvolvem trabalho intelectual, que reencontramos o contorno do tema deste livro, dado considerarmos que a posse de um diploma de ensino superior, por si só, pouco esclarece quanto ao lugar que o conhecimento ocupa efectivamente nas relações sociais. Deste ponto de vista, o nosso tema de investigação pode contribuir para uma melhor especificação da dimensão conhecimento na estruturação dos lugares de classe, podendo por isso ser útil àqueles que centram a sua análise apenas na procura de regularidades sociais em processos macro-sociais de mudança.

1.1.3. Terceiro contorno: o trabalho intelectual-profissional

De um modo descritivo e implícito, pudemos começar por situar na secção anterior o terceiro contorno do nosso tema de análise. Quando nos referimos a *trabalho intelectual* estamos a conter nesta categoria analítica os grupos profissionais que, tendo uma qualificação escolar de nível superior, têm também uma potencial autonomia em contexto de trabalho que faz com que resistam, ou não estejam submetidos, à lógica dos processos de racionalização burocrática ou taylorista do trabalho nas organizações (Rodrigues, 1997: 66/67). Como a sociologia do trabalho ensinou (Freire, 1993; Stoobants, 1993; Bernoux, 1992), foram estes processos históricos que separaram o trabalho manual e de execução, na indústria e nos serviços, do trabalho intelectual de concepção, organização e planificação da

---

[1] O inquérito não parece conter perguntas específicas sobre este assunto a não ser indirectamente através da operacionalização da noção de autonomia no trabalho, v. Estanque e Mendes, 1998: 66; 234.

produção de bens ou da prestação de serviços. Mas o facto dos grupos profissionais com trabalho intelectual não estarem directamente submetidos a processos centralizados de racionalização do trabalho tem duas implicações óbvias que implicitamente mencionámos na secção anterior. Referimo-nos privilegiadamente ao trabalho assalariado e técnico, que segundo Eliot Freidson (2001:31/2), se situaria entre as profissões mais instituídas e o trabalho artesanal, numa combinação complexa que incluiria trabalho manual não mecânico com trabalho intelectual, ambos informados por conhecimento abstracto. Daí termos desvalorizado as localizações de classe de "gestores", de "dirigentes" e de "profissões liberais", como relevantes para a aproximação empírica à categorização social destes grupos.

Não concentrarmos a nossa atenção teórica nestes aspectos, não quer dizer, no entanto, que tenhamos excluído as categorias de "trabalho liberal-profissional", de "trabalho de gestão" e de "trabalho administrativo" do nosso horizonte empírico de investigação. Pelo contrário, nos capítulos 2, 5, 6 e 8, através dos estudos sobre os "técnicos de formação de adultos", sobre os "médicos veterinários" e sobre os "administradores hospitalares", centrámos a nossa atenção nessas categorias descritivas do trabalho intelectual, a fim de melhor compreender as "margens" dos grupos profissionais que temos como foco de atenção.

Em consequência, podemos afirmar que no projecto de investigação *Reprofor* a relação entre trabalho intelectual e conhecimento profissional foi desdobrada em três dimensões: o liberal-profissional, o gestionário- -decisional e o profissional-técnico. No entanto, sempre privilegiámos e tomámos como centro da nossa abordagem o trabalho intelectual que é descrito como *profissional-técnico*, pois consideramos que é nesta vertente que se pode mais facilmente analisar e questionar o conhecimento como dimensão autónoma de estruturação social. Assim, entendemos que a subjectividade que os profissionais podem construir na relação entre conhecimento e trabalho revela-se, paradoxalmente, mais decisiva e actual quando os contrangimentos organizacionais (políticos e tecnológicos) estão mais próximos. Só nestas condições é que podemos testar a hipótese de estar perante uma actividade sócio-cognitiva que depende da interacção social, objecto que temos designado como *cultura profissional*.

Em conclusão, a nossa linha de investigação vai no sentido de considerar que a actividade cognitivo-cultural dos profissionais-técnicos não deve deixar de se articular com as tradições de análise social ligada aos estudos sobre o profissionalismo e aos estudos sobre as relações entre a pericialidade e a decisão estratégica/política.

1.1.4. Quarto contorno (que é fronteira): o uso do conhecimento

Se quiséssemos respeitar a cronologia de desenvolvimento desta linha de investigação, esta secção deveria ter sido colocada em segundo lugar. Aparece como quarta, porque pretende sintetizar os vários contornos indicados, apontando a direcção que tomámos. Daí podermos definir fronteiras, nesta secção, mais do que "contornar" o tema dos grupos profissionais em trabalho intelectual.

Como referimos no primeiro contorno, ao termos como preocupação saber do valor social e profissional dos conhecimentos que transmitimos como educadores profissionais em processos institucionalizados de formação, tivemos que tornar claro para nós mesmos, como definição provisória, que o trabalho intelectual dos grupos profissionais começava numa operação sócio-cognitiva que designámos de *recontextualização profissional do conhecimento abstracto* (v. Bernestein, 1990; Stoer, 1994), a fim de tornar utilizável este conhecimento em contextos organizacionais variados, exteriores aos campos universitário e científico. Desta hipótese, surgiram algumas clarificações conceptuais, a saber: (1) quando designamos *conhecimento abstracto,* estamo-nos a referir à informação--conteúdo contida em *enunciados escritos especializados* (que podem ser objecto de manipulação oral) e que assumem uma configuração que tradicionalmente tende a considerá-los como textos (ou representações gráficas) científicos, filosóficos, técnicos, ideológicos, literários, etc; (2) quando falamos de *recontextualização,* estamo-nos a referir à *transposição* de formas de conhecimento (predominantemente científico-positivistas e centradas na explicação e na intervenção com base em regularidades sociais, estruturais, sistémicas ou estatísticas) para contextos de uso em que a construção do conhecimento contempla legitimamente os sentidos e as subjectividades dos actores sociais; facto que os convoca para o exercício de uma *reflexividade* que percepciona a possibilidade de fazer usos diferenciados de regras e recursos (Giddens, 1996: 12-17); (3) a recontextualização de formas de conhecimento supõe uma modificação da/o forma/formato do conhecimento, passando de uma lógica informacional e produtivista, de controlo social e de instrumentalidade no uso do conhecimento abstracto, para uma lógica de saber (conhecimento enquanto processo), em que o conhecimento está subordinado a uma epistemologia prática (Shon, 1998; Lave, 1991; Lave e Chaiklin, 1993; Caria, 2002a; 2003a).

De um ponto de vista antropológico e educativo, no início dos anos 90, este problema foi conceptualizado em Portugal, nas suas relações com a educação formal e a escolaridade, por Raúl Iturra (1988, 1990a, 1990b, 1994), enquanto (des)articulação de duas mentes sociais: a mente cultural (da prática e da interacção sociais) e a mente racional-positiva (da ciência positivista e da escrita racionalizadora).

Ao tomarmos como referenciais do tema deste livro as noções de reflexividade e de uso do conhecimento abstracto/escrito, acabámos por ser envolvidos na conjuntura social dos debates públicos sobre a "sociedade do conhecimento" (e sobre as competências sociais necessárias à cidadania nessa sociedade) que se desenvolveram em Portugal na década de 90. (AAVV, 2001, 2003; Gonçalves, 1993; Cerejo, 1993; Benavente, 1996). Neste âmbito, a nossa perspectiva é significativamente diferente de outras, porque não pretende reduzir a análise da reflexividade social à diversidade de públicos da ciência, nem toma os agentes e instituições científicas como os centros de toda a reflexividade e inovação sociais, evitando por isso qualificar os usos profissionais não legítimos da ciência como "impuros" ou "selvagens". Como refere Knorr-Cetina (1998), para melhor entender o lugar central que a ciência e tecnologia ocupa nas nossas sociedades, é necessário analisar o modo como estas estruturam o desenvolvimento do capitalismo actual, começando por entender a "textura" dos usos quotidianos dados aos sistemas de conhecimento, isto é, os processos de construção e criação que formatam estes sistemas ("infraestrutura e epistemologia dos sistemas de conhecimento"). No nosso caso, seria o uso e o funcionamento dos sistemas de conhecimento abstracto — resultantes da organização formal e escolar em que os grupos profissionais foram educados — a construir e a criar *culturas profissionais*, para fora dos campos de produção legítima e oficial da ciência e tecnologia e inscritas em contextos e actividades sócio-cognitivas que juntam trabalho e interacção social.

1.2. Problematizar o trabalho profissional-técnico

Pelo exposto na secção anterior, poderemos dizer que importa clarificar o conteúdo das "constelações teóricas" que podem informar alguns dos conceitos e noções indicados. Designadamente importa situar autores e textos que ajudam a clarificar o sentido das noções, que enunciamos, de "profissional-técnico", de "profissional-gestor" e de "profissional--liberal". Não o iremos fazer de uma forma sistemática, mas apenas de um modo indicativo, referindo alguns fragmentos das problemáticas teóricas que mais nos influenciaram. No entanto, como dissemos no início, não desenvolveremos qualquer modelo de análise sistemático e coerente, embora as tipologias que construímos em outros trabalhos (v. Caria, 2002a; 2003a, 2005) e as que vamos desenvolver ao longo deste livro possam ser consideradas um seu possível embrião.

1.2.1. Os profissionais

Tanto na literatura científica como na linguagem comum sobre os grupos profissionais, a noção de *profissional*, na maior parte das situações sociais opõe-se à ideia de amador. Através desta oposição, a sociologia das profissões, de tradição anglófona, procurou pôr em evidência alguns traços essenciais daquilo que caracterizaria os grupos profissionais em trabalho intelectual, particularmente aqueles que começaram por se desenvolver como "profissões liberais" (médicos e advogados). Os livros de Rodrigues (1997), de Dubar e Tripier (1998) e de MacDonald (1995) dão conta, em pormenor, do que é esta escola de investigação, dentro da sua diversidade de autores e países e das suas reactualizações mais recentes. De destacar ainda, uma reflexão mais recente, de Julia Evetts (2000), em se procura fazer uma leitura transversal das tradições de investigação francófona e anglófona sobre o profissionalismo e se diagnostica uma tendencial aproximação destas tradições, desde que as mudanças sobre o lugar que o Estado-nação ocupa na globalização económica e as mudanças sobre a circulação e a mobilidade internacional de quadros sejam equacionadas.

Destas revisões da literatura sobre o profissionalismo, fica a questão de saber que contribuições poderemos retirar para conceptualizarmos os profissionais num contexto de análise como o nosso, predominantemente centrado no trabalho assalariado e num país como Portugal em que o Estado ocupa em muitos casos um lugar central na regulação dos processos de institucionalização profissional (Nóvoa, 1987; Rocha 1999; Freire, 2004; Martins, 2000).

Num trabalho sobre o grupo profissional dos artistas, de Eliot Freidson (1994a; 1994b), são dadas duas importantes chaves de leitura para encontrarmos a contribuição da sociologia das profissões para a nossa linha de investigação, pelo menos na versão deste autor consagrado. Segundo este texto, os artistas não podem ser considerados profissionais porque o acesso e recrutamento para a actividade artística não carece geralmente de certificação escolar formal como critério de distinção face a amadores. Aliás, o amadorismo, segundo Freidson, seria em muitos casos incentivado, dado que o valor social dos produtos da actividade é em grande parte determinado pelo mercado, não havendo qualquer tipo de regulamentação própria do grupo e/ou do Estado, que defina critérios próprios e autónomos de valorização e juízo da actividade, que não sejam determinados por uma lógica comercial. Em síntese, o autor parece indicar-nos duas dimensões que consideraria essenciais no profissionalismo: (1) posse de conhecimento abstracto, adequadamente certificado; (2) autonomia na actividade, determinada por uma lógica que salvaguarde a profissão do mercado e da burocracia. Deste ponto de vista, Rodrigues (1997:15/16), referindo-se às contribuições do interaccionismo simbólico, destacava os conceitos de licença (autorização legal) e mandato (desempenho de função com obrigação moral), que grosso modo, pensamos, dão conta das mesmas dimensões de análise.

É claro que poderemos sempre perguntar em que medida um grupo profissional particular tem o poder social e simbólico para ter o exclusivo do acesso (inclusive legalmente garantido) a determinados empregos e funções sociais, e se tal não dependerá absolutamente de uma ética ou de uma ideologia profissionais discursivamente bem organizada. É a partir deste enunciado que surgem os trabalhos comparativos e sócio-históricos sobre grupos profissionais e que se enfatiza a sua desigual constituição e afirmação institucional em várias sociedades e épocas históricas. É também a partir deste enunciado que Dubar (1991: 136-138) lembra que a institucionalização dos estudos sobre o profissionalismo decorre de uma procura para travar a mercadorização do conhecimento e da técnica, buscando fundir a demanda de eficácia com uma legitimidade cultural que não fosse meramente comercial.

Quadro 1.1. – Espaço social de variação dos estatutos profissionais

Autonomia na valorização da actividade da profissão (mandato-competência)		Legitimidade científico-abstracta da actividade (licença-qualificação)	
		Mais	Menos
	Mais	Profissional-liberal, Profissional-chefe, Consultor ou Perito	Profissional-artesão
	Menos	Profissional-técnico subordinado a uma chefia profissional e/ou política	Processos de desprofissionalização ou trabalho não profissional

Sintetizando as duas dimensões referidas por Freidson para a análise do profissionalismo dos artistas e dando-lhe uma formulação minimalista que se aproxima dos contornos que informam o nossa linha de investigação, serão de destacar dois indicadores, a saber: (1) a posse de um conhecimento abstracto especializado como legitimação formal da profissão (licença) e (2) a autonomia na valorização da uma actividade própria (mandato). Ambos terão, respectivamente, relações estreitas com os conceitos de qualificação e competência profissionais, especialmente no nosso caso, porque nos centramos no contexto do trabalho assalariado.

O Quadro 1.1. procura cruzar os dois indicadores e evidenciar um espaço social plural de desiguais estatutos profissionais, que julgamos pode ser útil a análises comparativas centradas em contextos de trabalho. Admitimos que esta perspectiva não exclui a possibilidade dos estudos comparativos entre grupos profissionais serem criticados por pressuporem um tipo ideal de profissão, que teria simultaneamente, no caso do Quadro 1.1, elevada legitimidade formal e elevada autonomia própria. No entanto, este não foi o nosso propósito com o projecto de investigação *Reprofor*. Daí que, os indicadores de legitimação e autonomia profissionais sejam considerados nos capítulos que se seguem apenas como critérios de análise do contexto de trabalho de cada grupo profissional, por referência às representações sociais e às interpretações que os indivíduos têm do meio sócio-organizacional em que actuam[2], e não por referência a modelos de análise externos. Consubstanciando esta orientação, poderemos acrescentar que, para nós, a questão da legitimidade formal da profissão não passa necessariamente por uma análise sócio-histórica sobre a institucionalização das formas de profissionalismo e sobre seus jogos político-simbólicos, centrados nas questões do estatuto social e do mercado, como as investigações inspiradas pelos autores weberianos tendem a evidenciar (Dubar e Tripier, 1998:113-140; Rodrigues, 1997: 49-69; Sacks, 2000).

A contribuição de Giddens (com Beck e Lash, 1994: 73-89) relativa à primeira fase da modernidade (modernidade simples e pós-tradicional) nas nossas sociedades, mostra-nos que a distinção entre profissional e amador passa principalmente por um fenómeno mais global nas sociedades modernas, associada ao desenvolvimento da crença social de que o funcionamento estável e previsível do mundo depende do uso social da

---

[2] De acordo com Braem (2000), tendo em vista desenvolver o conceito de profissionalidade, supomos a compabilização das noções de qualificação e de competência.

ciência e, mais particularmente, do trabalho dos grupos profissionais que garantem o uso social e esclarecido dos sistemas periciais/abstractos de conhecimento, que definem a verdade do que acontece, como acontece e porque acontece, e desvalorizam a reflexividade dos leigos/amadores. Ainda segundo o mesmo autor (Giddens, 1992), este fenómeno, ao enquadrar-se em processos mais vastos de descontextualização do social, faz com que o controlo social, as identidades e a reflexividade sociais deixem de ocorrer no face a face em sociedades locais, para passarem a depender da diferenciação e especialização de espaços-tempos sociais e, logo, da reflexividade que os técnicos e peritos (profissionais-técnicos) desenvolvem de modo institucional para gerarem confiança-fé à distância junto dos leigos, por via da manipulação escrita e/ou visual da codificação dos sistemas periciais/abstractos de conhecimento.

Deste modo, poderemos admitir que existe uma tendência geral nas nossas sociedades para uma *procura social de profissionalismo* que, entre as suas várias manifestações, conduz a que qualquer entidade empregadora, que queira preencher funções que são tidas como ligadas ao uso de conhecimento abstracto, procure indivíduos devidamente certificados que, ao serem socialmente designados de técnicos ou equivalentes, são garante da aplicação de sistemas abstractos de conhecimento ao contexto das organizações, sem que isso tenha que implicar obrigatoriamente a regulamentação legal ou a acção ético-ideológica do associativismo profissional na formatação da oferta de profissionalismo (auto-regulação). No entanto, por um lado, esta procura global só poderá ser vista como uma forma de profissionalismo se ao mesmo tempo a potencial autonomia na valorização da sua actividade não for submetida, como dissemos atrás, a processos de racionalização técnica-burocrática, a cargo de comandos organizacionais, que desqualifiquem o trabalho intelectual dos profissionais (desprofissionalização). Por outro lado, com esta formulação, não pretendemos ignorar as transformações que se deram no profissionalismo nas três ou quatro últimas décadas (v. Leicht e Fennell, 1997), ou assumir que ele é apenas uma forma de resistência e defesa face à lógica racional-organizacional ou comercial.

Como refere Freidson (1994c:93-146), o profissionalismo tem modificado os seus processos de auto-controlo e auto-organização, face à emergência e desenvolvimento das sociedades pós-industriais, assumindo orientações institucionais e históricas pró-activas, designadamente: (1) maior formalização dos meios de controlo interno; (2) transformação das estruturas burocráticas em hierarquias profissionais; (3) maior envolvimento e cumplicidade com as elites universitárias ligadas à investigação científica e tecnológica com mais implicações extra-académicas[3]. Na mesma linha de raciocínio, o mesmo autor, mais recentemente, indicava que um melhor conhecimento sobre o profissionalismo actual não pode partir de um dicotomia entre o trabalho manual e o intelectual, sob pena de não se dar conta de formas sociais híbridas como seria o "trabalho técnico" (Freidson, 2001: 17-35).

Em conclusão, a noção de autonomia profissional deixa, para nós, de estar centrada nos jogos político-ideológicos que controlam a procura e "formatam" a oferta de profissionalismo, para passar a depender do modo de organização do processo de trabalho que depende do conhecimento abstracto: o trabalho profissional-técnico. Assim, o nosso olhar sobre a legitimidade e autonomia profissionais centra-se na análise da actividade de *autonomia político-técnica* do profissionalismo e não na análise do discurso de autonomia político-simbólica do mesmo.

1.2.2. Uso profissional ou instrumental do conhecimento

A noção de autonomia político-técnica organiza-se em torno de uma associação de senso comum que estabelece uma equivalência entre o uso profissional do conhecimento abstracto e a técnica.

Não podemos deixar de reconhecer uma eficácia social própria a esta equivalência, que começa por ser organizada no plano da subjectividade dos actores sociais que se reconhecem como profissionais--técnicos: identificação social destes actores sociais com uma cultura profissional particular. No entanto, também não podemos deixar de considerar que esta associação entre conhecimento e técnica tem sido objecto de inúmeras críticas, particularmente no que se refere aos efeitos de poder--dominação que nela estão contidos à escala macro e global da sociedade. Aliás, estas críticas são equivalentes às que as correntes de pensamento marxianas fazem ao profissionalismo funcionalista.

Deste ponto de vista, as referências a Max Weber e a Jürgen Habermans são incontornáveis. Daí que, importe começar esta secção por referir algumas destas contribuições, que penso poderem ajudar a melhor situar a origem das críticas à técnica e ao profissionalismo e a melhor compreender como nos situamos nesse debate.

---

[3] Relativamente a este tópico e suas consequências na hipotética unidade funcional e/ou comunitária do grupo profissional, v. Speranza, 2000.

Para melhor contextualizar a nossa perspectiva, convirá retomar o tema da secção anterior, para lembrar que os estudos clássicos funcionalistas ligados à sociologia das profissões sempre puseram em evidência que o profissionalismo nunca partiu do ponto de vista de que a ciência e a técnica poderiam ser socialmente neutras. A condenação da mercadorização do conhecimento, que atrás referimos, torna evidente que, para o profissionalismo, o conhecimento e os valores são indissociáveis (Speranza, 2000). O maior fundamento na critica a este profissionalismo está, pelo contrário, em não se assumir o valor ideológico desta associação na defesa de interesse próprios, pretendendo-se apresentá-la como absolutamente consensual e a-histórica, apenas como um ideal altruísta de serviço público (Rodrigues, 1997:7-15; Dubar e Tripier, 1998:67-92). Pela nossa parte acrescentaremos ainda, que é esta construção ideológica que permite, mais facilmente, preservar e legitimar a autonomia dos grupos profissionais em contexto de trabalho quando estes passam a estar inseridos numa relação salarial que, potencialmente, pode submeter a sua actividade nas organizações a processos centralizados de racionalização do trabalho. É esta mesma ideologia que permite ao profissional ter na sua acção uma área decisional, consequência do facto do profissionalismo desvalorizar toda e qualquer reflexividade que não se inscreva institucionalmente nos sistemas abstractos de conhecimento.

Deste modo, o profissionalismo não se inscreve numa ideologia que defenda a "neutralidade axiológica" do uso social do conhecimento abstracto. Pelo contrário, a dominação profissional e a relação de confiança-fé de que ela depende, assumem um compromisso axiológico com a sociedade. A consequência lógica deste enunciado é a de que existe uma relação de interdependência entre a autonomia intelectual de um grupo social e uma configuração particular de valores e conhecimentos abstractos.

É à luz desta interdependência que julgamos melhor poder compreender as teses de Max Weber (1979, 1904) sobre as relações entre o político e o cientista. Lembramos que no contexto histórico em que este autor escreve, e que em parte explícita no texto sobre o tema "o político e o cientista", é essencialmente o de defender a autonomia profissional da ciência face à política profissional. Para o efeito, vai defender os valores do juízo eficaz e da avaliação dos meios como específicos do uso autónomo da ciência, para que estes não possam ser confundidos com os valores propriamente políticos em torno dos quais se organiza a conflitualidade dentro do campo político. Mas não se fica por aqui, Weber defende outros valores práticos para a ciência, para além dos da eficiência e da eficácia. Outros, que são de pendor cultural e reflexivo, a que chama "clareza" e "factos incómodos" (Weber, 1979, 1919:136-146): (a) a obrigação ética da ciência contribuir para a (começa por dizer "obrigar à") conscencialização dos fins políticos, interrogando a sua coerência e consequências face aos eventuais meios utilizados; (b) a avaliação sobre o uso de meios/fins inscreve-se num processo de racionalização e intelectualização do mundo que contém um propósito politeísta (a expressão é de Weber) porque leva o cientista a ter que confrontar todos os juízos de valor (relativos a mitos, religiões e ideologias) com factos que lhes são incómodos. Esta perspectiva é, aliás, coerente com o facto de nos seus textos o conceito de acção racional não excluir os valores e de sempre ter defendido uma explicação compreensiva da realidade social que teria que contemplar a subjectividade dos actores sociais. Deste ponto de vista weberiano, a defesa da autonomia intelectual de uma profissão não tem que implicar automaticamente a exclusão da subjectividade própria e específica dos actores-cientistas, como é típico de uma interpretação positivista das condições de autonomia intelectual.

Em conclusão, pensamos que o que Max Weber poderá estar a defender, através da infeliz expressão "neutralidade axiológica", não é a ausência de valores práticos na ciência, mas antes a necessidade da ciência se defender da instrumentalização política, isto é, a necessidade de ter valores e conhecimentos próprios que preservassem a sua autonomia profissional, exterior a comandos político-institucionais. No mesmo sentido, pensamos, vão as palavras de Pierre Bourdieu (1997), quando refere que o conceito de autonomia relativa do campo científico não pode ser confundido com o fechamento corporativista deste, pois corresponderá à institucionalização de uma forma de capital simbólico que na esfera pública compete com o capital político e o capital social na discussão e debate sobre os problemas sociais. Mais importante, realça que se trata de uma forma de capital simbólico cuja utilidade social é revelada quando contribui criticamente para "dissolver falsos problemas e problemas mal definidos" (Bourdieu, 1997: 71).

Do nosso ponto de vista, a crítica à perspectiva weberiana deve antes colocar-se na divisão estanque que se pressupõe existir entre ciência e política, e não na crítica à defesa do profissionalismo científico. Aliás, o desenvolvimento posterior da sociologia do conhecimento científico a partir dos anos 50-60 do séc. XX, tende, antes (na maioria das suas correntes, com excepção do chamado "programa forte"), a questionar os critérios e as condições sociais de autonomia da ciência e não tanto a advogar o fim do seu espaço de autonomia profissional (Jesuíno, 1996; Dubois, 2001: 7-63).

Julgamos que é justamente neste argumento, de se fazer uma interpretação positivista da autonomia profissional e intelectual e de ver esta à luz da instrumentalização do poder-dominação, que está a razão de toda a crítica de Jürgen Habermas ao desenvolvimento histórico das sociedades modernas ocidentais. Segundo este autor (Habermas, 1993: 45-92), a ciência e a técnica foram transformadas em ideologia ao associar-se à acção compensatória e protecionista do Estado-providência junto do mercado capitalista. Assim, em lugar da centralidade dos conflitos de classes na apropriação da mais valia e na distribuição da riqueza material e suas consequências em sede estatal, passamos a ter a acção do Estado na redistribuição da riqueza por via do aumento dos níveis de consumo e dos serviços públicos, criando grupos desiguais no acesso a estatutos sociais. Deste modo, segundo Habermas, a política deixa de estar no centro do debate público, para passarem a estar as soluções técnicas que permitem minimizar e gerir os problemas sociais gerados pelas exclusões sociais capitalistas. Deste modo, a legitimação do sistema capitalista passa a depender da posse no Estado de meios técnicos capazes para prevenir e minimizar os problemas sociais, tratando-os como problemas técnico--administrativos em lugar de serem políticos. Trata-se do domínio da acção técnico-instrumental, enquanto racionalização burocrática homogeneizadora, exterior aos processos de interacção social, onde os "peritos" e os "profissionais-técnicos" se transformam em agentes ideológicos, supostamente a-políticos, substituindo a política e os agentes propriamente políticos.

Deste ponto de vista, poderemos dizer que Habermas critica a "neutralidade axiológica" da política no capitalismo organizado (v. Santos, 1994:69-101), quando a ciência e a técnica são instrumentalizadas por uma nova forma de legitimação social. Exactamente o que nos parece que Max Weber pretendia evitar que acontecesse, noutro momento histórico: uma ciência que não se transformasse em ideologia, dado ser capaz de preservar valores exteriores ao campo político, salvaguardando a sua autonomia crítica através de um adequado politeísmo de valores.

O politeísmo de valores no profissionalismo científico também é referido por Edgar Morin quando considera os impasses éticos da ciência actual e quando menciona a impossibilidade da ciência ser neutral na observação, sem que isso tenha que ser sinónimo de parcialidade analítica (Morin, 1994: 91-96; 1984: 9-21).

As abordagens de Weber e de Habermas são também referenciadas por Firmino da Costa (1996: 211-213) com o fim de as aplicar à análise das relações entre ciência e cidadania. Assim, identifica vários modelos de reflexibilidade social: o de Weber seria um *modelo decisionista* e o de Habermans refere-se à crítica de um *modelo tecnocrático*. Propõe ainda, um outro modelo, o *praxiológico*, em que a divisão estanque entre ciência e política seria mediada pela opinião pública, permitindo que esta realizasse as operações de tradução e retroversão dos problemas científicos em problemas sociais.

De um modo mais articulado e tomando apenas por referência estas contribuições clássicas, preferimos olhar para a questão da autonomia profissional da ciência e suas relações com a cidadania, como um espaço social desigual com *várias possibilidades de intermediação* que se podem apresentar em conflito ou em complementaridade. É essa proposta que fazemos a partir do Quadro 1.2.

Quadro 1.2.– Relação social entre profissionalismo e decisão

Ocupa lugar de decisão		Participa na definição e conscencialização dos fins da acção	
		Sim	Não
	Sim	Político Decisor profissional-gestor	Tecnocrata ou Perito-ideólogo
	Não	Técnico profissionalizado ou Perito-crítico	Técnico subordinado (desprofissionalizado ou artesão)

O modo como concebemos a autonomia profissional da ciência tenderá a ser mais identificada com a figura social do *perito-crítico* (aproximação ao modelo praxiológico) por comparação com as restantes figuras sociais: a do "político", a do "perito-ideólogo" (aproximação ao modelo tecnocrático), e do técnico subordinado (aproximação ao modelo decisionista). Acresce, ainda, o facto de em Portugal (como provavelmente acontecerá na maioria dos países semi-periféricos do sistema mundial, v. Santos, 1990) ser discutível, face ao reduzido e irregular investimento público em ciência e tecnologia, a hegemonia de um programa político-científico para legitimar a dominação social (Gonçalves, 1996b). Daí que se possa admitir que a figura do "perito-ideólogo" seja pouco reconhecível entre nós, permitindo em Portugal tornar quase consensual a ideia (muito polémica nos países centrais) de que toda a "boa ciência social" (que seja institucionalmente e profissionalmente autónoma) teria, tendencialmente, sempre um efeito crítico face ao poder-dominação (v. Cabral, 1999).

Continuamos a ver a autonomia profissional da ciência ainda a partir da figura social do perito, porque toda a sua actuação continua a depender do facto de ser alguém especializado numa zona de conhecimento abstracto e não do facto de ser um simples cidadão, ainda que mais informado. De contrário, não falaríamos em uso profissional do conhecimento/ciência e passaríamos a abordar apenas o uso comum e esclarecido do conhecimento/ciência (v. Santos,2000: 53-110) ou os efeitos de reflexividade social na difusão desigual da ciência na sociedade (v. Firmino da Costa e outros, 2003). Tal como referem Boaventura Sousa Santos (2000:31) e Giddens (com Beck e Lash, 1994: 226-231), a profissionalização do conhecimento tornou-se indispensável nas nossas sociedades, desde que não se deixe de equacionar a possibilidade do perito ter uma dimensão crítica no uso do conhecimento que permita, segundo o primeiro, fazer uma partilha desprofissionalizada desse mesmo conhecimento ou, de acordo com o segundo, fazer uma crítica ao monopólio da especialização pericial.

Em conclusão, pensamos que o uso profissional do conhecimento/ /ciência opõe-se ao uso instrumental, pois no primeiro caso os profissionais-técnicos são convocados, no quadro da sua autonomia intelectual, a fazer um uso social do conhecimento abstracto que não está determinado, nem tem que servir, qualquer comando político, ainda que com ele não deixe de ter que interagir (incluindo criticar). No segundo caso, dadas as funções ideológicas que o perito é chamado a desempenhar, o diálogo ciência e política é anulado em favor de uma política a-política, enquanto técnica de meios que não questiona fins sociais.

1.2.3. a acção técnica no uso profissional do conhecimento

A associação de senso comum entre a figura do profissional e a do técnico, que consubstancia a mencionada procura social de profissionalismo nas nossas sociedades, estará provavelmente muito ligada à utilização de tecnologias e à consequente penetração destas nos quotidianos de trabalho e de vida dos cidadãos. É o resultado desta associação que permite olhar com mais pormenor para as relações entre os profissionais e a decisão político-organizacional. A este propósito, Kovacs (1993: 243-244) chama a atenção para uma tipologia de doze usos do conhecimento científico nas relações com a decisão organizacional, na qual ficam claros cinco agrupamentos possíveis de "investigação-acção". Será de destacar que, para a identificação destes cinco agrupamentos, equaciona-se um sistema de relações e trocas desiguais, que existiria entre o perito e o cliente dos serviços ou o empregador. Nos extremos da hierarquia de relações desiguais temos dois agrupamentos que supõem a dominação de um dos pólos sobre o outro, a saber: (1) a relação em que a ciência se auto-preserva do seu uso social, apenas construindo produtos académicos de conhecimento e esperando o reconhecimento simbólico destes pela sociedade, sem mais; (2) a relação em que a organização utiliza o conhecimento apenas para finalidades instrumentais e de curto prazo, chegando muitas vezes a não contratar os profissionais mais adequados (técnico instrumentalizado). Entre estes pólos, ficamos a perceber quais as modalidades de intermediação e associação entre investigação e acção organizacional decorrentes do facto dos problemas de investigação partirem de definições partilhadas, ainda que com a predominância alternada de uma das partes, quando negociada interactivamente.

É no âmbito destas três modalidades de intermediação entre ciência e acção que podemos conceptualizar a *acção técnica,* sem que esta seja confundida com o uso instrumental do conhecimento/ciência ou apenas com o uso operativo de tecnologias. Neste caso, a acção técnica preserva a autonomia profissional porque o profissional-técnico e o cliente negociam total ou parcialmente o modo como traduzem os problemas de investigação/análise/diagnóstico em problemas sociais e vice-versa.

A acção técnica como trabalho de intermediação e negociação entre profissionais e decisores organizacionais (ou outros actores sociais que interagem na/com a organização) tem sido particularmente enfatizada na área de estudos sobre um grupo profissional particular: os engenheiros. Segundo Rodrigues (1999), a investigação sobre os contextos de trabalho dos engenheiros tem mostrado que este grupo profissional está longe de ter uma identificação com a profissão que a circunscreva apenas a uma lógica instrumental, sem valores. Aliás, a questão está mais em saber em que medida os valores profissionais do grupo se confundem, ou não, com os valores que informam as tarefas e actividades mais ligadas à área decisional e ao comando político organizacional que lhe está associado. No mesmo sentido vão as palavras de Debreuil (2000:119-188) quando refere que a redução do trabalho dos engenheiros a uma visão técnico-instrumental supõe que estes não se interrogam sobre os fins da sua actividade; concepção que, este autor, considera historicamente ultrapassada face aos vários exemplos históricos de exercício profissional da engenharia, a partir do momento que ela deixou de ser olhada (mesmo que de modo crítico) apenas pelas "lentes" do liberalismo, do mercado, do produtivismo e da eficência; e passou a ser vista, também, com o olhar da deontologia, da produção de inovação social e da crítica social à normalização.

Ainda relativamente ao trabalho dos engenheiros, já no quadro da chamada sociologia dos quadros, de tradição francófona, *a acção técnica* começa por ser concebida numa identificação do profissional com o comando político das organizações, enquanto "função de enquadramento" capaz de traduzir as orientações político-centrais em modos de actuação operacional (prescrita e de execução) (Bouffartigue e Gadea, 2000). Deste modo, a acção técnica é agente privilegiado dos processos centralizados de racionalização do trabalho. No entanto, a sua pluriactividade indica uma eventual clivagem entre o pólo mais técnico do grupo e o pólo mais político (associado em muitos casos à posse ou não de diploma escolar superior), possibilitando que a acção técnica não seja equivalente à função estrita de enquadramento instrumental ou organizacional (Boufartigue, 2001a).

No âmbito de uma análise mais complexa, os engenheiros-quadros são concebidos como *assalariados de confiança* (claramente distintos dos assalariados de execução) e objecto de recomposição face aos processos de mudança da estrutura ocupacional e sócio-profissional das sociedades capitalistas nos últimos 25 anos. Estas mudanças indicam que a relação de emprego e as modalidades de confiança relativamente ao comando organizacional estão claramente a mudar (Boufartigue, 2001b): a base interpressoal e doméstica de confiança com o patrão e a carreira de longo prazo está a evoluir para uma base contratual e funcional (com precarização do emprego), onde se verifica ter deixado de haver uma sobreposição entre o juízo da acção técnica e o juízo da acção política nas organizações, abrindo-se espaço para a liberdade de crítica pública face à direcção, em prejuízo da designada "falta de lealdade do engenheiro" para com a direcção da organização (Livian, 2001). Mais recentemente, os processos de racionalização organizacional (que incluem a flexibilização e a desconcentração, associados a um controlo organizacional pelo desempenho de competências por relação a objectivos fixos) mostram como a autonomia técnica preserva sempre algum distanciamento face às orientações político-estratégicas, a começar pelo plano subjectivo da insatisfação com a função de enquadramento e com a lógica do *management* organizacional (Dondeyne, 2001). A procura, dos engenheiros mais jovens, por lugares organizacionais menos comprometidos com as funções políticas e de enquadramento, com mais conteúdo técnico e/ou relacional com o exterior, evidencia quanto as tendências atrás indicadas parecem ter futuro no âmbito da investigação sobre os engenheiros, enquanto profissionais-técnicos assalariados (Bouffartigue, 1994).

Estas transformações nas funções dos quadros estão associadas, segundo Dieuaide (2004), a novas determinações sociais na competitividade das empresas e a novos modos de organização e gestão das actividades de concepção e planeamento. Fenómenos que, de acordo com o mesmo autor, indicam a eventual superação da lógica económica fordista e em consequência a necessidade dos assalariados profissionais-técnicos serem envolvidos na produção de saber sobre o seu próprio trabalho (knowledge worker), transformando a sua actividade sócio-cognitiva em contexto de trabalho numa actividade económico-produtiva.

Em conclusão, todos estes dados mostram quanto o trabalho profissional-técnico se tem vindo a afastar de um modelo de acção tecnocrática e quanto a acção técnica nas organizações pode re-emergir com a valorização do relacional e da interacção social, ainda que sejam sempre negociadas e partilhadas com o comando político das organizações.

1.2.4. Tecnologia, mudança e reflexividade sociais

Esta eventual tendência para a autonomização da acção técnica nas organizações inscreve-se numa dinâmica social global que parece ser contraditória: (1) a tecnologia tende a autonomizar-se da investigação científica, dado passar a ser directamente financiada pelo capital privado global, fora das universidades públicas, transformando-se numa nova mercadoria (Madureira e outros, 2002); (2) a técnica já não é principalmente uma relação do homem com a natureza, mas, fundamentalmente, é constitutiva do próprio meio social e humano (Debreuil, 2000: 22-58).

No primeiro caso, parece que se está a seguir o mesmo caminho do passado, de pensar o conhecimento apenas com um interesse tecnicista (Habermas, 1993: 129-147), centrado numa concepção positivista do conhecimento, embora, agora, a total mercadorização da ciência e tecnologia tenda a tornar dispensável a regulação política do seu uso, substituindo a figura social do tecnocrata pela do tecnólogo. No segundo caso, cresce a visibilidade dos potenciais usos sociais da ciência e tecnologia, facto que faz com que esta se torne objecto central do debate público sobre o nosso futuro colectivo, tornando impossível o conhecimento científico e abstracto ser considerado como neutral ou a-político.

Estas transformações já não são possíveis de explicar a partir da polarização ciência fundamental e ciência aplicada, porque já não remetem para uma hierarquização das instituições universitárias e de investigação, nem para a maior ou menor autonomia face ao Estado e ao mercado das actividades profissionais (v. Oliveira, 2002). Segundo Gibbons (e outros, 1994), o que está em causa é uma transformação estrutural no próprio modo de produção da ciência e da tecnologia e das suas bases de legitimação social através da Universidade. Assim, as hierarquias, as disciplinas e as comunidades científico-académicas organizadas no contexto universitário deixam de estar no centro da produção de conhecimento, para se passar a valorizar os conhecimentos transdiscplinares (e a sua heterogeneidade) e o valor útil e social dos produtos científico-tecnológicos.

Em lugar de opor as duas visões sobre o desenvolvimento da ciência e da tecnologia, o modelo de análise em rede proposto por Bruno Latour (1997) parece-nos ter maiores virtualidades heurísticas, porque enfatiza os dois aspectos que mais determinam a natureza social do trabalho profissional-técnico, a saber: (1) centra-se nos actos de fazer e usar ciência e não em produtos pré-construídos; (2) centra-se no hibridismo de processos e mediações nas actividades que inscrevem a ciência e que dela dependem e não na sua purificação ou má consciência. Assim, usando por referência o modelo em rede de Latour (2001: 22-31), diríamos que a direcção e resultados do trabalho profissional-técnico dependem de um sistema de inter-dependências e traduções nos quais o conhecimento técnico-intelectual é uma configuração de ligações entre: (a) autonomia profissional e organizacional da ciência; (b) mobilização, instrumentação e armazenamento de informação e recursos; (c) alianças financeiras e políticas; (d) divulgação social de produtos científicos e do seu valor social útil. Relacionando com o que dissemos atrás, diríamos que é dentro desta rede que se dá o encontro de relações de força entre a procura e a oferta de profissionalismo nas sociedades actuais.

Mas as transformações tecnológicas realmente existentes não deixam de ter um impacto dicotómico sobre a "bondade ou justiça" das mesmas, desencadeando nas Ciências Sociais duas grandes tendências no modo como se tende a ver os desenvolvimentos mais recentes das ciências e das tecnologias e, mais particularmente, das tecnologias de informação. Num caso, tende-se a cair quase num determinismo tecnológico, na medida em que se enfatiza a existência de uma infra-estrutura que pode ter um impacto irreversível no modo como se desenvolvem historicamente as relações sociais (v. Miranda, 2002; Castells, 2002; Prades,

1992; Lash, 2002): (1) objectivação de realidades imaginadas (virtualização do real no ciberespaço); (2) "esfriamento" das relações humanas e consequente diluição dos espaços-tempos de reflexividade social, designadamente através do consumo instantâneo de informação, sem mediação da interacção social; (3) e trabalho autónomo, individualizado e em rede, anunciando-se o fim do "trabalhador colectivo" e de todos os processos de racionalização do trabalho por comando organizacional. No segundo caso, tende-se a enfatizar os contextos sociais em que a tecnologia é criada e utilizada, mostrando como esta é manipulada à medida do desenvolvimento da reflexividade social. Neste âmbito é interpretada como (v. Burns e Flam, 1999: 279-328; Winner, 2003; Martins e Garcia, 2003; Giddens, Beck, e Lash, 1994; Gonçalves, 2000; Godinho 1993): (1) um sistema sócio-técnico que é constituído a partir de sistemas periciais/abstractos de conhecimento; (2) uma actividade profissionalizada que não se confunde com a actividade propriamente científica, nem se confunde com a decisão política, dado actuar como intermediação racional-pública no desenvolvimento de uma linguagem comum para debater problemas sociais e promover a participação de diversos interesses sociais implicados; (3) uma actividade centrada tanto na solução de problemas como na inovação social, cujos efeitos não são total ou parcialmente certos e previsíveis; (4) uma actividade que, operando com sistemas que não são totalmente estáveis, envolve incertezas na interpretação e riscos na intervenção, elementos que podem ser objecto também de negociação de sentido e partilha de responsabilidades.

 Estes dois grandes possíveis entendimentos da acção técnica são opções de futuro social que estão em aberto e que se ligam ao desenvolvimento histórico dos países centrais capitalistas, enquanto sociedades pós-modernas ou de modernização reflexiva. São possíveis opções de futuro, nas quais a produção de conhecimento pelas Ciências Sociais está inevitavelmente associada, por aquilo que deixa ver e se propõe analisar como objectivável.

 No quadro do debate sobre a validade destas duas grandes visões sobre o nosso futuro social possível, poderemos clarificar que o nosso interesse analítico sobre o conhecimento, (dado também nos vermos como profissionais-técnicos) está comprometido e implicado numa visão do futuro que não é determinada pela tecnologia, que permite potenciar a modernização reflexiva e que enfatiza o uso contextual, cognitivo e cultural do conhecimento abstracto, partindo das formas de conhecimento pericial e sócio-técnico constituídas. Daí que, como dissemos atrás, o nosso propósito com este livro seja o de conceber a *acção técnica* como não determinada por qualquer maquinismo, ainda que informacional, recuperando a visão da cultura técnica de ofício, enquanto saber-fazer e saber-estar inscrito em contextos de interacção social (Rudiger, 2004). Ambos, o crescente papel do conhecimento abstracto como meio de reflexividade social e a onmipresença da tecnologia no meio social, levam ao entendimento de que a acção técnica não pode ficar circunscrita à cultura de ofício, ainda que esta não seja excluída como modalidade de trabalho intelectual (como vimos no Quadro 1.1.). A acção técnica pode passar a ser concebida, como temos vindo a fundamentar neste capítulo, enquanto trabalho profissional--técnico (v. Perrenoud, 1999: 129-130).

A existência de opções de futuro social que dependem de modos alternativos de uso da ciência e tecnologia, sendo estes inseridos e analisados em sistemas periciais e sócio-técnicos, leva a considerarmos a hipótese de o uso profissional do conhecimento abstracto poder constituir-se como um novo elemento de estruturação das sociedades actuais. É claro que esta formulação supõe subscrever os conceitos de Giddens de uma *dualidade na estrutura social* e de uma *dupla hermenêutica* (Giddens, 1996:7-86; 2000), a saber: (1) a estrutura social e os sistemas institucionais que a servem não têm só um efeito de constrangimento sobre a acção social, têm também um efeito potencial de capacitação e de reconhecimento de oportunidades de acção alternativas que não dependem apenas de um certo capital, enquanto quantidade ou grau de familiaridade no acesso a recursos; (2) este efeito de potencial capacitação dos actores sociais resulta, em grande parte, do facto destes terem sempre algum saber, ainda que tácito e implícito (consciência prática), sobre o funcionamento regular e institucional do social, fruto de uma reflexividade social difusa na sociedade, designada por "dupla hermenêutica"; (3) a "dupla hermenêutica" nas sociedades ocidentais modernas associa continuadamente o saber da experiência, acumulada pelo senso comum, com o conhecimento produzido e formalizado na investigação científica e tecnológica em sistemas periciais/abstractos de conhecimento. Supõe ainda, segundo o mesmo autor, que os actuais processos de modernização reflexiva da sociedade permitam desenvolver uma *reflexividade institucional* que, na dependência dos sistemas periciais de conhecimento, conseguem uma relativa autonomização da agência humana face à estrutura social, através do desenvolvimento de uma consciência discursiva sobre os usos diferenciado de regras e recursos. Esta consciência faz com que a "dupla hermenêutica" possa conter a mudança social como uma variável relevante, ao não se pressupor um uso rotineiro e reprodutivo de regras e recursos (Giddens, 1996; Mouzelis, 1991).

Nos termos de Scott Lash (1994: 105-164), na modernidade reflexiva há um recuo da estrutura social formada pela primeira modernização das sociedades capitalistas, dado haver a necessidade estrutural do capitalismo de se libertar das formas sociais de controlo normativo, de produção fordista e de identificações sociais colectivas fixas e mediadas pelo Estado. Assim, segundo o mesmo autor, o uso especializado de regras e recursos sociais (reflexividade institucional) deixa de funcionar como instrumento de controlo (em rotinas e em processo de conservação institucional) para passar a ser instrumento de reflexão, capaz de ser investido em processos de reforma das instituições e em inovação social. No entanto, importa não esquecer que tais usos reflexivos, de regras e recursos, verificam-se de modo desigual entre grupos sociais e entre diferentes sociedades, conforme o grau de proximidade ao centro do sistema mundial capitalista.

Assim, colocamos a hipótese teórica geral de os profissionais-técnicos serem os actores sociais que mais perto estarão de poder utilizar os sistemas de conhecimento abstracto para mediarem esta separação entre agência e estrutura social porque são, simultaneamente, reconhecidos socialmente como os mais competentes para recontextualizarem o conhecimento abstracto e os mais próximos dos leigos e do saber comum e experiencial. Assim, trata-se de saber até que ponto podemos verificar empiricamente que uma categoria particular de actores sociais (os profissionais-técnicos), pelo facto de ocuparem uma lugar privilegiado face ao conhecimento na divisão social do trabalho, desenvolvem um uso do conhecimento que tende a estar comprometido com a mudança institucional e social, pois serão, hipoteticamente, os primeiros a reconhecer que os sistemas periciais de conhecimento não garantem resultados certos, nem operam sobre realidades estáveis (v. Yealley e outros, 2000).

Em conclusão e por hipótese, os profissionais-técnicos podem por eles próprios: (1) exercer uma autonomia na acção a partir do conhecimento reflexivo sobre regras e recursos; (2) exercer uma acção que estimule um "dupla hermenêutica" mais esclarecida por parte do cidadão comum, porque menos praticista e menos comprometida com o uso rotineiro e reprodutivo das regras e recursos.

Esta hipótese teórica permanece em aberto, mesmo depois de termos elaborado este livro. Esperamos que os resultados apresentados nos próximos capítulos possam contribuir para um debate alargado sobre o tema, em bases mais empíricas e menos especulativas.

1.2.5. Actores, sistemas e estruturas

A fim de melhor clarificar o nosso ponto de vista empírico sobre as possibilidades de uso reflexivo de regras e recursos, associado ao uso profissional do conhecimento abstracto, entendemos que historicamente estes dependem de duas condições sociais: (1) haja, tendencialmente, uma crise de legitimidade na integração do indivíduo nas estruturas macro-societais (fim do programa institucional da sociologia clássica); (2) haja, tendencialmente, um efeito de desestruturação do espaço social de desigualdades de poder, pela "perda de eficácia" do *habitus* para matrizar e regular o improviso das práticas sociais (emergência de um homem plural). No caso da primeira condição social (mais de carácter subjectivo e micro), segundo Dubet (1996; 2002), deixa de se verificar uma identificação moral do actor social com as instituições e de se verificar um automatismo na integração social e na integração do sistema social, que garantam a homogeneidade dos sistemas de papeis/estatutos sociais e a normalização dos conflitos nos sistemas institucionais ou campos sociais. No caso da segunda condição (mais de carácter colectivo e macro), segundo Lahire (1998), deixa de ocorrer sistematicamente a possibilidade do passado social incorporado (*habitus*) poder ser automaticamente actualizado no presente. Fruto destas falhas de incorporação, passa a haver um cada vez maior desfasamento entre o *habitus* e o sistema de posições sociais de cada agente em cada campo social, dificultando a reconversão automática dos diversos capitais entre diferentes campos sociais e criando-se formas de regulação da prática que se tornam mais dependentes de factores interactivos, ligados à consciência prática e portanto a formas sociais que não são pré-reflexivas (Caria, 2002b, 2002c, 2004).

Nos termos de Burns e Flam (2000: xvii-xxxv; 11-36; 131-154), poderemos dizer que tanto a crise institucional dos sistemas de papeis sociais como a erosão do efeito de poder do *habitus*, dão conta de sistemas de regras sociais que se revelam cada vez menos coerentes e sistemáticos no plano estrutural. Facto que convoca os actores sociais a terem que ser cada vez mais competentes na adaptação, aplicação e negociação de regras sociais através da interacção social e experiência social acumulada, dado a prática social exigir uma acréscimo de improviso e reflexividade sociais. Apesar disto, não existe nenhuma garantia que este acréscimo geral de competência e de reflexividade social resulte em ajustamentos e negociações de sentido que diminuam a ambiguidade e contradições no uso de regras sociais. A actividade dos actores sociais não pode ser tomada como estando, à partida, socialmente padronizada, particularmente a dos profissionais-técnicos que, hipoteticamente, terão que ser mais competentes no uso de sistemas de regras. Pelo contrário, a condição social, dos profissionais-técnicos torna-os mais dependentes dos usos interactivos e contextuais das regras, porque mais disponíveis para percepcionarem a incerteza e o risco que o uso reflexivo e não rotineiro do conhecimento gera na sociedade.

Em conclusão, é essencial à problematização da legitimidade e da autonomia do trabalho técnico-intelectual e da actividade dos grupos de profissionais-técnicos que se coloquem algumas hipóteses complementares sobre as modalidades de uso do conhecimento (formas e estilos de uso do conhecimento) que permitem, ou não, usar reflexivamente regras e recursos

Estas hipóteses complementares que têm sido formalizadas ao longo do desenvolvimento desta linha de investigação e assumiram a forma das seguintes perguntas: (1) que formas de conhecimento são mais adequadas à emergência dos factores contextuais e interactivos na regulação da prática social? (2) que estilos de uso do conhecimento são mais adequados ao desenvolvimento ou ao constrangimento da autonomia dos actores sociais? (3) que sentidos e saberes estão inscritos no trabalho e no conhecimento profissionais?

As respostas a estas perguntas já foram objecto de alguns escritos mais específicos (Caria, 2000, 2003a, 2005), pelo que, dadas as limitações à extensão deste livro, não iremos aqui repeti-las. No entanto, os conceitos e as tipologias que desenvolvemos sobre o uso do conhecimento permanecem em aberto e serão sujeitos, de modo parcial, a reformulações sucessivas ao longo dos capítulos, decorrentes do confronto com os factos e com os comentários críticos contidos nos diversos textos que compõem este livro.

CAPÍTULO 2

Trajectória, papel e reflexividade profissionais: análise comparada e contextual do trabalho técnico-intelectual[1]

Telmo H. Caria

No capítulo anterior referimos a possibilidade do mundo capitalista global actual conter uma relativa diluição e heterogeneização do enquadramento social da experiência, particularmente no que se refere à erosão do valor normativo/institucional dos papeis sociais e do valor prático/ /(dis)posicional do *habitus*, isto é, à possível diluição dos sistemas de papeis institucionais e dos sistemas incorporados de práticas para explicar a estruturação da agência social.

Quererá isto dizer que a coerência e regularidade do social fica apenas localizada no indivíduo e na sua identidade pessoal e discursiva? Esta é uma opção de análise que não seguiremos (v. Dubet, 1996). Preferimos, subscrever a preocupação de Scott Lash (com Beck e Giddens, 1994:139-145) quanto à possibilidade de pensar as novas entidades colectivas que podem emergir na modernidade reflexiva, até porque parte destas entidades terão que surgir em articulação com as formas de organização social pré-existentes às sociedades modernas desenvolvidas. No mesmo sentido, subscrevemos as preocupações de Bernard Charlot (2000) quanto ao facto da experiência subjectiva dos actores sociais resultar da relação de conhecimento/saber do self/eu com "o outro" e não de qualquer processo de distanciamento cognitivo do indivíduo relativamente a um social objectivo exterior à consciência.

---

[1] A recolha de dados que servem de base a este capítulo e a sua primeira exploração estatística contaram com a colaboração dedicada dos colegas Fernanda Nogueira, Fernando Pereira e Armando Loureiro, membros da equipa do projecto *Reprofor*.

Deste modo, entendemos que são as diversas modalidades de uso reflexivo do conhecimento, nas relações sociais e na organização da experiência em interacção social, que decidem sobre o modo como regras e recursos serão interpretados, actualizados e ajustados em contextos sociais.

2.1. Problemática da cultura no trabalho profissional-técnico

Entendemos que a conceptualização da noção de cultura, tal como aponta Tourraine (1994), pretende recuperar a possibilidade de conjugar razão e subjectividade sem cair na obsessão identitária e nostálgica da crise do ser. Esta conjugação, entre razão e subjectividade, supõe considerar que a cultura-acção dos actores sociais no quotidiano pode ser facilmente reificada quando é tomada como objecto científico fora da observação da interacção social, esquecendo que os processos identitários são sempre fluídos, dispersos e contextualmente organizados: são identificações em curso, visando sempre superar as dicotomias modernas do individual-colectivo e do micro-macro (Santos, 1994: 118--120). Deste modo, preferimos usar o conceito de cultura para dar conta de um saber-estar colectivo em interacção social, e não tanto o conceito de identidade pessoal e discursiva, que tende a dar conta de um ser-ser quase sempre em crise, porque geralmente concebido a partir de um núcleo central (em processo de maior ou menor reorganização) inscrito no passado histórico e social de cada indivíduo (Caria, 2001b; 2002b).

2.1.1. Cultura e enquadramento da experiência social

Nesta linha de orientação, a nossa hipótese central para analisar as actividades dos profissionais-técnicos relaciona-se com o conceito de *cultura profissional*. No capítulo anterior utilizámos este conceito apenas de uma forma descritiva. Procuraremos neste capítulo dar conta do seu valor heurístico para fundar uma problemática teórica.

Em primeiro lugar, a noção de cultura revela-se particularmente adequada para enfatizar o nosso ponto de vista: a subjectividade dos actores num colectivo centrado nas relações com o conhecimento. De facto, quando falamos de cultura profissional referimo-nos à construção e desenvolvimento (ao processo em curso) de saberes colectivos num contexto de trabalho que não está à partida determinado por formas de conhecer que sejam exteriores à interacção social entre pares: não está determinada por papeis sociais, por posições de poder em campos sociais, nem por processos identitários individuais, ligados a trajectórias sócio-educativas e a origens sociais. Trata-se de um conceito de cultura que, segundo Miranda (2002: 18-35), não tem substância, nem ser no parecer; é uma cultura-acção à procura de argumento e do possível no existente provisório.

Em segundo lugar, se tomarmos por referência a abordagem de Burns e Flam (2000:66-69) sobre as relações e modalidades de organização social de experiência, podemos facilmente verificar que quando concebemos a cultura profissional podemos estar a falar de: (1) relações comunitárias situadas num espaço e tempo bem delimitado de trabalho, em que há condições para um conhecimento interpessoal selectivo, informal e sem exercício de qualquer autoridade formal, no qual os pares da mesma profissão têm condições para desenvolver sentimentos e cognições que pressupõem pertenças e destinos sociais comuns; (2) relações associativas em rede que se desenvolvem de modo difuso e informal, sem terem um espaço e tempo próprios, e que dependem apenas do voluntarismo de cada um e/ou do conhecimento inter-pessoal que tenha ocorrido anteriormente, podendo traduzir-se num capital social específico; (3) relações associativas organizacionais reguladoras que se desenvolvem em espaços e tempos próprios, ainda que informalmente e de forma difusa e sem comando hierárquico externo, permitindo socializar os mais novos do grupo profissional no modo como deverão posicionar-se nos diversos campos de actividade da profissão, particularmente saber como deverão reagir às expectativas de outros (especialmente os não profissionais que condicionam a acção profissional); (4) relações associativas organizacionais hierárquicas que tem um espaço e tempo próprios e uma autoridade e comando político exterior, que aceita a autonomia técnica do grupo profissional para definir o que faz e como faz dentro do sistema de poder vigente.

O Quadro 3.1. permite ter uma visão resumida e de conjunto sobre a natureza social destas relações e das suas implicações, que passaremos de seguida a pormenorizar.

Quadro 3.1. – *Organização social e saberes no trabalho profissional-técnico*

Tipo de relação social	Formas de organização social da experiência	Formas modernas e simples de conhecimento (regulação da experiência social)	Formas modernas e reflexivas de conhecimento (regulação da experiência social)
Comunitária (desenvolvimento de uma mente cultural)	Interpessoalidade e identidade prática de pertença e destino social	Esquemas, disposições do *habitus* e tradições locais	Rotinas de acção colectivas e consensos de significação comuns
Associativa em rede (desenvolvimento de uma mente cultural)	Históricas, dispersas e inter-contextuais	Origem social, posição e tomada de posição num campo social	Trajectórias profissionais partilhadas em relatos de experiência e tipificações de ordem relacional e normativa
Organizacional reguladora (desenvolvimento de uma mente racional)	Integração estratégica num campo de actividade profissional	Capital-recurso legítimo de uso privilegiado e hierarquização de um campo social	Recontextualização do conhecimento abstracto para obter orientações gerais para a acção
Organizacional hierárquica (desenvolvimento de uma mente racional)	Escolhas e intervenções em contexto em interacção com outros	Sistemas de papéis e de estatutos sociais	Actualizações e ajustamentos de rotinas e consensos de sentido e de tipificações e orientações abstractas

As relações comunitárias permitem desenvolver rotinas de acção e consensos de significação comuns que carecem de ajustamentos e acertos, conforme o espaço e tempo em que decorrem, e que permitem explicitar categorias de classificação do real e modos de proceder locais que podem desenvolvem uma tradição própria. As relações associativas em rede permitem publicitar e colectivizar relatos de experiência e tipificações de situações profissionais, consideradas exemplares, e assim colectivizar, comparar e transferir saberes e/ou tradições inter-locais. Estes tornam inteligíveis para os próprios os princípios práticos de organização da experiência profissional, que evidenciam ordens relacionais e normativas e estratégias implícitas comuns que são independentes das lógicas das organizações e dos campos de actividade da profissão, e por isso directamente associadas ao circunstancialismo das condições locais que modelam e transformam os principais quadros de vida profissional (v. Goffman, 1991,1974).

As relações organizacionais reguladoras permitem fazer a recontextualização dos conhecimentos abstractos, retidos ao longo da educação formal, na lógica daqueles que são práticos de uma actividade, seleccionando os sistemas de significação, as finalidades e os valores que têm relevância e pertinência para orientar (justificar, criticar e legitimar abstractamente) a acção profissional-técnica num campo social de relações desiguais de poder. As relações organizacionais hierárquicas permitem, em contexto e nos limites do poder de que se dispõe numa organização, fazer escolhas quanto às modalidades de intervenção profissional, que traduzem uma actualização das orientações abstractas da acção e um ajustamento das ordens normativas e relacionais da experiência profissional acumulada à relação com "o outro" em quadros institucionais dados.

Exemplificando, alguns processos e dinâmicas dentro ou complementares às actividades em organizações de trabalho, ou em organizações de educação formal, podem ser espaços e tempos que permitem desenvolver relações comunitárias entre pares ou aprendizes da profissão, para além de poderem ser sempre consideradas como espaços de relações organizacionais hierárquicas. As organizações profissionais à escala nacional e as organizações que fomentam a educação não formal ou o desenvolvimento em territórios delimitados, para além de poderem desenvolver relações organizacionais hierárquicas, podem, também, permitir, e mesmo fomentar, relações em rede e relações reguladoras. As várias modalidades de comunicação à distância (incluindo a internet), as práticas de convívio e sociabilidade e práticas de consumo cultural variadas podem facilmente tornar-se espaços e tempos de relações em rede. O inverso também pode acontecer, pois os processos e dinâmicas organizacionais hierárquicas podem ser impeditivos e desincentivadores das relações informais, comunitárias e em rede, ou fomentarem um individualismo que iniba o desenvolvimento de redes e regulações que juntem o informal ao colectivo.

2.1.2. Cultura e regras sociais

As relações comunitárias e em rede são predominantemente informais, subjectivas, orais e contextuais, transformando-se na base principal dos saberes experienciais de uma profissão e podendo ter mesmo o desenvolvimento de uma memória oral de experiências colectivas centrada na lembrança dos mais antigos e mais velhos na profissão. As relações em rede têm um cunho mais individualizado, caso não se articulem com relações comunitárias. Pelo contrário, as relações organizacionais, reguladoras ou hierárquicas, na forma como as descrevemos, são predominantemente formais e objectiváveis, dependentes do escrito e mais submetidas a formas de controlo social geral. As relações reguladoras têm um cunho mais individualizado, caso não se articulem com relações hierárquicas.

Especificando com mais pormenor estes dois grandes grupos de relações sociais, poderemos retomar a abordagem da antropologia da educação desenvolvida por Raúl Iturra, referida no capítulo anterior, e afirmar que: (1) as primeiras duas relações permitem desenvolver e treinar uma mente cultural na profissão e uma reflexividade interactiva, ligada à consciência prática dos profissionais-técnicos; (2) as segundas relações permitem desenvolver e treinar uma mente racional/positiva na profissão e, potencialmente, desenvolver uma reflexividade institucional a partir da consciência discursiva dos profissionais-técnicos em contexto. Mas, tal conjunto de relações sociais, formas de organização da experiência e tipos de saberes só poderão ter o efeito geral e global de desenvolver uma cultura profissional se estivermos situados num período histórico de transição paradigmática (v. Santos, 15-36), ou, como dissemos no capítulo 1, se os sistemas de regras sociais (sistemas de papeis sociais e *habitus*) estiverem em crise de legitimidade institucional e em erosão quanto aos seus efeitos sociais, práticos e (dis)posicionais.

Retomando o Quadro 3.1. poderemos dizer que, nas condições sociais de manutenção da legitimidade institucional e de efeito estruturante dos sistemas de regras sociais, a reflexividade social tenderá a seguir os caminhos da primeira fase da modernidade, da reflexividade pós-tradicional, na qual os sistemas periciais/abstractos de conhecimento são manipulados dentro de um pressuposto de estabilidade de funcionamento da realidade, de previsibilidade da acção sobre ela e de reprodução da confiança-fé nos encontros entre profissionais e leigos (Giddens, com Beck e Lash, 1994). Neste caso, o sistema de regras sociais operará do seguinte modo:

(1) o *habitus* tenderá a inibir o desenvolvimento de uma mente cultural, isto é, tenderá a inibir a explicitação e publicitação de saberes experienciais e dos seus sentidos contextuais, fazendo permanecer e manter o sentido prático da profissão a um nível pré-reflexivo e disposicional, determinado pelas origens sociais, pelos trajectos sócio-educativos e pelos capitais-recursos relati-

vos aos agentes sociais que ocupam a posição de profissionais nos vários campos sociais;
(2) o sistema de papeis e estatutos sociais tenderá a inibir o desenvolvimento de uma mente racional-positiva contextualizada, isto é, tenderá a potencial o desenvolvimento de modelos de interpretação/acção na profissão que formalizam e fixam modos de pensar que, ao não convocarem a subjectividade dos profissionais-técnicos como factor estruturante, são determinados por formas de poder constrangedoras, ligados aos poderes dominantes num campo social e à ocupação de lugares institucionais no comando das organizações.

Nas condições sociais de crise de legitimação e de desestruturação dos sistemas de regras sociais, a reflexividade social tenderá a seguir os caminhos da segunda fase da modernidade, da modernidade reflexiva, em que os encontros entre profissionais e clientes são decisivos, em termos de confiança-partilha, sobre o modo de uso dos sistemas periciais/abstractos de conhecimento dado permitirem aferir do grau de incerteza e risco na interpretação e na intervenção profissional e social, nas condições reais e locais em que os fenómenos ocorrem (Caria, 2002). Neste caso, a organização da experiência social tenderá a operar do seguinte modo:

(3) as relações comunitárias e em rede fomentarão trajectórias profissionais mais dependentes da diversidade dos contextos sociais de experiência e, portanto, mentes culturais que serão menos dependentes do papel regulador do *habitus* e das origens sociais e trajectórias sócio-educativas dos profissionais;

(4) as relações organizacionais farão reconhecer e exprimir a subjectividade dos profissionais, permitindo dissociar a autonomia profissional das posições sociais no campo ou dos lugares hierárquicos nas organizações, e, portanto, desenvolver mentes racionais-positivas menos ligadas a modelos estandartizados de pensar e agir.

Apenas no contexto de uma modernidade reflexiva, quando ocorre articulação explícita entre as duas mentes sociais, é que estaremos em condições de falar de *cultura profissional*. Entretanto, nas situações intermédias e compósitas, de parcial crise dos sistemas de regras sociais, o que poderemos encontrar são *formas mitigadas da cultura profissional a que chamamos identificações profissionais*.

De acordo com esta orientação, nos trabalhos de investigação etnográfica que realizámos com professores (Caria, 1995, 1996, 1997, 1999), conceptualizámos diferentes formas de uso da cultura conforme o tipo de relações que existiam entre as duas mentes sociais (Caria, 2000:163-169). À plena e completa articulação entre o cultural e o racional, designámo-la por *racionalização da cultura:* uma racionalização que respeita e parte da interacção social e não a recusa ou inibe a partir de fenómenos de dominação social ou de instrumentalização do conhecimento (v. Habermas, 2002: 103-147; 1993: 57-60). No que se refere às *identificações profissionais* encontrámos formas de uso da cultura que separam, dissociam ou substituem a mente cultural da/pela mente racional-positiva, a saber: (1) as *escolarizações da cultura*, que separam as duas mentes, impossibilitando a coexistência das lógicas do local e do geral nas relações sociais, e a aproximação do formal ao informal e do individual ao colectivo na organização da experiência; (2) as *dogmatizações da cultura*, que seriam usos do conhecimento apenas racionais, formais e escritos, sem partilha e colectivização de experiências e negando a subjectividade dos actores; (3) as *domesticações da cultura*, que seriam usos do conhecimento apenas locais, orais e interpessoais, sem relações sociais e organização da experiência que sejam independentes das pessoas e das circunstâncias, impedindo pensar relações inter-contextuais.

Em conclusão, colocamos como hipótese, neste capítulo, que o conceito de cultura profissional tem, na maioria dos quotidianos de trabalho profissional, a forma de identificações profissionais porque consideramos que a época de transição paradigmática ou de modernização reflexiva é, ainda hoje, e em particular em Portugal, muito embrionária. No entanto, será importante não esquecer que as culturas profissionais podem ser objecto directo e específico de investigação social, como fizemos com os professores, desde que as metodologias utilizadas sejam etnográficos, isto é, desde que a análise enfatize as relações comunitárias de trabalho. Através desta metodologia de investigação privilegia-se as relações entre pares na informalidade das organizações burocráticas e, portanto, os espaços e tempos individuais e colectivos que estão menos sujeitos a constrangimentos sociais, relativos à desigualdade de capitais--recursos possuídos ou ao controlo normativo de regras sociais.

Em consequência, os conceitos de cultura e identificação profissionais permitem perceber de forma aproximada, desigual e desencontrada o modo como o trabalho profissional-técnico consegue colectivizar saberes e socializar indivíduos em condições de mudança social global e, indirectamente, saber até que ponto as instituições sociais e os campos sociais começam a perder validade como conceitos centrais para explicar a estruturação do social.

2.2. Contextos de trabalho técnico-intelectual

2.2.1. Profissionalização, organização e representação da actividade

Neste capítulo, ao fazermos uma análise comparada entre três contexto de trabalho técnico-intelectual, procuraremos responder à hipótese colocada: a de que existem relações desiguais e desencontradas entre cultura e identificação profissionais, e que a segunda ainda é predominante relativamente à primeira. Para este efeito utilizaremos três grandes grupos de variáveis, relativas a três dimensões de análise (por ordem de apresentação): (a) a estruturação da trajectória sócio-profissional (ETP), circunscrita apenas aos processos e relações interactivos e em rede, pós--ensino superior, relativos aos contextos trabalho em análise, enquanto lugares de profissionalização; (b) o papel técnico-funcional (PTF) desempenhado nas organizações em análise, tomando como centro o seu organigrama; (c) a reflexividade profissional (RP), circunscrita à representação subjectiva que os profissionais-técnicos têm da posição que ocupam no campo/sector de actividade considerado.

Concretizando a nossa hipótese, pretendemos responder às seguintes perguntas: (1) existem relações significativas entre trajectória sócio--profissional e papel técnico-funcional? (2) a reflexividade profissional está mais relacionada com a trajectória sócio-profissional ou com o papel técnico-funcional? No caso de termos uma resposta positiva à primeira pergunta, provavelmente verificaremos também uma relação mais forte entre reflexividade e papel do que entre reflexividade e trajectória, e, então, poderemos concluir que a acção profissional é, ainda, em grande parte, determinada por sistemas de regras sociais, havendo apenas lugar para falar em identificações profissionais e não tanto em culturas profissionais.

2.2.2. Amostra e desenvolvimento da análise

No projecto de investigação *Reprofor*, tivemos oportunidade de conceber e administrar inquéritos muito semelhantes em três dos contextos de trabalho estudados[2], a saber: [contexto EA] técnicos de formação de adultos em associações de desenvolvimento local (terceiro sector); [contexto OA] técnicos de extensão em organizações de agricultores (terceiro sector); e [contexto SH] administradores e chefias de hospitais regionais (sector público). O nosso objectivo com a recolha destes dados quantitativos foi o de permitir ter informação empírica comparável e diversificada, que nos permitisse operacionalizar os conceitos de *cultura e identificação profissionais,* tomando como indicadores de medida as três dimensões de análise identificadas, relativas a relações organizacionais e a relações em rede. Mais concretamente, para realizarmos esta aproximação empírica e comparada ao nosso tema de investigação, iremos desenvolver o resto deste capítulo em três momentos:

- caracterização da amostra, enfatizando o que diferencia socialmente os inquiridos em cada um dos três contextos de trabalho, de forma a entender as condições de profissionalização que estes oferecem (na secção 2.2.3.);
- operacionalização das dimensões de análise de *trajectória e reflexividade profissionais* e *papel técnico funcional* (na secção 2.2.4.);
- operacionalização dos conceitos de *identificação e cultura profissionais* a partir das modalidades de associação e dissociação entre *trajectória e reflexividade profissionais* e *papel técnico funcional.* (na secção 2.3).

De acordo com as considerações teóricas exposta no capítulo 1, partimos de uma definição operacional de trabalho profissional-técnico que implicou retirar ou destacar da amostra alguns dos inquiridos, a saber:

- retirar os inquiridos que não tinham a posse de um diploma de curso de ensino superior;
- destacar os inquiridos que, na descrição que faziam do seu contexto de trabalho, não identificavam desempenhar "tarefas técnicas".

---

[2] Os inquéritos foram administrados entre Novembro de 2002 e Abril de 2003, através de entrevista presencial nos locais de trabalho dos inquiridos. Todos os locais de trabalhos são pequenas e médias organizações situadas, predominantemente, na região norte de Portugal.

Esta última condição foi destacada e não excluída porque consideramos que corresponde ao caso típico de "profissional-gestor", dado que os inquiridos em causa, todos dirigentes, consideraram que realizavam "trabalho de gestão", embora não o qualificassem como "trabalho técnico".

Quadro 2.2- Distribuição da amostra pelos contextos de trabalho

		Frequência absoluta	Percentagem
Contextos de trabalho	Contexto EA	21	20.0
	Contexto OA	49	46.7
	Contexto SH	35	33.3
	Total	105	100.0

A totalidade dos inquiridos considerados para esta amostra foram 105 indivíduos, repartidos pelos três contextos de trabalho indicados no Quadro 2.2.

2.2.3. Contextos de profissionalização

A heterogeneidade social e profissional destes contextos de trabalho é particularmente evidente nos seguintes aspectos (ver anexo II.1):
- no contexto SH estão concentrados os grupos profissionais mais institucionalizados (médicos e juristas com licenciatura em Direito): têm maior legitimidade científico-profissional e maior autonomia político-simbólica e as perspectivas de carreira são as mais prestigiadas e mais profissionalizadas (maior concentração de homens, de idades mais velhas, de licenciaturas, de cursos de mestrado e doutoramento e de emprego não precário e não voluntário);
- no contexto EA está concentrado o grupo profissional menos institucionalizado (trabalhadores sociais): têm menor legitimação científico-profissional e têm as perspectivas de carreira menos prestigiadas (maior feminização e maior concentração de trabalho voluntário), embora relativamente mais profissionalizadas (maior concentração de pós-graduações e menor precarização do emprego do que no contexto OA);

- no contexto OA estão concentrados os grupos profissionais intermédios (engenheiros agrários e economistas/gestores): geralmente não carecem de legitimidade científico-profissional, mas nem sempre têm autonomia político-simbólico (especialmente quando a racionalidade económica tende a manifestar-se de forma mais evidente, como é o caso), e em consequência as perspectivas de carreira são menos profissionalizadas (maior concentração de jovens, de diplomas escolares mais baixos e de precaridade de emprego).

Quadro 2.3. – Contextos de profissionalização

Contextos de Trabalho	Institucionalização (I)	Formalização (F)	Contextos de Profissionalização
Contexto SH	[+] Grupos Profissionais mais prestigiados [[+]homens e [+]velhos]	[+]Lic [+]emprego estável	(+) F (+) I
Contexto EA	[+] Grupos Profissionais menos prestigiados [[+] mulheres]	[+] Pós-Lic. [+]emprego precário e voluntário	(O) F (-) I
Contexto OA	[+] Grupos Profissionais intermédios [[+]jovens]	[+]Bac [+]emprego precário	(-) F (O) I

Legenda: Bac-bacharelato; Lic-licenciatura; Pós-Lic-pós-graduações e mestrados; [+]-concentração acrescida de frequências relativas de uma dada categoria de uma variável; (+)-referente à categoria de uma dada variável que assume valores mais elevados; (-)-referente à categoria de uma dada variável que assume valores mais baixos; (O)-referente à categoria de uma dada variável que assume valores intermédios.

O Quadro 2.3. resume o efeito conjugado entre os contextos de trabalho e os tipos de grupos profissionais, permitindo aprofundar a análise em termos de *contextos de profissionalização*, isto é, o que está em causa não é só o trabalho realizado num contexto particular mas também as condições que ele permite, ou permitiu, para a profissionalização de um dado trabalho técnico-intelectual. Assim, podemos comparar os contextos de profissionalização a partir de dois indicadores qualitativos: (1) o nível de institucionalização, medido pela presença de grupos profissionais mais ou menos institucionalizados e prestigiados, associados a uma maior ou menor feminização ou juventude dos inquiridos; (2) o nível de formalização da actividade profissional, medido através do maior ou menor nível de educação formal actual, associado a uma maior ou menor estabilidade do emprego.

Face ao resumo apresentado no Quadro 2.3. podemos concluir (indicado na última coluna deste quadro) que: (1) o contexto SH é o mais (+) formal (F) e o mais (+) institucionalizado (I); (2) o contexto EA é o menos (-) institucionalizado e é intermédio (0) no grau de formalização; (3) o contexto OA é o menos (-) formal e é intermédio (0) no grau de institucionalização.

2.2.4. Dos contextos às trajectórias profissionais

Para os objectivos desejados, de operacionalização dos conceitos de identificação e cultura profissionais, carecemos de ir mais longe. Precisamos perceber se os três contextos de profissionalização identificados têm tradução em trajectórias profissionais diferenciadas e equivalentes.

Para equacionarmos esta relação importa distinguir *trajectórias sócio-profissionais* de outro tipo de indicadores que dão conta de outras dimensões das trajectórias sociais dos profissionais. Assim, quando nos referimos a trajectórias sócio-profissionais, estamos a dissociá-las dos trajectos sócio-educativos de socialização familiar, origem sócio-profissional e percurso escolar básico e secundário e dos trajectos para-profissionais de escolha do curso superior, de aprendizagem escolar superior e de entrada inicial no mercado de trabalho. Interessa-nos apenas aquilo que é especificamente trajecto sócio-profissional, passível de ser imputado apenas à socialização na actividade profissional (trabalho e reflexão em grupos e organizações de trabalho), após a entrada inicial no mercado de trabalho e as primeiras experiências episódicas e casuísticas da profissão.

Dentro desta orientação, a informação recolhida através do inquérito permitiu medir as trajectórias profissionais com base em três indicadores[3]: (a) a diversidade da actividade profissional desenvolvida até ao

---

[3] No que se refere às duas variáveis relativas à diversidade dos trajectos profissionais foram colocadas aos inquiridos perguntas relativas à diversidade de formação ou de actividade para a/na função desempenhada ou para/em outras funções no sector ou fora do sector. Assim, a codificação destas duas varáveis não mede a quantidade de formações e actividades mas antes as diferenças de qualidade.

*Quadro 2.4. – Diversidade da Formação complementar face
à Diversidade da Actividade Profissional*

	Diversidade da Actividade Profissional (DAP)			Total
Diversidade da Formação complementar (DFC)	nula ou fraca diversidade	média diversidade	elevada diversidade	
nula ou fraca diversidade	19	8	3	30
	63.3%	26.7%	10.0%	100.0%
média diversidade	28	18	9	55
	50.9%	32.7%	16.4%	100.0%
elevada diversidade	3	11	5	19
	15.8%	57.9%	26.3%	100.0%
Total	50	37	17	104
	48.1%	35.6%	16.3%	100.0%

momento (DAP); (b) a diversidade da formação não escolar complementar adquirida até ao momento (DFC); (c) a escolaridade superior base e complementar realizada (EBC).

O Quadro 2.4. permite, em primeiro lugar, verificar a distribuição dos dados pelas duas primeiras variáveis e, em segundo lugar, reduzir a DAP e a DFC a uma única medida com quatro categorias (indicadas pela intensidade dos sombreados no quadro), a chamada *diversidade do trajecto sócio-profissional* (DTP): (1) DAP e DFC igualmente nulas e fracas [(-)DFC=(-)DAP]; (2) DFC média ou elevada e DAP nula e fraca ou DFC elevada e DAP média [DFC>DAP]; (3) DAP média ou elevada e DFC nula e fraca ou DAP elevada e DFC média [DFC<DAP]; (4) DAP e DFC igualmente médias e elevadas [(+)DFC=(+)DAP].

Os dados apresentados no anexo II.2. permitem, por fim, verificar, em detalhe, quais as relações existentes entre DTP, como indicador principal da trajectória sócio-profissional, e os contextos de profissionalização. O Quadro 2.5. resume estas relações e destaca o que entendemos ser mais importante reter:

• o contexto de profissionalização SH é o único que tem uma concentração acrescida de trajectórias profissionais do tipo "DFC>DAP", constatação que pode ser explicada como consequência do efeito conjugado dos níveis elevados de institucionalização e de formalização da profissionalização;

Quadro 2.5. – *Relação entre contextos de profissionalização e trajectos profissionais*

Contextos de profissionali-zação	Diversidade do trajecto profissional (DTP)	Grupos Profissionais	Escolaridade básica e complementar (EBC)	Diversidade do trajecto profissional (DTP)
Contexto SH (+) F	[+]DFC>DAP	Médicos, Enfermeiros, outros profissionais de saúde e Juristas (Direito)	[+] Lic [+] Pós-Lic	[+]DFC>DAP
(+) I		Médicos	Lic	[+] (+)DFC=(+)DAP
Contexto EA	[+] (-)DFC=(-)DAP	Juristas	Lic	[+] (-)DFC=(-)DAP
(O) F (-) I	ou		[+]Lic	[+] (-)DFC=(-)DAP
	[+]DFC<DAP	[+] Profissionais/Trabalhadores Sociais	[+] Lic [+] Pós-Lic	[+]DFC>DAP
			[+] Bac. [+] Precários	[+]DFC<DAP
Contexto OA	[+] (+)DFC=(+)DAP	[+] Economistas/Gestores	[+]Pós-Bac.	[+] (+)DFC=(+)DAP
(-) F (O) I	ou		[+]Pós-Bac.	[+]DFC>DAP
			[+]Pós-Bac.	[+]DFC<DAP
	[+]DFC<DAP	[+] Engenheiros Agrários	[+] Bac. [+] Precários.	[+]DFC<DAP
			[+]Lic	[+] (+)DFC=(+)DAP

Legenda: Bac-bacharelato; Lic-licenciatura; Pós-Bac-curso de complementar ao bacharelato equivalente a licenciatura; Pós-Lic-pós-graduações e mestrados; [+]-concentração acrescida de frequências relativas de uma dada categoria de uma variável; (+)-referente à categoria de uma dada variável que assume valores mais elevados; (-)-referente à categoria de uma dada variável que assume valores mais baixos; (O)-referente à categoria de uma dada variável que assume valores intermédios.

- ambos os contextos de profissionalização OA e EA apresentam uma concentração acrescida de trajectórias profissionais do tipo "DFC<DAP", constatação que pode ser explicada como consequência da diminuição conjunta dos níveis de institucionalização e de formalização identificados por comparação com SH;
- como a diminuição destes níveis de profissionalização, em OA e EA, são desencontrados, existe, ainda, um efeito paralelo de distinção entre estes dois contextos, fazendo com que em OA haja uma maior concentração de trajectórias do tipo "(+)DFC=(+)DAP" (quando o nível de institucionalização é inferior à formalização, especialmente no caso de licenciados) e com que em EA haja uma maior concentração de trajectórias do tipo "(-)DFC=(-)DAP" (quando o nível de institucionalização é superior à formalização, especialmente junto daqueles que têm emprego precário);
- dentro do contexto EA existe alguma aproximação ao contexto SH (trajectória tipo "DFC>DAP") quando o nível de EBS sobe (Pós-Lic e Lic) e o emprego não é precário;
- dentro do contexto SH existe alguma aproximação ao contexto OA (trajectória tipo "(+)DFC=(+)DAP") no que se refere a médicos que não incrementam os níveis de EBC.

Em termos de conclusão, podemos afirmar que existe maior procura e aposta na diversificação da educação e formação complementar quando as condições de profissionalização são, simultaneamente, mais institucionalizadas e mais formalizadas. Inversamente, existe uma maior procura e aposta na diversificação da actividade profissional quando as condições de profissionalização são, simultaneamente, menos institucionalizadas e menos formalizadas. Nas situações intermédias a relação entre DFC e DAP anda a par, podendo ambas ter uma intensidade elevada ou baixa, conforme as condições de profissionalização forem, respectivamente, mais institucionalizadas do que formalizadas ou o inverso.

O Quadro 2.6. resume estas conclusões porque define uma hierarquia de níveis e tipos de estruturação da trajectória sócio-profissional (ETP) e identifica o número de inquiridos por cada nível de ETP. Quanto mais descemos neste quadro mais encontramos as trajectórias que se apresentam como mais dispersas, fragmentadas e dependentes da experiência de relações comunitárias e em rede (mais informalidade e menos institucionalização). Inversamente, ao subirmos na hierarquia encontramos as trajectórias que, hipoteticamente, serão mais determinadas pelos

Quadro 2.6- Nível e tipo de estruturação da trajectória profissional (ETP)

Contexto de Profissionalização	Escolaridade Base e Complementar (EBC)	Tipo e nível de estruturação da trajectória profissional (ETP)	Frequência absoluta	Percentagem
Mais formal e mais institucional	Pós-Bac e Pós-Lic	Formal-institucional plena (FIP-nível 1)	11	10.5
Mais formal e mais institucional	Bac e Lic	Formal-institucional limitada (FIL-nível 2)	31	29.5
Menos formal e mais institucional	Pós-Bac e Pós-Lic	Formal-não institucional plena (FNP-nível 3)	19	18.1
Menos formal e mais institucional	Bac e Lic	Informal-institucional limitada (IIL-nível 4)	6	5.7
Mais formal e menos institucional	Bac e Lic	Informal-institucional plena (IIP-nível 5)	14	13.3
Menos formal e menos institucional	Pós-Bac e Pós-Lic	Informal-não institucional limitada (INL-nível 6)	6	5.7
Menos formal e menos institucional	Bac e Lic	Informal-não institucional plena (INP-nível 7)	17	16.2
		Total desconhecidos Total geral	104 1 105	99.9 0.1 100.0

Nota: a trajectória profissional "fomal- não institucional limitada" (FNL) não é referida porque não tem qualquer frequência.

sistemas de regras sociais (sistemas de papeis institucionais e sistemas incorporados de práticas); referentes às relações organizacionais reguladoras e hierárquicas (mais formais e mais institucionalizados), portanto mais dependentes de posições de poder e lugares institucionais em campos sociais. Face ao número reduzido de efectivos na maioria dos sete níveis de ETP considerados, sempre que se justificou estes foram agrupados em apenas quatro categorias: formal-institucional (níveis 1 e 2); informal-institucional (níveis 3 e 4), formal-não institucional (nível 5) e informal-não institucional (níveis 6 e 7).

Poderemos formalizar uma hipótese em torno da resposta à seguinte pergunta: será que a cultura profissional se desenvolve nos níveis de ETP mais informais e menos institucionalizados e que a identificação profissional se desenvolve nos níveis mais formais e institucionalizados de ETP? Para poder ter alguma resposta a esta pergunta teremos que a seguir começar por tratar a operacionalização dos conceitos de papel técnico--funcional e reflexividade profissional, para depois na conclusão, na secção 2.3., podermos situar esta pergunta no quadro das relações conceptuais entre trajectórias e sistemas de regras sociais.

2.2.5. Papeis técnico-funcionais

Para podermos saber se as trajectórias profissionais identificadas são dependentes de papeis institucionais e, portanto, de relações sociais reguladoras e hierárquicas, tomámos por referência a informação do inquérito relativa às estruturas organizacionais e funcionais que, em cada contexto, constituem constrangimentos objectivos à acção profissional. Assim, o funcionamento sócio-organizacional dos contextos de trabalho foi analisado a partir de três variáveis: nível de cargo/função organizacional (CFO), conteúdo técnico-funcional do trabalho (CTF) e relação de emprego (RE).

No que se refere à variável CFO considerámos a informação objectiva relativa ao lugar que os inquiridos ocupavam no organigrama do local de trabalho (lugares de direcção, lugares de enquadramento e chefia e lugares de base com funções técnicas). Em associação com CFO considerámos a informação relativa às tarefas que os inquiridos referiam desenvolver (CTF) e a informação relativa à relação de emprego (RE) e de seguida passámos a categorizar os inquiridos segundo os seus papeis técnico-funcionais (PTF). A lógica de construção desta categorização permite:

- com base na variável CFO distinguir papeis técnico-funcionais de direcção/chefia e de base (funções de topo e intermédias versus funções de base);
- com base na variável RE podemos distinguir papeis técnico-funcionais com maior ou menor "estatuto social na organização", por um lado, no trabalho técnico de base (mais estatuto leva a emprego estável ou voluntário; menos estatuto leva a emprego precário) e, por outro lado, no trabalho de direcção e chefia (maior estatuto leva a emprego estável ou precário; menor estatuto leva a emprego voluntário);

- com base na variável CTF podemos distinguir a maior ou menor "competência profissional-técnica", conforme o conjunto das tarefas profissionais realizadas é, potencialmente, mais ou menos amplo ou mais ou menos independente de rotinas burocráticas (as tarefas técnicas associadas às de gestão implicam uma maior competência; as tarefas técnicas associadas às administrativas implicam uma menor competência; só tarefas técnicas implicam uma competência intermédia ou uma competência menor, conforme, respectivamente, se desempenha funções de direcção e chefia ou funções técnicas de base).

Quadro 2.7. – Tipologia do Nível e do Papel Técnico-Funcional

Nível e Papel Técnico Funcional (PTF)	CFO (organigrama)	CTP (competência)	RE (estatuto)	Frequência absoluta	Percentagem por nível
Direcção-Adminstração (categoria/nível 1)	++	Sem funções técnicas	+	5	4,8
Direcção Técnica (categoria/nível 2)	++	++	+	16	16,2
Assessor (categoria/nível 2)	++	+	+	1	
Assessor (categoria/nível 3)	+	+	+	6	29,5
Chefia Técnica (categoria/nível 3)	+	++	+	21	
Chefia Técnica (categoria/nível 3)	++	++	-	2	
Chefia Técnica (categoria/nível 3)	++	-	-	2	
Técnico Responsável (categoria/nível 4)	-	++	+	15	16,2
Técnico Responsável (categoria/nível 4)	+	++	-	2	
Técnico Polivalente (categoria/nível 5)	-	-	+	10	16,2
Técnico Polivalente (categoria/nível 5)	+	-	+	4	
Técnico Polivalente (categoria/nível 5)	-	+	-	3	
Técnico Polivalente Precário (categoria/nível 6)	-	-	-	6	17,1
Técnico Monovalente (categoria/nível 6)	-	-	indiferente	12	

No anexo II.3 apresentamos em pormenor a distribuição destas variáveis de modo a podermos chegar a uma medida final de PTF. O Quadro 2.7. apresenta esta medida, produzindo uma síntese resultante do cruzamento de CFO+RE+CTF, segundo a lógica que descrevemos. São identificados oito níveis e seis categorias de PTF. As categorias e níveis tomam em consideração a variação de PTF quanto:

- ao organigrama, dividido em topo (++), intermédio (+) ou base (-) (medida por CFO);
- à competência profissional em maior (++), intermédia (+) ou menor (-) (medida por CTF);
- ao estatuto profissional em maior (+) ou menor (-) (medido por RE).

Para a designação das categorias inspirámo-nos nos trabalhos de Benguigui e Monjardet (citado por Rodrigues, 1997:40-42). A variação entre o número de categorias de PTF e o número de níveis considerados justifica-se porque realizámos algumas agregações, a saber: (1) devido à baixa frequência do nível de "assessor" este foi agregado na "direcção técnica" ou na "chefia técnica", conforme correspondia, respectivamente, a funções de topo ou intermédias; (2) os "técnicos polivalentes precários" foram agregados aos "técnicos monovalentes" porque, para além de terem uma baixa frequência, verificámos mais tarde (como veremos mais à frente) que têm, na relação com as outras dimensões de análise ligadas ao profissionalismo, um comportamento equivalente ao da categoria mais baixa de PTF. Sempre que do ponto de vista estatístico se justificou, levámos a agregação de categorias a apenas quatro grupos: directores não técnicos (nível 1); chefias profissionais-técnicas (níveis 2 e 3); profissionais-técnicos (níveis 4 e 5); técnicos subalternos (nível 6).

2.2.6. Reflexividade profissional

No início deste capítulo conceptualizámos as noções de identificação e cultura profissionais e afirmámos que a possibilidade destas se desenvolverem de modo desigual e desencontrado dependeria da determinação e estruturação que os sistemas de regras sociais tivessem sobre o profissionalismo. Para operacionalizar este problema, considerámos nas secções anteriores, dimensões e indicadores que nos deram medidas que são em grande parte exteriores à consciência dos inquiridos. Mas as identificações e culturas profissionais têm uma relação privilegiada, como vimos no capítulo 1, com as modalidades de reflexividade social, particularmente com aquelas que enfatizam a autonomia do poder profissional, associada à competência para improvisar a fim de melhor lidar com factores de incerteza na resolução de problemas e à capacidade crítica relativamente ao poder político.

Tratam-se de dimensões de análise do profissionalismo que dependem fundamentalmente das construções subjectivas que os profissionais-técnicos têm sobre (1) o seu poder especializado e autónomo para (2) inovar face a problemas e (3) para criticar decisões e resultados organizacionais. Assim, estamos a referirmo-nos às representações que os profissionais-técnicos têm da sua posição social no campo de actividade em que estão inseridos, associando a expressão da sua identidade profissional aos usos do conhecimento. São estas dimensões, como veremos mais à frente, que hipoteticamente, melhor podem servir a operacionalização do conceito de cultura profissional, desde que associado a trajectórias profissionais menos formais e institucionalizadas.

O inquérito que administrámos nos três contextos de trabalho, a que nos estamos a referir, permitiram recolher informação sobre esta reflexividade profissional com base num conjunto de questões que pediam aos inquiridos para avaliarem, numa escala com 5 posições, o seguinte:

- o grau de autonomia e poder profissionais que percepcionavam ter (7 variáveis sobre autonomia desdobradas nas categorias de "nula", "pouca", "média", "elevada" e "muito elevada");
- o grau de uso que davam a recursos variados para fazerem face a problemas imprevistos em contexto (5 variáveis, desdobradas nas categorias de "nula", "pouca", "média", "elevada" e "muito elevada, que indicavam maior ou menor capacidade de inovação contextual);
- o grau de satisfação que tinham com os recursos possuídos e com os resultados obtidos (4 variáveis, desdobradas nas categorias de "nula", "pouca", "média", "elevada" e "muito elevada", que indicavam um maior ou menor potencial crítico face à área decisional das organizações, conforme respectivamente, a satisfação era menor ou maior).

A grande variedade e heterogeneidade de dados e dimensões que considerámos como indicadores de reflexividade profissional fez com que optássemos por realizar uma redução estatística da informação disponível de modo a facilitar a sua análise. Para esta finalidade, seguimos de perto as sugestões e indicações dadas por Helena Carvalho (2004) quanto às virtualidades da Homals (Análise de Homogeneidade) para construir tipologias de análise sociológica. O Quadro 2.8. apresenta a melhor redução e homogeneização de dados que conseguimos obter através dos procedimentos da Homals (ver em anexo II.4 a variância por dimensão correspondente e as frequências de cada variável e respectivos valores Homals por categoria em cada dimensão).

Quadro 2.8. – Medidas Descriminação Homals

	Dimensão					
	1	2	3	4	5	6
Autonomia Rec. Humanos	.328	.480	.112	.413	**.422**	.096
Autonomia Planeamento	.333	.267	.268	.228	**.540**	.107
Autonomia Gestão	.297	.370	.182	.195	**.446**	.317
Imprevisto Pares Fora	.047	.245	.170	.468	.063	**.474**
Imprevisto Pares Locais	.264	.218	.365	.066	.060	**.433**
Imprevisto Dirigentes	.340	.132	.341	.289	.211	**.300**
Satisfação Rec. Materiais	**.468**	.281	.261	.102	.015	.023
Satisfação Rec. Humanos	**.574**	.382	.266	.139	.077	.098
Satisfação Resultados Técnicos	**.515**	.314	.312	.153	.058	.019

Como se pode verificar neste quadro, o espaço multidimensional considerado foi reduzido a 3 variáveis de satisfação com valores mais elevados na dimensão 1, a 3 variáveis de imprevisibilidade com valores mais elevados na dimensão 6 e a 3 variáveis de autonomia com valores mais elevados na dimensão 5 (indicados pelos sombreados. De salientar que as variáveis de imprevisibilidade que evidenciaram ser as mais descriminativas são aquelas que usam recursos que estão relacionados com os factores interactivos e em rede (recurso aos pares locais, aos pares de fora conhecidos e aos dirigentes locais), tal qual necessitávamos para analisar a inovação e a incerteza a partir de dimensões contextuais e inter-contextuais.

Tratando-se de 6 a 7 variáveis com 5 categorias cada, o gráfico de configuração topológica, que nos permitiria ver as categorias que teriam valores mais próximos entre si e estariam mais afastadas da origem dos eixos, tornou-se completamente ilegível. Assim, optámos por um representação em quadro (v. Quadros 2.9. e 2.10.) em que cada linha representa um dos 4 sub-eixos (dimensão x ou y, positiva ou negativa, do possível gráfico), sendo esta desdobrada em 4 colunas conforme os valores se aproximam mais ou menos da origem[4] em cada dimensão. Optámos, ainda, por cruzar ambas as dimensões 1 e 6 com a dimensão 5, porque esta última é central na nossa abordagem teórica dado relacionar-se directamente com o poder-autonomia que os profissionais reconhecem ter em contexto de trabalho.

Quadro 2.9. – Categorias/Variáveis por valores Homals mais ou menos próximos da origem dos eixos e correspondentes tipos de reflexividade profissional pelas dimensões de autonomia e recursos para imprevisibilidade

Eixo X Dim. 5	Eixo Y Dim. 6	valores próximos da origem nas duas dimensões	valores próximos da origem na dim. 5	valores próximos da origem na dim. 6	valores afastados da origem	Indivíduos /objectos
> 0	> 0	Imp Pares Locais – Nunca	Aut. Gestão – Muito Elevada (?) Imp Pares Locais – Raro Imp Pares Fora – Raro Imp Pares Fora – Regular		Aut. Gestão – Pouca Aut. Planeamento – Nula Imp. Dirigentes Locais – Nunca Imp Pares Fora – Nunca	Tipo A (n=19) Aut.(-) Imp.(-)
> 0	< 0		Imp Dirigentes Locais – Frequente Imp. Pares Fora – Muito Frequente	Aut. Gestão – Nula Aut. Rec.Humanos – Média Aut. Planeamento – Média	Aut. Rec.Humanos – Pouca Aut. Planeamento – Pouca Imp Dirigentes Locais – Muito Frequente Imp Pares Locais – Muito Frequente	Tipo B (n=13) Aut.(-) Imp.(+)
< 0	> 0		Aut. Planeamento – Muito Elevada Imp Pares Locais – Regular Aut. Gestão – Muito Elevada (?)		Aut. Rec.Humanos – Muito Elevada Aut. Gestão – Elevada Imp Dirigentes Locais – Regular	Tipo C (n=22) Aut.(+) Imp.(0)
< 0	< 0		Imp Dirigentes Locais – Raro Imp Pares Locais – Frequente Aut. Gestão – Média	Aut. Rec.Humanos – Nula Aut. Rec.Humanos – Elevada Aut. Planeamento – Elevada	Imp Pares Fora – Frequente	Tipo D (n=26) Aut.(0+) Imp.(0+)

Legenda: (++)-muito elevada; (+)-elevada; (0)-intermédia; (-)-pouca; (- -)-muito pouca

---

[4] O valor da origem num eixo x/y será sempre zero em ambas as dimensões. Na segmentação de cada sub-eixo (positivo ou negativo) optámos pelo método indicado por Hill e Hill (2002:215-218) para agrupar casos extremos em variáveis contínuas. Para o efeito, obtivemos a média e o desvio padrão dos valores Homals por objecto/indivíduo em cada uma das três dimensões e identificámos os valores de "cut-off" (superiores e inferiores), a partir do qual os objectos poderiam ser considerados extremos (ver anexo II.4). Os objectos que em cada dimensão tinham valores Homals entre os dois limites de "cut-off", que portanto estavam mais perto da média, foram consideradas demasiado próximos da origem.

Quadro 2.10. – Categorias/Variáveis por valores Homals mais ou menos próximos da origem dos eixos e correspondentes tipos de reflexividade profissional pelas dimensões de autonomia e satisfação

Eixo X Dim. 5	Eixo Y Dim. 1	valores próximos da origem nas duas dimensões	valores próximos da origem na dim. 5	valores próximos da origem na dim. 1	valores afastados da origem	Indivíduos /objectos
> 0	> 0		Aut. Gestão – Muito Elevada Sat. Rec. Materiais – Elevada		Sat. Rec. Materiais – Muito Elevada Sat. Rec. Humanos – Elevada Sat. Res. Técnicos – Muito Elevada	Tipo A (n=16) Aut.(+) Sat.(++)
> 0	< 0	Sat. Rec. Humanos – Pouca	Sat. Res. Técnicos – Média		Aut. Gestão – Nula Aut. Gestão – Pouca Aut. Planeamento – Nula Aut. Planeamento – Pouca Aut. Planeamento – Média Aut. Rec. Humanos –Pouca Aut. Rec. Humanos – Média	Tipo B (n=20) Aut.(-) Sat.(0)
< 0	> 0		Aut. Planeamento – Muito Elevada		Aut. Gestão – Elevada Aut. Rec. Humanos – Muito Elevada Sat. Rec. Humanos – Muito Elevada	Tipo C (n=18) Aut.(++) Sat.(+)
< 0	< 0	Sat. Rec. Materiais – Média Sat. Res. Técnicos – Pouca	Aut. Gestão – Média Sat. Rec. Materiais – Nula Sat. Rec. Materiais – Pouca Sat. Rec. Humanos – Média	Aut. Planeamento – Elevada Aut. Rec. Humanos – Elevada	Aut. Rec. Humanos – Nula	Tipo D (n=32) Aut.(0+) Sat.(-)

Legenda: (++)-muito elevada; (+)-elevada; (0)-intermédia; (-)-pouca; (- -)-muito pouca

Assim, temos, por um lado, no Quadro 2.9. as categorias de indivíduos inquiridos que são mais homogéneos entre si quando se cruza a autonomia com a imprevisibilidade em contexto e, por outro lado, temos no Quadro 2.10. as categorias de indivíduos inquiridos que são mais homogéneos entre si quando se cruza a autonomia com a satisfação. Supomos que os quadros são suficientemente esclarecedores para que não entremos no seu detalhe descritivo, bastando para os compreender que se conheça os procedimentos estatísticos Homals. Interessará por isso apenas concentrarmo-nos nas conclusões (ver a última coluna de ambos os quadros), relativas às duas tipologias encontradas.

Verificamos, a partir do Quadro 2.9, que existem quatro tipos de reflexividade profissional, a saber: (1) <u>a reflexividade profissional C</u> apresenta os níveis mais elevados de autonomia e um nível intermédio de recursos face ao imprevisto; (2) a reflexividade profissional D apresenta níveis intermédios de autonomia e de recursos face ao imprevisto; (3) a reflexividade profissional B apresenta os níveis mais elevados de recursos face ao imprevisto e um nível de autonomia baixo; (4) a reflexividade profissional A apresenta simultaneamente os níveis mais baixos nas duas dimensões.

Também no Quadro 2.10. são possíveis de identificar quatro tipos de reflexividade profissional, a saber: (1) a reflexividade profissional A apresenta simultaneamente os níveis elevados de autonomia e de satisfação, embora mais elevados na segunda dimensão; (2) a reflexividade profissional C apresenta também níveis elevados de autonomia e de satisfação, embora inversos a "A", porque mais elevados na primeira dimensão; (3) a reflexividade profissional D apresenta níveis intermédios de autonomia e baixos de satisfação; (4) a reflexividade profissional B é o inverso de D, porque apresenta níveis intermédios em satisfação e baixos em autonomia.

De acordo com os valores Homals que obtivemos para cada indivíduo em cada dimensão pudemos classificá-los em cada tipologia por tipo de reflexividade profissional e obter as frequências respectivas (ver em anexo II.5, tabela de classificação dos objectos e quadros de frequências das duas tipologias). Por fim, verificámos que havia uma dependência estatística entre as duas tipologias de reflexividade profissional (ver também em anexo II.5), a saber: (1) todos os indivíduos com reflexividade profissional "A" e "B" na tipologia autonomia/imprevistos têm também reflexividade "A" e "B" na tipologia autonomia/satisfação; (2) todos os indivíduos com reflexividade "C" e "D" na tipologia autonomia/imprevistos têm também reflexividade "C" e "D" na tipologia autonomia/satisfação.

O Quadro 2.11. mostra-nos, em consequência, as frequências por níveis de reflexividade profissional, resultante da redução das duas tipologias a uma única medida. A hierarquia de níveis de reflexividade profissional (RP) apresentada segue de perto alguns dos conceitos que desenvolvemos no capítulo 1, sobre a relação social entre decisão e técnica e sobre a relação entre legitimidade e autonomia no trabalho técnico--intelectual. Esta ordenação desenvolve-se, por ordem de prioridade, a partir dos graus maiores de autonomia, de inovação contextual face à imprevisibilidade e de capacidade crítica relativamente aos resultados e recursos organizacionais. Por exemplo, nos casos extremos: a reflexividade profissional CC apresenta os níveis mais elevados de poder profissional--técnico (mais elevada autonomia), apresenta inovação contextual inter-

Quadro 2.11- Níveis e tipos de reflexividade profisisonal

Tipo de Reflexividade Profissional	Frequência absoluta	Percentagem	Percentagem válida	Descrição da Reflexividade Profissional (Aut/Imp/Sat)	Nível e Categoria de Reflexividade Profissional (RP)
Reflexividade CC	8	7.6	11.4	(++ / 0 /+)	Perito-ideólogo/ nível 1
Reflexividade CD	10	9.5	14.3	(+ / 0 / -)	Perito-crítico/ nível 2
Reflexividade DC	7	6.7	10.0	(+ / 0 /+)	Perito clássico/ nível 3
Reflexividade DD	16	15.2	22.9	(0 / 0 / -)	Técnico-crítico/ nível 4
Reflexividade BA	5	4.8	7.1	(+- /+/ ++)	Técnico-inovador/ nível 5
Reflexividade AA	6	5.7	8.6	(0 / - / ++)	Técnico-prático/ nível 6
Reflexividade BB	8	7.6	11.4	(- - / + / 0)	Praticista/ Técnico-desprofissionalizado/ nível 7
Reflexividade AB	10	9.5	14.3	(- - /- - / 0)	Burocrata/ Técnico-desprofissionalizado/ nível 8
Total	70	66.7	100.0		
desconhecidos	35	33.3			
Total geral	105	100.0			

Legenda: (++)-muito elevada; (+)-elevada; (0)-intermédia; (-)-pouca; (- -)-muito pouca.

média (recursos contextuais para imprevisibilidade intermédios) e pouca capacidade crítica face à hierárquia organizacional (elevada satisfação); inversamente a reflexividade profissional AB apresenta um poder profissional-técnico e de resolução de problemas a partir do contexto mínimo (autonomia e recursos contextuais para imprevisibilidade muito baixos).

Mais especificamente, as características dos vários níveis considerados e o número muito pequeno das suas frequências, justificou algumas agregações: (1) os níveis 1, 2 e 3 de reflexividade profissional poderão ser categorizados como *peritos,* porque apresentam os níveis mais elevados de poder profissional-técnico (com autonomia elevada ou muito elevada e capacidade de inovação intermédia), variando em maior ou menor grau de cumplicidade com a área decisional (respectivamente, perito-ideólogo, perito crítico e perito clássico); (2) os níveis 4, 5 e 6 de reflexividade profissional são categorizados como *técnicos profissionalizados*, porque apresentam um nível de poder profissional-técnico intermédio (com autonomia intermédia e capacidade de inovação contextual e satisfação variável); (3) os níveis 7 e 8, correspondem a tipos de reflexividade profissional que por terem um nível de poder profissional-técnico baixo são categorizados como *técnicos desprofissionalizados* (com autonomia muito baixa, satisfação intermédia e variação na inovação contextual).

2.3. Relações sociais e poder profissional

2.3.1. Que relação entre trajectórias, papeis e reflexividade?

Depois do trabalho de operacionalização e redução estatística que realizámos, estamos em condições de retomar as hipóteses que colocámos no início da secção 2.3. e no final da secção 2.2.4. deste capítulo. Relembramos as perguntas formuladas: (1) existem relações significativas entre a trajectória sócio-profissional (ETP) e o papel técnico-funcional (PTF)? (2) será que a cultura profissional se desenvolve nos níveis de ETP mais informais e menos institucionalizados e que a identificação profissional se desenvolve nos níveis mais formais e institucionalizados de ETP? (3) a reflexividade profissional (RP) está mais relacionada com a trajectória profissional (ETP) ou com o papel técnico-funcional (PTF)?

Os termos em que são formuladas as perguntas e as características das variáveis consideradas aconselham o uso de alguns testes estatísticos não paramétricos, a saber: (a) o "teste sperman's rho" para verificar-se se existem correlações ordinais entre variáveis; (b) o "teste kruskal-wallis" para verificar se existem diferenças significativas nas respostas dadas pelos vários grupos para as várias categorias de uma dada variável; (3) o "teste qui quadrado" para verificar se existem relações de dependência significativas entre duas variáveis.

A totalidade dos valores estatísticos encontrados encontram-se em anexo II.6. Com base nas verificações estatísticas produzidas pelos três tipos de testes podemos afirmar que:

- não existem correlações "sperman's rho" estatisticamente significativas entre ETP, PTF e RP;
- existem diferenças estatísticas significativas[5] entre grupos (uso do "teste kruskal-wallis"), quando se relaciona PTF com ETP e vice-versa;
- não existem diferenças estatísticas significativas entre grupos (uso do "teste kruskal-wallis"), quando se relaciona PTF com RP, e vice-versa[6];

---

[5] Considerámos um p<0,05 e a totalidade das sete categorias de ETC e das seis de PTF.

[6] Testámos tanto a totalidade das categorias como a agregação das categorias de PTF e RP.

- existem algumas diferenças estatísticas significativas[7] entre grupos (uso do "teste kruskal-wallis") de ETP quando relacionados com a medida de RP, mas não o inverso;
- não existem relações de dependência estatística entre PTF e ETP e entre PTF e RP;
- existem relações de dependência estatística[8] e de correlação moderada[9] entre ETP e RP.

De um modo mais descritivo e tomando como referência as relações estatísticas indicadas como significativas entre PTP e ETP e ETP e RP, poderemos clarificar, a partir das tabelas de contingência em anexo II.6, quais as condições, objectivas e subjectivas, que permitem o desenvolvimento de identificações e culturas profissionais, a saber:
- a relação entre PTP e ETP indica que os papéis de direcção e chefia têm uma concentração acrescida de efectivos em trajectórias que são as mais institucionais (independentemente de serem mais ou menos formais); que os papéis profissionais técnicos que não são de direcção e chefia têm uma concentração acrescida de efectivos em trajectórias que são informais (independentemente de serem mais ou menos institucionais); e que os papéis de "técnicos subalternos" têm uma relação inversa à dos directores e chefes, isto é, uma maior proporção de trajectórias que são não institucionais (independentemente de serem mais ou menos formais).
- a relação entre ETP e RP indica que as trajectórias mais opostas (mais e menos formais e institucionais) têm uma concentração acrescida de efectivos na mesma categoria que designámos como "peritos", enquanto que as trajectórias intermédias (informais-institucionais e formais-não institucionais) têm uma concentração acrescida de efectivos, respectivamente, nas categorias de "técnicos profissionalizados" e de "técnicos desprofissionalizados".

---

[7] Considerámos um p<0,1 e uma agregação das categorias de ETP para quatro.

[8] Fizeram-se agregações de categorias em cada variável de modo a que o número de células da matriz com valores esperados inferiores a cinco não fosse excessivo.

[9] Encontrámos um "VCramer"= 0,355.

2.3.2. Entre identificações e culturas

Em resposta às hipóteses formuladas podemos, em primeiro lugar, concluir que os papeis institucionais têm relações fortes com as trajectórias profissionais e que, portanto, estamos em presença de processos de identificação profissional, onde os sistemas de regras sociais são determinantes para a explicação do profissionalismo. Em segundo lugar, podemos acrescentar que estas determinações sociais não se estendem do mesmo modo ao plano subjectivo, dado os papeis institucionais não terem relações fortes com a reflexividade profissional. Se associarmos esta segunda conclusão com uma terceira, relativa ao facto da reflexividade profissional ter relações fortes com as trajectórias, podemos admitir que existem culturas profissionais embrionárias, e afirmar que começam a desenvolver-se processos de profissionalização que não são inteiramente determinados por sistemas de regras sociais.

Em quarto lugar, torna-se evidente que as identificações profissionais tendem a ocorrer mais facilmente nas trajectórias mais institucionais, porque é aí que os efeitos do poder profissional determinado pelas instituições se torna mais evidente. Inversamente, no que se refere ao poder profissional decorrente das dimensões subjectivas que permitiram medir os níveis de reflexividade profissional, poderemos afirmar, em quinto lugar, que não existe uma relação hierárquica tão evidente com as trajectórias, porque os níveis mais e menos elevados de reflexividade (categorias peritos e técnicos desprofissionalizados) não têm relações equivalentes nos vários tipos de trajectórias considerados (mais ou menos formais e institucionais).

Como consequência lógica destas conclusões empíricas, poderemos retomar as considerações teóricas que desenvolvemos no início deste capítulo, sobre as relações desiguais existentes entre sistemas de regras sociais e identificações e cultura profissionais, e complementá-las com as seguintes formulações:
- o desenvolvimento de identificações profissionais depende fundamentalmente de meios e lugares de poder profissional ligados directamente a relações organizacionais hierárquicas e reguladoras e, portanto, a trajectórias que formalizem e institucionalizem o desempenho profissional;
- o desenvolvimento de culturas profissionais depende fundamentalmente de meios e capacidades de poder profissional ligados directamente à reflexividade que se exerce por via de relações

em rede e comunitárias e portanto a trajectórias que informalizam e flexibilizam as instituições que regulam o pensamento profissional.

Quadro 2.12- Papel+Trajectória

Papel	Trajectórias Institucionais (níveis 1, 2, 3 e 4)	Trajectórias não institucionais (níveis 5, 6 e 7)
Directores e chefias (níveis 1, 2 e 3)	Identificações fortes	Culturas emergentes
Não chefes (níveis 4, 5 e 6)	Identificações intermédias	Não profissionalismo

Quadro 2.13- Reflexividade+Trajectória

Reflexividade	Trajectórias formais-institucionais (níveis 1 e 2)	Trajectórias Informais-institucionais (níveis 3 e 4)	Trajectórias formais- não institucionais (nível 5)	Trajectórias Informais- não institucionais (níveis 6 e 7)
Peritos (níveis 1, 2 e 3)	Identificações fortes	Identificações fortes	Culturas emergentes	Culturas emergentes
Técnicos profissionalizados (níveis 4, 5 e 6)	Identificações fortes	Identificações intermédias	Não profissionalismo	Culturas emergentes
Técnicos desprofissionalizados (níveis 7 e 8)	Identificações intermédias	Identificações intermédias	Não profissionalismo	Não profissionalismo

Face a estas duas formulações, poderemos perguntar: como é que então, do ponto de vista empírico, estas relações poderão ser operacionalizadas a partir dos dados que encontrámos?

Pensamos que a resposta a esta pergunta depende do significado que atribuirmos às relações entre papel+trajectória e reflexividade+trajectória. Assim, podemos dizer que, para se desenvolverem, tanto as identificações como as culturas profissionais dependem de poder profissional acrescido, respectivamente, de poder institucional e de poder reflexivo. Logo na falta ou na limitação destes (níveis de papel e de reflexividade mais baixos) o que acabamos por encontrar são situações que desvirtuam o profissionalismo e que o tendem a confundir com fenómenos de individualismo burocrático ou individualismo discursivo. Mais especificamente, quando olhamos para as duas tabelas de contingência (em anexo

II.6) que, cruzam papel/trajectória e reflexividade/trajectória, poderemos considerar que estamos perante relações sociais que evidenciam variados graus de identificação e cultura profissionais
Os Quadros 2.12 e 2.13, sintetizam esta nossa visão e respeitam as relações estatísticas descritivas presentes no anexo II.6.
Por fim, o Quadro 2.14. dá-nos a distribuição empírica do desenvolvimento do profissionalismo e das relações sociais que o podem permitir, em variados graus, dentro da perspectiva comparada e contextual que desenhámos neste capítulo. Ele mostra a relação de dependência estatística entre as duas tipologias e, portanto, evidencia o facto de as identificações e as culturas profissionais para se desenvolverem requererem condições objectivas e subjectivas equivalentes. Mostra, ainda, quanto a existência de relações sociais organizacionais permitem o predomínio de identificações profissionais e quanto as relações em rede permitem culturas profissionais com uma expressão bastante mais limitada.

Quadro 2.14- Papel+Trajectória versus Reflexividade+Trajectória

Papel+Trajectória		Reflexividade+ Trajectória				Total
		Identificações fortes	Identificações intermédias	Não profissionalismo	culturas emergentes	
	Identificações fortes	13 (59,1%)	9 (40,9%)	0	0	22
		Relações organizacionais hierárquicas	Relações organizacionais hierárquicas	.0%	.0%	100.0%
	Identificações intermédias	11 (55,0%)	9 (45%)	0	0	20
		Relações organizacionais reguladoras	Individualismo burocrático	.0%	.0%	100.0%
	Não profissionalismo	0	0	7(41,2%)	10 (58,7%)	17
		.0%	.0%	Individualismo burocrático	Individualismo discursivo	100.0%
	culturas emergentes	0	0	5 (50,0%)	5(50,0%)	10
		.0%	.0%	Relações em rede	Relações em rede	100.0%
Total		24	18	12	15	69
		34.8%	26.1%	17.4%	21.7%	100.0%

ANEXOS

CAPÍTULO 2

Anexos

Anexo II. 1(a) – Idade-Sexo * Contexto de trabalho Crosstabulation

Idade-Sexo	Educação de Adultos- EA	Organizações Agrícolas- OA	Serviços hospitalares – SH	Total
feminino < 31 anos	9 52.9%	8 47.1%	0 .0%	17 100.0%
feminino [31-45 anos]	4 18.2%	13 59.1%	5 22.7%	22 100.0%
feminino > 45 anos	1 10.0%	0 .0%	9 90.0%	10 100.0%
masculino < 31 anos	0 .0%	13 92.9%	1 7.1%	14 100.0%
masculino [31-45 anos]	5 17.9%	15 53.6%	8 28.6%	28 100.0%
masculino > 45 anos	2 14.3%	0 .0%	12 85.7%	14 100.0%
Total	21 20.0%	49 46.7%	35 33.3%	105 100.0%

Anexo II. 1(b) – Grupos Profissionais * Contexto de trabalho Crosstabulation

Grupos Profissionais	Educação de Adultos- EA	Organizações Agrícolas- OA	Serviços hospitalares – SH	Total
Juristas	3 50.0%	0 .0%	3 50.0%	6 100.0%
Economistas/Gestores	1 5.9%	13 76.5%	3 17.6%	17 100.0%
Engenheiros Agrários	3 7.7%	36 92.3%	0 .0%	39 100.0%
Médicos	0 .0%	0 .0%	11 100.0%	11 100.0%
Enfermeiros/outros profissionais de saúde	0 .0%	0 .0%	16 100.0%	16 100.0%
Profissionais- Trabalhadores sociais	14 87.5%	0 .0%	2 12.5%	16 100.0%
Total	21 20.0%	49 46.7%	35 33.3%	105 100.0%

Anexo II. 1(c) – Relação de emprego * Contexto de trabalho Crosstabulation

Relação de emprego	Contexto de trabalho			Total
	Educação de Adultos- EA	Organizações Agricolas- OA	Serviços hospitalares – SH	
Precária	5 25.0%	15 75.0%	0 .0%	20 100.0%
Voluntária	4 57.1%	3 42.9%	0 .0%	7 100.0%
Estável (quadro)	12 15.4%	31 39.7%	35 44.9%	78 100.0%
Total	21 20.0%	49 46.7%	35 33.3%	105 100.0%

Anexo II. 1(d) – Nível de escolaridade actual * Contexto de trabalho Crosstabulation

Nível de escolaridade actual	Contexto de trabalho			Total
	Educação de Adultos- EA	Organizações Agricolas- OA	Serviços hospitalares – SH	
Bacharelato	1 4.5%	19 86.4%	2 9.1%	22 100.0%
Licenciatura	17 22.1%	29 37.7%	31 40.3%	77 100.0%
Pós-Graduação	3 50.0%	1 16.7%	2 33.3%	6 100.0%
Total	21 20.0%	49 46.7%	35 33.3%	105 100.0%

Anexo II. 1(e) – Escolaridade Base e Complementar * Contexto de trabalho Crosstabulation

Escolaridade Base e Complementar	Contexto de trabalho			Total
	Educação de Adultos- EA	Organizações Agricolas- OA	Serviços hospitalares – SH	
Bacharelato	1 4.8%	18 85.7%	2 9.5%	21 100.0%
Pós-Bacharelato	5 26.3%	14 73.7%	0 .0%	19 100.0%
Licenciatura	13 21.7%	16 26.7%	31 51.7%	60 100.0%
Pós-Licenciatura	2 40.0%	1 20.0%	2 40.0%	5 100.0%
Total	21 20.0%	49 46.7%	35 33.3%	105 100.0%

Anexos

Anexo II. 2(a) – Grupos Profissionais * Diversidade Trajecto Profissional Crosstabulation

Grupos Profissionais	(-)DFC = (-)DAC	(+)DFC = (+)DAC	DFC>DAP	DFC<DAP	Total
Juristas	3 50.0%	0 .0%	3 50.0%	0 .0%	6 100.0%
Economistas/Gestores	1 6.3%	7 43.8%	6 37.5%	2 12.5%	16 100.0%
Engenheiros Agrários	6 15.4%	11 28.2%	10 25.6%	12 30.8%	39 100.0%
Médicos	0 .0%	4 36.4%	6 54.5%	1 9.1%	11 100.0%
Enfermeiros/outros profissionais de saúde	4 25.0%	0 .0%	11 68.8%	1 6.3%	16 100.0%
Profissionais-Trabalhadores sociais	5 31.3%	1 6.3%	6 37.5%	4 25.0%	16 100.0%
Total	19 18.3%	23 22.1%	42 40.4%	20 19.2%	104 100.0%

Diversidade Trajecto Profissional

Anexo II. 2(b) – Grupos Profissionais * Escolaridade Base e Complementar Crosstabulation

Grupos Profissionais	Bacharelato	Pós-Bac.	Licenciatura	Pós-Lic.	Total
Juristas	0 .0%	0 .0%	6 100.0%	0 .0%	6 100.0%
Economistas/Gestores	4 23.5%	9 52.9%	4 23.5%	0 .0%	17 100.0%
Engenheiros Agrários	14 35.9%	5 12.8%	18 46.2%	2 5.1%	39 100.0%
Médicos	0 .0%	0 .0%	9 81.8%	2 18.2%	11 100.0%
Enfermeiros/outros profissionais de saúde	2 12.5%	0 .0%	14 87.5%	0 .0%	16 100.0%
Profissionais-Trabalhadores sociais	1 6.3%	5 31.3%	9 56.3%	1 6.3%	16 100.0%
Total	21 20.0%	19 18.1%	60 57.1%	5 4.8%	105 100.0%

Escolaridade Base e Complementar

Anexo II. 2(c) – Escolaridade Base e Complementar * Diversidade Trajecto Profissional Crosstabulation

Escolaridade Base e Complementar	(-)DFC = (-)DAC	(+)DFC = (+)DAC	DFC>DAP	DFC<DAP	Total
Bacharelato	4 19.0%	5 23.8%	5 23.8%	7 33.3%	21 100.0%
Pós-Bacharelato	0 .0%	6 33.3%	8 44.4%	4 22.2%	18 100.0%
Licenciatura	15 25.0%	12 20.0%	26 43.3%	7 11.7%	60 100.0%
Pós-Licenciatura	0 .0%	0 .0%	3 60.0%	2 40.0%	5 100.0%
Total	19 18.3%	23 22.1%	42 40.4%	20 19.2%	104 100.0%

(Diversidade Trajecto Profissional)

Anexo II. 3(a) – Conteúdo técnico-funcional do trabalho * Cargo/Função Organizacional Crosstabulation

Conteúdo técnico-funcional do trabalho	Função de topo	Função Intermédia	Função de Base	Total
Trabalho de gestão	5 100.0%	0 .0%	0 .0%	5 100.0%
Trabalho técnico c/ gestão	18 30.5%	23 39.0%	18 30.5%	59 100.0%
Trabalho técnico	1 5.3%	6 31.6%	12 63.2%	19 100.0%
Trabalho técnico e administrativo	2 9.1%	4 18.2%	16 72.7%	22 100.0%
Total	26 24.8%	33 31.4%	46 43.8%	105 100.0%

Anexo II. 3(b) – Conteúdo técnico-funcional do trabalho * Relação de emprego Crosstabulation

Conteúdo técnico-funcional do trabalho	Precário	Voluntário	Efectivo-Quadro	Total
Trabalho de gestão	0 .0%	0 .0%	5 100.0%	5 100.0%
Trabalho técnico c/ gestão	6 10.2%	2 3.4%	51 86.4%	59 100.0%
Trabalho técnico	7 36.8%	0 .0%	12 63.2%	19 100.0%
Trabalho técnico e administrativo	7 31.8%	5 22.7%	10 45.5%	22 100.0%
Total	20 19.0%	7 6.7%	78 74.3%	105 100.0%

Anexos

Anexo II. 3(c) – Cargo/Função Organizacional * Relação de emprego Crosstabulation

Cargo/Função Organizacional	Relação de emprego			Total
	Precário	Voluntário	Efectivo-Quadro	
Função de Topo	2 7.7%	4 15.4%	20 76.9%	26 100.0%
Função Intermédia	4 12.1%	0 .0%	29 87.9%	33 100.0%
Função de Base	14 30.4%	3 6.5%	29 63.0%	46 100.0%
Total	20 19.0%	7 6.7%	78 74.3%	105 100.0%

Anexo II. 3(d) – Conteúdo Técnico-Intelectual do Trabalho por Cargo/Função Organizacional, considerando Relação de Emprego

	Cargo/Função Organizacional (CFO)			Total
Conteúdo Técnico-Intelectual Trabalho (CFT)	Função Técnica de Base	Função Técnica/Organizacional Intermédia	Função Organizacional de Topo	
Trabalho de gestão	0	0	5 Direcção-Adminstração	5
Trabalho técnico c/ gestão	15Et: Técnico Responsável 3Pr: Técnico Polivalente	21Et: Chefia Técnica 2Pr: Técnico Responsável	15Et + 1Pr : Direcção Técnica 2Vol Chefia Técnica	59
Trabalho técnico	12 Técnico Monovalente	5Et + 1Pr: Chefia Técnica ou Perito	1Pr: Direcção Técnica ou Perito	19
Trabalho técnico e administrativo	7 Et + 3Vol Técnico Polivalente 6 Pr: Técnico Polivalente Precário (equivalente a monovalente)	4Et Técnico Polivalente	2Vol Chefia Técnica	22
Total	46 43.8%	33 31.4%	26 24.8%	105 100.0%

Legenda: Et- relação de emprego estável; Pr- relação de emprego precária; Vol- relação de emprego voluntária

Anexo II. 4(a) – Descriptive Statistics Homals

	N	Minimum	Maximum	Mean	Std. Deviation	Cut-off inferior	Cut-off superior
Dimension 5- Autonomia	105	-1.42	3.88	-.0055	1.01258	-0,25865	0,24765
Dimension 6- Imprevistos	105	-2.73	3.05	-.0030	1.02202	-0,25851	0,25251
Dimension 1 - Satisfação	105	-1.43	4.13	-.0012	1.01127	-0,25402	0,251618
Valid N (listwise)	105						

Anexo II. 4(b) – Eigenvalues Homals

Dimension	Eigenvalue
1	.352
2	.299
3	.253
4	.228
5	.210
6	.207

Variáveis de autonomia

Anexo II. 4(c) – Autonomia Gestão

	Marginal Frequency	Category Quantifications – Dimension					
		1	2	3	4	5	6
Nula	17	-.639	-.832	.305	-.894	.290	-.099
Pouca	8	-.766	.530	-1.070	.456	2.134	.648
Média	28	-.274	.430	.111	.408	-.245	-.831
Elevada	29	.493	.450	-.300	-.135	-.499	.298
Muito Elevada	17	.780	-.902	.565	.057	.008	.677
Missing	6						

Anexo II. 4(d) – Autonomia Planeamento

	Marginal Frequency	Category Quantifications – Dimension					
		1	2	3	4	5	6
Nula	3	-.521	1.386	.672	-1.048	3.163	1.231
Pouca	6	-.714	.083	1.251	-.435	.580	-.431
Média	32	-.496	.014	-.639	.621	.456	-.126
Elevada	39	-.051	.386	.035	-.425	-.679	-.164
Muito Elevada	23	1.003	-.844	.434	.073	-.049	.420
Missing	2						

Anexo II. 4(e) – Autonomia Rec. Humanos

	Marginal Frequency	Category Quantifications					
		Dimension					
		1	2	3	4	5	6
Nula	7	-.682	-2.201	-.493	-.442	-.291	-.206
Pouca	7	-.393	.850	.379	-1.027	1.977	-.299
Média	27	-.518	.081	-.517	.756	.463	-.212
Elevada	35	-.029	.484	.170	-.628	-.472	-.212
Muito Elevada	19	1.096	-.401	.209	.532	-.380	.581
Missing	10						

Variáveis de satisfação

Anexo II. 4(f) – Satisfação Resultados Técnicos

	Marginal Frequency	Category Quantifications					
		Dimension					
		1	2	3	4	5	6
Nulo	0	.000	.000	.000	.000	.000	.000
Pouco	8	-.138	-1.839	-.251	-1.331	-.272	-.287
Médio	39	-.492	-.069	-.395	.042	.052	.044
Elevado	50	.049	.337	.543	.181	-.124	.105
Muito Elevado	7	2.518	.043	-1.280	.178	.809	-.317
Missing	1						

Anexo II. 4(g) – Satisfação Rec. Humanos

	Marginal Frequency	Category Quantifications					
		Dimension					
		1	2	3	4	5	6
Nulo	7	-.858	-1.386	-1.197	-.509	-.700	.173
Pouco	22	-.243	-.738	.599	.470	.147	-.179
Médio	59	-.286	.470	-.017	-.231	-.076	.001
Elevado	16	1.556	-.137	.020	.530	.415	-.045
Muito Elevado	1	3.205	1.168	-3.161	-.570	-1.047	3.052
Missing	0						

Anexo II. 4(h) – Satisfação Rec. Materiais

	Marginal Frequency	Category Quantifications					
		Dimension					
		1	2	3	4	5	6
Nulo	2	-.789	-3.461	-.731	-.135	-.242	-.234
Pouco	22	-.437	-.330	-.604	-.587	-.047	.211
Médio	50	-.206	.233	.423	.149	-.058	-.025
Elevado	27	.332	.084	.025	.265	.065	-.173
Muito Elevado	4	3.105	.256	-1.526	-.087	.525	.360
Missing	0						

Variáveis de uso de recursos face ao imprevisto

Anexo II. 4(i) – Recursos dirigentes locais

	Marginal Frequency	Category Quantifications					
		Dimension					
		1	2	3	4	5	6
Nunca	9	.082	-.173	1.708	-.334	.881	1.208
Raramente	26	-.196	.002	.216	.854	-.044	-.166
Regularmente	27	-.140	.561	-.224	-.207	-.636	.483
Frequentemente	29	-.391	-.309	-.491	-.011	.067	-.225
Muito Frequentemente	13	1.512	-.419	-.046	-.841	.558	-.870
Missing	1						

Anexo II. 4(j) – Recurso pares locais

	Marginal Frequency	Category Quantifications					
		Dimension					
		1	2	3	4	5	6
Nunca	9	.118	-.075	1.576	.069	.039	.236
Raramente	19	-.475	.326	.513	-.309	.223	.361
Regularmente	25	-.158	.365	-.456	.014	-.257	.810
Frequentemente	33	-.136	-.693	-.413	.278	-.071	-.343
Muito Frequentemente	12	1.358	.369	.090	-.462	.542	-1.359
Missing	7						

Anexo II. 4(k) – Recurso pares fora (noutros locais)

	Marginal Frequency	Category Quantifications					
		Dimension					
		1	2	3	4	5	6
Nunca	7	-.477	-1.463	.945	-.659	.433	.267
Raramente	22	-.236	-.434	.178	.324	.062	.221
Regularmente	36	.079	.313	-.496	-.471	.147	.580
Frequentemente	30	.044	.144	.263	.887	-.378	-.327
Muito Frequentemente	10	.425	.497	.041	-1.107	.108	-1.812
Missing	0						

Anexos

Anexo II. 5(a) – Tabela de classificação tipológica dos indivíduos/objectos por tipo de reflexividade

Valores Homals da dimensão 5	Valores Homals da dimensão 1 ou 6	Tipo de reflexividade
-1	-1	D
-1	-0	D
-1	+0	Não considerado
-1	+1	C
-0	-1	D
-0	-0	Não considerado
-0	+0	Não considerado
-0	+1	Não considerado
+0	-1	Não considerado
+0	-0	Não considerado
+0	+0	Não considerado
+0	+1	A
+1	-1	B
+1	-0	Não considerado
+1	+0	A
+1	+1	A

Legenda: (-1)- valores Homals extremos negativos; (-0)- valores Homals negativos próximos da média e da origem; (+0)- valores Homals positivos próximos da média e da origem; (+1)-valores Homals extremos positivos.

Anexo II. 6(a) – Autonomia+Imprevistos

		Frequency	Percent	Valid Percent	Cumulative Percent
Valid	Tipo A	19	18.1	23.8	23.8
	Tipo B	13	12.4	16.3	40.0
	Tipo C	22	21.0	27.5	67.5
	Tipo D	26	24.8	32.5	100.0
	Total	80	76.2	100.0	
Missing		25	23.8		
Total		105	100.0		

Anexo II. 6(b) – Autonomia+Satisfação

		Frequency	Percent	Valid Percent	Cumulative Percent
Valid	Tipo A	16	15.2	18.6	18.6
	Tipo B	20	19.0	23.3	41.9
	Tipo C	18	17.1	20.9	62.8
	Tipo D	32	30.5	37.2	100.0
	Total	86	81.9	100.0	
Missing		19	18.1		
Total		105	100.0		

Anexo II. 6(c) – Autonomia+Imprevistos * Autonomia+Satisfação Crosstabulation

	Autonomia+Satisfação				
Autonomia+Imprevistos	Identificação A	Identificação B	Identificação C	Identificação D	Total
Tipo A	6 37.5%	10 62.5%	0 .0%	0 .0%	16 100.0%
Tipo B	5 38.5%	8 61.5%	0 .0%	0 .0%	13 100.0%
Tipo C	0 .0%	0 .0%	8 44.4%	10 55.6%	18 100.0%
Tipo D	0 .0%	0 .0%	7 30.4%	16 69.6%	23 100.0%
Total	11 15.7%	18 25.7%	15 21.4%	26 37.1%	70 100.0%

Anexo II. 7(a) – Correlations Spearman's rho

		Nível Reflexividade Profissional (RP)	Nível Papel Técnico-Funcional (PTF)	Nível Trajectória Profissional (ETP)
Nível Reflexividade Profissional (RP)	Correlation Coefficient	1.000	.128	.046
	Sig. (2-tailed)	.	.292	.709
	N	70	70	69
Nível Papel Técnico-Funcional (PTF)	Correlation Coefficient	.128	1.000	.168
	Sig. (2-tailed)	.292	.	.089
	N	70	105	104
Nível Trajectória Profissional (ETP)	Correlation Coefficient	.046	.168	1.000
	Sig. (2-tailed)	.709	.089	.
	N	69	104	104

Anexo II. 7(b) – Ranks/Kruskal Wallis Test

	Tipo Trajectória Profissional (ETP)	N	Mean Rank
Nível Reflexividade Profissional (RP)	Formal-institucional	27	32.70
	Informal-institucional	15	34.40
	Formal-não institucional	11	48.27
	Informal-não institucional	16	30.31
	Total	69	

Anexo II. 7(c) – Test Statistics/Grouping Variable: Tipo Trajectória Profissional (ETP)

	Nível Reflexividade Profissional (RP)
Chi-Square	6.196
df	3
Asymp. Sig.	.098

Anexo II. 7(d) – Ranks/Kruskal Wallis Test

	Tipo Reflexividade Profissional	N	Mean Rank
Nível Trajectória Profissional (ETP)	CC-Perito ideólogo	8	41.75
	CD-Perito crítico	9	29.44
	DC-Perito clássico	7	23.07
	DD-Técnico crítico	16	40.97
	BA-Técnico inovador	5	27.50
	AA-Técnico prático	6	27.92
	BB-Praticista	8	37.56
	AB-Burocrata	10	39.35
	Total	69	

Anexo II. 7(e) – Test Statistics/Grouping Variable: Tipo Reflexividade Profissional

	Nível Trajectória Profissional (ETP)
Chi-Square	7.867
df	7
Asymp. Sig.	.344

Anexo II. 7(f) – Ranks/Kruskal Wallis Test

	Tipo Trajectória Profissional (ETP)	N	Mean Rank
Nível Papel Técnico-Funcional (PTF)	Formal-institucional plena	11	61.50
	Formal-institucional limitada	31	38.60
	Informal-institucional plena	6	61.58
	Informal-institucional limitada	17	52.82
	Formal-não institucional	19	61.39
	Informal-não institucional limitada	6	42.83
	Informal-não institucional plena	14	64.00
	Total	104	

Anexo II. 7(g) – **Test Statistics**/Grouping Variable: Tipo Trajectória Profissional

	Nível Papel Técnico-Funcional (PTF)
Chi-Square	12.985
df	6
Asymp. Sig.	.043

Anexo II. 7(h) – **Ranks**/Kruskal Wallis Test

	Papel Técnico-Funcional (PTF)	N	Mean Rank
Nível Trajectória Profissional (ETP)	Direcção-gestão	5	48.60
	Direcção técnica	16	32.50
	Chefia-técnica	31	56.77
	Técnico-responsável	17	63.41
	Técnico polivalente	17	48.62
	Técnico monovalente ou polivalente precário	18	57.36
	Total	104	

Anexo II. 7(i) – **Test Statistics**/Grouping Variable: Papel Técnico-Funcional

	Nível Trajectória Profissional (ETP)
Chi-Square	11.169
df	5
Asymp. Sig.	.048

Anexo II. 7(j) – **Ranks**/Kruskal Wallis Test

	Papel Técnico-Funcional (PTF)	N	Mean Rank
Nível Reflexividade Profissional (RP)	Direcção-gestão	3	38.50
	Direcção técnica	8	26.38
	Chefia-técnica	23	36.72
	Técnico-responsável	12	31.13
	Técnico polivalente	12	36.75
	Técnico monovalente ou polivalente precário	12	41.63
	Total	70	

Anexo II. 7(l) – Test Statistics/Grouping Variable: Papel Técnico Funcional

	Nível Reflexividade Profissional
Chi-Square	3.522
df	5
Asymp. Sig.	.620

Anexo II. 7(m) – Ranks/Kruskal Wallis Test

	Tipo Reflexividade Profissional (red)	N	Mean Rank
Nível Papel Técnico-Funcional (PTF)	Peritos	25	31.42
	Técnicos profissionalizados	27	37.80
	Técnicos desprofissionalizados	18	37.72
	Total	70	

Anexo II. 7(n) – Test Statistics/Grouping Variable: Tipo Reflexividade Profissional

	Nível Papel Técnico-Funcional (PTF)
Chi-Square	1.649
df	2
Asymp. Sig.	.438

Anexo II. 7(o) – Tipo Trajectória Profissional (ETP) * Tipo Reflexividade Profissional (RP) Crosstabulation

	Tipo Reflexividade Profissional (RP)			
Tipo Trajectória Profissional (ETP)	Peritos	Técnicos profissio-nalizados	Técnicos desprofissio-nalizados	Total
Formal-Institucional	12 44.4%	9 33.3%	6 22.2%	27 100.0%
Informal-Institucional	3 20.0%	11 73.3%	1 6.7%	15 100.0%
Formal-não institucional	3 27.3%	1 9.1%	7 63.6%	11 100.0%
Informal-não institucional	6 37.5%	6 37.5%	4 25.0%	16 100.0%
Total	24 34.8%	27 39.1%	18 26.1%	69 100.0%

Anexo II. 7(p) – Chi-Square Tests (relativo a anexo II. 7(o))

	Value	df	Asymp. Sig. (2-sided)
Pearson Chi-Square	17.419(a)	6	.008
Likelihood Ratio	17.000	6	.009
Linear-by-Linear Association	.680	1	.410
N of Valid Cases	69		

(a) 3 cells (25,0%) have expected count less than 5. The minimum expected count is 2.87.

Anexo II. 7(q) – Symmetric Measures (relativo a anexo II. 7(o))

		Value	Approx. Sig.
Nominal by Nominal	Phi	.502	.008
	Cramer's V	.355	.008
N of Valid Cases		69	

(a) Not assuming the null hypothesis.
(b) Using the asymptotic standard error assuming the null hypothesis.

Anexo II. 7(r) – Papel Técnico-Funcional (PTF) * Tipo Reflexividade Profissional (RP) Crosstabulation

	Tipo Reflexividade Profissional (RP)			
Papel Técnico-Funcional (PTF)	Peritos	Técnicos profissio- nalizados	Técnicos desprofissio- nalizados	Total
Directores não técnicos	1 33.3%	2 66.7%	0 .0%	3 100.0%
Chefias Profissionais-Técnicas	13 41.9%	8 25.8%	10 32.3%	31 100.0%
Profissionais-Técnicos	8 33.3%	13 54.2%	3 12.5%	24 100.0%
Técnicos subalternos	3 25.0%	4 33.3%	5 41.7%	12 100.0%
Total	25 35.7%	27 38.6%	18 25.7%	70 100.0%

Anexo II. 7(s) – Chi-Square Tests (relativo a anexo II. 7(r))

	Value	df	Asymp. Sig. (2-sided)
Pearson Chi-Square	8.392(a)	6	.211
Likelihood Ratio	9.246	6	.160
Linear-by-Linear Association	.717	1	.397
N of Valid Cases	70		

(a) 3 cells (25,0%) have expected count less than 5. The minimum expected count is .77.

Anexo II. 7(t) – Symmetric Measures (relativo a anexo II. 7(r))

		Value	Approx. Sig.
Nominal by Nominal	Phi	.346	.211
	Cramer's V	.245	.211
N of Valid Cases		70	

(a) Not assuming the null hypothesis.
(b) Using the asymptotic standard error assuming the null hypothesis.

Anexo II. 7(u) – Papel Técnico-Funcional (PTF) * Tipo Trajectória Profissional (ETP) Crosstabulation

Papel Técnico-Funcional (PTF)	Formal-institucional	Informal-institucional	Formal-não institucional	Informal-não institucional	Total
Directores não técnicos (nível 1)	2 40.0%	2 40.0%	1 20.0%	0 .0%	5 100.0%
Chefias Profissionais-Técnicas (nível 2 e 3)	24 51.1%	7 14.9%	8 17.0%	8 17.0%	47 100.0%
Profissionais-Técnicos (nível 4 e 5)	11 32.4%	10 29.4%	5 14.7%	8 23.5%	34 100.0%
Técnicos subalternos (nível 6)	5 27.8%	4 22.2%	5 27.8%	4 22.2%	18 100.0%
Total	42 40.4%	23 22.1%	19 18.3%	20 19.2%	104 100.0%

Anexo II. 7(v) – Chi-Square Tests (relativo a anexo II. 7(u))

	Value	df	Asymp. Sig. (2-sided)
Pearson Chi-Square	7.896(a)	9	.545
Likelihood Ratio	8.681	9	.467
Linear-by-Linear Association	2.936	1	.087
N of Valid Cases	104		

(a) 4 cells (25,0%) have expected count less than 5. The minimum expected count is .91.

Anexo II. 7(x) – Symmetric Measures (relativo a anexo II. 7(u))

		Value	Approx. Sig.
Nominal by Nominal	Phi	.276	.545
	Cramer's V	.159	.545
N of Valid Cases		104	

(a) Not assuming the null hypothesis.
(b) Using the asymptotic standard error assuming the null hypothesis.

CAPÍTULO 3

Narratividade, reflexividade e legitimidade em Educação Especial

José Pombeiro Filipe

A organização da educação de crianças e jovens com descapacidades[1], em contextos mais ou menos segregados, primeiro, e a criação pelo Ministério da Educação de equipas de educação especial (EEE[2]) para promover e apoiar a integração escolar dessas crianças e jovens, assim como a intervenção educativa precoce junto de crianças em risco e suas famílias, depois, deu a um bom número de educadoras e professores (sobretudo do 1º ciclo) a oportunidade de trabalhar duradouramente em contextos educacionais diferentes dos tradicionais na escola pública e no jardim de infância. Em centros educativos especializados, em projectos de intervenção precoce e noutras equipas multiprofissionais, mais ou menos informais, de apoio à integração escolar, estes professores interagiram quotidianamente, trabalharam em proximidade, coordenaram acções, trocaram informações e desenvolveram saberes com outros pro-

---

[1] O termo descapacidade reflecte melhor uma realidade que vai para além da falta de eficiência, que o termo deficiente denota. Muito mais do que os déficits de eficiência, estão aqui em causa as faltas de capacidades motoras, sensoriais e cognitivas essenciais na vida quotididiana e a capacidade social diminuída. No entanto, ao longo do texto, passando ao lado do escrúpulo terminológico, serão utilizados com frequência neste capítulo os termos deficiência(s) e deficiente(s) para nos referirmos às pessoas e populações directamente afectadas por essas descapacidades, por serem os termos mais utilizados socialmente por ser o termo mais usado e portanto, remeter para a representação social desta problemática e reflectir a situação de segregação e discriminação a que estas pessoas continuam, em maior ou menor grau, sujeitas. Acompanhamos nesta opção a atitude de uma parte do movimento social pela afirmação dos direitos cívicos destas pessoas, v. Gleeson., 1997.

[2] Para a descodificação de todas as abreviaturas incluídas neste capítulo, v. anexo III.1.

fissionais, sobretudo das áreas médico-terapêutica e do serviço social. Nessa interacção, desenvolveram práticas de reflexão, explicitando procedimentos e formalizando a linguagem de interacção; o que os levou a uma consciência discursiva do saber profissional que aí foram construindo e à procura de conhecimento abstracto (nomeadamente em cursos de especialização), permitindo-lhes a transferência desse saber para contextos de trabalho em relação estreita e prolongada com famílias e para contextos em que o trabalho educativo individual tinha que ser articulado com a planificação curricular e as práticas pedagógicas das turmas e escolas.

A posição muito particular que os professores de educação especial (EE) tinham no campo da educação e a autonomia técnica de que dispuseram durante muitos anos, nomeadamente no âmbito de EEE, favoreceram o desenvolvimento de uma reflexividade que incidiu sobre o funcionamento das instituições e sobre os princípios que geram categorias, regras e recursos, quer para a educação especial (EE), quer para a educação em geral. No desenvolvimento dessa reflexividade, alguns professores de EE aperceberam-se de um conflito de legitimidades em torno desses princípios.

Numa fase em que viam a sua autonomia ser reduzida e o conflito de legitimidades a agudizar-se, devido às "reformas educativas" e a uma reorganização da EE justificada pelos "novos" princípios da "escola inclusiva"[3], um grupo de educadoras e professores que se tinham encontrado numa EEE onde a reflexão institucional era assumida como uma tarefa da equipa e que tinham procurado, sem sucesso, levar essa reflexão aos escalões da administração escolar regional a quem competia a supervisão das EEE (e que nesse âmbito promoveram, durante anos, vários tipos de reuniões e encontros com uma frequência quase mensal), procurou, através de uma narrativa construída em diálogo numa série de encontros, refigurar esse percurso de experiências e reflexões.

A análise dessa narrativa dialogada é uma das bases para este capítulo. Dessa narrativa estarão aqui particularmente em foco:

– na secção 3.2, o modo como, desde a socialização inicial na profissão (no contexto dos centros especializados sob a orientação de psicólogos e pedopsiquiatras formados na escola psicana-

---

[3] As EEE respondiam directamente perante a chamada Divisão de EE do Ministério da Educação (ME), dotada de grande autonomia no aparelho do ME, devido ao lugar relativamente marginal (e pouco enquadrado, política e administrativamente) que então era atribuído à EE. Com a sua integração progressiva no campo da educação e o seu enquadramento nas políticas de reforma educativa dos anos 90, o sub-campo da EE viria a perder autonomia e de certo modo a dissolver-se.

lítica), a reflexão incidia sobre os aspectos indissociavelmente emocionais e técnicos da relação educativa, desenvolvendo-se práticas de "produção e cuidado de si" que passavam, quer pela reflexividade interactiva, quer por "reuniões de síntese" – está aí em questão em que medida essas práticas promovem, ou prefiguram mesmo, a reflexão institucional;
- na secção 3.3, o modo como a consciência discursiva dessas dimensões práxica e técnica se exprime em narrativas do "acompanhamento de casos" – procurando-se mostrar como também os contextos narrativos podem levar ao desenvolvimento da reflexividade institucional, e analisar as circunstâncias em que o agudizar do conflito de legitimidades favorece esse desenvolvimento;
- na secção 3.4, o modo como, interligando narratividade e reflexividade institucional, esta pode ser desenvolvida incidindo simultaneamente sobre os sistemas abstractos (onde são formulados os princípios que geram regras e recursos) e sobre os contextos locais (onde essas regras, que podem ser reinterpretadas, regulam os usos, eventualmente alternativos, de recursos legítimos) – estão aqui em discussão as condicionantes e os limites do desenvolvimento dessa reflexividade (pela sua relação com o conhecimento abstracto e com a posição social na estrutura de poder).

Estes profissionais, que começaram por viver o conflito de legitimidades sobre as interpretações e usos alternativos de regras e recursos nos contextos de interacção quotidiana com profissionais e no acompanhamento ao longo de anos de crianças com descapacidades, e que participaram no conflito de legitimidades no contexto de escolas e de serviços e da sua articulação, acabaram por fazer a sua reflexão incidir sobre a globalidade dos campos sociais em que esse conflito se desenvolve.

Neste capítulo, procura-se abordar as relações entre esses três níveis do conflito de legitimidades. Quais as relações que os narradores estabelecem entre eles? Quais as relações que diversas abordagens sociológicas permitem estabelecer? Quais os usos que os profissionais poderão fazer dessas diferentes abordagens sociológicas?

3.1. Abordagens sociológicas da reflexividade

Comecemos por fazer uma revisão comparativa das teorizações de três sociólogos que, estudando profissionais destas áreas, poderão dar um contributo para o esclarecimento da segunda daquelas questões.

Partindo do estudo de trabalhadores sociais (assistentes sociais e educadores sociais), François Dubet (2002) identifica três lógicas para a acção de cada profissional, que reencontra no estudo de outras profissões que conjuntamente designa por "profissões do trabalho sobre outrém" (trabalho que seria essencialmente um trabalho de socialização): a lógica do "controlo social" (que caracteriza pela referência a um "conjunto de regulamentos e de disciplinas objectivas"), a lógica do "serviço" (caracterizada pela referência a tarefas técnicas e à necessidade de eficiência e eficácia da organização) e a lógica da "relação" (entendida esta como uma "pura relação entre indivíduos" em que o profissional é "considerado como um sujeito definido pelas suas qualidades pessoais, as suas convicções, o seu carisma, a sua paciência, as suas capacidade de escuta..."). Essas três lógicas de acção teriam estado fundidas numa legitimidade comum que lhes advinha do que Dubet define como "programa institucional". Só o declínio desse programa, ou seja, o declínio do reconhecimento da validade de princípios universais de socialização e de regulação da acção de todos os actores em instituições (como a escola e o hospital), teria cindido e autonomizado essas lógicas, constituindo-se, cada uma, em fonte de legitimidade para um modo de exercício da profissão e para a crítica de modalidades que se baseiem noutra dessas lógicas, sem que, porém, nenhuma delas seja, por si só, suficiente para responder de modo satisfatório às exigências sentidas por cada profissional no exercício de qualquer destas profissões[4]. Para dar coerência à sua acção, quer a nível individual, quer colectivo, estes profissionais teriam que articular subjectivamente, e na prática profissional, lógicas de acção que são conflituantes numa circularidade interminável.

Estas três lógicas podem ser postas em correspondência com os três tipos de contextos sobre os quais os professores de EE a que nos referimos fizeram incidir sucessivamente a sua reflexão, permitindo identificar três níveis do conflito de legitimidades. Mas enquanto que o percurso de reflexão desses professores aponta para um conflito de legitimidades presente em cada um dos contextos, permitindo colocar a hipótese de se tratar, no essencial, do mesmo conflito de legitimidades em três níveis, Dubet, ao colocar a ênfase no conflito de legitimidade entre as três lógicas, passa completamente ao lado do conceito de campo social como lugar de desenvolvimento desse conflito e, na corrente de subjectivação

---

[4] Segundo Dubet (2002), a discordância entre o trabalho prescrito e o trabalho real é "funcional". Como veremos, também Couturier (2004) passa na sua análise destas profissões pelo significado desta não correspondência funcional.

do social inspirada por Touraine (1997), faz de cada profissional a sede para o desenrolar desse conflito e da sua eventual resolução: É ao trabalhador que compete "recompor a unidade da sua experiência e desse modo a do seu objecto de trabalho", assumindo uma tarefa de integração social (e entre o social e o sistémico) que o nível dos sistemas já não assegura. Daqui resulta uma sobrevalorização da "relação" que não corresponde à experiência do grupo cuja narrativa analisamos.

Yves Couturier (2002, 2004), que estuda profissionais das mesmas áreas, desloca o foco da análise da "relação" para a "intervenção". Embora identifique nessa "intervenção" uma dimensão "práxica", que define em termos muito próximos daqueles com que Dubet se refere à "relação": "*praxis* como mobilização de si em actividades complexas, necessárias e éticas (...) no quadro de uma relação entre coexistentes, o utilizador e o profissional..." Identifica também uma dimensão caracterizada pela "técnica", em que seria dominante o sentido prático: esquemas práticos (*schèmes pratiques*), que são incorporações, como os *habitus*, as rotinas[5], que são mobilizadas para a intervenção de forma tácita[6]. Pode fazer-se corresponder esta dimensão à componente técnica que Dubet (2002) refere na lógica do serviço, mas sem a componente da organização que este acrescenta nessa lógica de serviço, e que na teorização de Couturier se pode considerar incluída numa terceira dimensão caracterizada pela referência a "sistemas de acção agindo fora da *praxis* profissional"[7]

O modo como Couturier caracteriza estas três dimensões está relacionado com as abordagens que Bourdieu e Giddens fazem da reflexividade. Num artigo de 2002, em que relaciona essas abordagens, Couturier identifica em Bourdieu noções de reflexividade social em três níveis[8]: (1) a refle-

---

[5] Couturier (2004) adverte, no entanto, para o facto destes *habitus* não resultarem de uma socialização realizada no âmbito da família ou da formação escolar: "Estes esquemas distinguem-se, no entanto, das rotinas ou dos habitus na medida em que são formados por uma sedimentação colectiva do ofício, agindo no seio de uma mesma comunidade de prática."

[6] Escreve Couturier (2004): "Esperávamos que o centro de gravidade para cada um dos grupos profissionais fosse claramente do lado da dimensão práxica da intervenção, e que a dimensão dos esquemas práticos fosse em grande parte ocultada, inacessível a uma análise do discurso."

[7] A propósito dessa dimensão dos sistemas, escreve Couturier (2004):: "Aqui, a noção de intervenção traduz um esforço incessante de racionalização do trabalho e o seu enquadramento em aparelhos sociais e técnicos diversos (programas estatais, *corpus* tecnológicos, *corpus* de saberes, etc.)".

[8] Segundo Couturier, Bourdieu "desenvolve uma teoria constructivista do mundo social na qual diversos processos reflexivos estão em jogo, como condição prática da

xividade discursiva tal como ela se pode constituir em *habitus* reflexivo, por exemplo, nas práticas profissionais dos ofícios relacionais; (2) a reflexividade entendida como método científico; (3) a reflexividade que se pode associar ao "*habitus* como mediador de processos sociais reflexivos no sentido de Giddens", e, portanto, de certo modo, não consciente. No que se refere à obra de Giddens diz identificar pelo menos três dimensões da reflexividade: (1) uma estaria associada à "consciência prática", (2) outra, à "consciência discursiva", (3) e outra ainda, seria a reflexividade institucional. Sublinha que a "separação analítica entre a consciência prática e a discursiva" é importante porque "a reflexividade relegada ao sentido prático não permite uma abordagem do duplo movimento reflexivo", com que Giddens pretende teorizar a estruturação social na fase da modernidade reflexiva[9]. Chama também a atenção para que a dimensão discursiva não está reduzida, em Giddens, a uma praxis ética na inflexão introspectiva, passando sim pela explicitação das práticas.

Haverá no entanto uma diferença substancial entre a reflexividade institucional e a reflexividade que permite a organização discursiva da prática pelos sujeitos/actores, e mais ainda a reflexividade que permitiria ao actor objectivar o social e a sua própria relação com o social — diferença que não é suficientemente explicitada por Couturier. A reflexividade institucional decorreria, segundo Couturier (2002), num "plano mediado" em que "o social produz e se reproduz na interacção das instituições" e em que "a relação do sujeito com a sua experiência é me-

---

eficácia da produção/reprodução social". Para além de considerar os *habitus* como mediadores entre os actores e as estruturas, Couturier assinala que para Bourdieu "o actor agiria 'em função de um social complexo, em mudança, incerto, o que exige uma capacidade de adaptação e de antecipação cognitiva e motivacional (Bourdieu, citado por Couturier, 2002)' da estrutura dos campos no quais actua". Couturier vai mesmo mais longe e entende que, para Bourdieu, "o agente pode trabalhar na objectivação do social (e sobretudo da sua própria relação com o social) para eventualmente agir sobre as relações de força que aí se fazem sentir". Embora reconheça que, para este autor, esse trabalho de objectivação, associado a uma reflexão metódica, seria fundamentalmente uma tarefa das ciências sociais.

[9] Segundo Couturier (2002), nessa teoria, a reflexividade seria "modo de reprodução/ actualização/ realização do social pelas práticas dos agentes, mas também pelo trabalho das instituições" que seriam "tão reflexivas quanto os agentes". Tal como um agente realiza o seu projecto por uma *praxis* reflexiva discursiva, também uma organização pode antecipar os seus possíveis ligando futuro e passado num presente razoável. O projecto de Giddens seria, portanto, " articular acções e estruturas numa dualidade" em que o estrutural seria "quer o meio quer o resultado não intencional das práticas sociais" (Giddens, cit. em Couturier, 2002).

diada pelo movimento de estruturação do social". Não poderia, assim, haver neste plano uma "visão focal". É essa impossibilidade de "visão focal" que faz com que a abordagem de Couturier/Giddens não seja totalmente adequada à descrição do processo reflexivo que se pode encontrar no grupo de profissionais em análise neste capítulo, e seja insuficiente para o esclarecimento das questões que se colocam.

Por outro lado, tal como o próprio Couturier questiona, citando Maheu, é duvidoso que o carácter "conversacional" e informal que Giddens atribui à consciência discursiva, seja "apto a permitir a apropriação da reflexividade e sua inscrição num objectivo de penetração discursiva da reprodução e da interacção social" (Maheu, citado por Couturier, 2002).

Parece haver, portanto, um problema de articulação entre os dois movimentos da reflexividade que Giddens identifica na base da estruturação social. E se partirmos do princípio que é a referência de actores e instituições, nas suas diversas reflexividades, a um mesmo campo social, que permite essa articulação, então o centro da teorização desloca-se para o conceito de campo social[10].

Ao estudar a acção e os discursos de profissionais relacionais no que podemos designar por campo de intervenção do Estado no social, Couturier (2003, com Carrier, e 2004), inspirando-se em Foucault, articula a lógica das acções com a lógica das estruturas recorrendo ao conceito de epistema performativo liberal[11]. Porque em Foucault (1975),

---

[10] É uma linha de estudo que o autor deste capítulo segue na sua investigação. E, embora Couturier não formule esta ideia, talvez seja essa conclusão que o leva a dedicar um artigo à análise da possível articulação entre as acções e as estruturas com base nos usos que Bourdieu faz (de modo pouco sistematizado) de diversos tipos de reflexão. Não se desenvolve neste capítulo essa linha de estudo, a não ser na medida em que ela também está subjacente aos desenvolvimentos dos conceitos de reflexividade interactiva e institucional na teorização de Telmo Caria.

[11] Por epistema entende "um sistema de discursos que para uma dada época e sociedade, traça os contornos do normal e do anormal, do válido e do não válido..." A epistema performativo liberal fundar-se-ia sobre "a articulação do ponderável, como condição do performativo, e das instituições de si como condição do liberalismo": "Verdadeira matriz do mundo, onde se encontra uma relação forte entre imperativos sociais e injunções a autoproduzir-se, a epistema performativo liberal é antes de mais produtora de uma relação de si com o mundo, através da relação do sujeito com o projecto de si..." Na medida em que a realização de si é entendida como uma procura de maximização utilitarista de si como recurso, ela sempre esteve ligada ao liberalismo económico e à sua eficiência. Embora esse trabalho de produção de si tenha, nas profissões relacionais, uma dimensão ética e subjectivante, ele é característico da modernidade reflexiva, como mostra Giddens (1994), que também evidencia a importância desta dimensão da reflexividade.

o conceito de "discurso" está associado ao conceito de "poder" localizado no "centro de um campo de produção de discursos", nomeadamente o poder de fazer reconhecer a pertinência de problemáticas sociais, estas surgiriam aos profissionais já determinadas na forma de imperativos sociais. Couturier (2004) dá como exemplos: no plano dos sistemas, o imperativo de prevenção do suicídio — a que poderemos acrescentar aqui o sucesso escolar generalizado, a integração de "deficientes" e a detecção precoce de "crianças em risco"; no plano praxeológico ou pragmático, a necessidade de intervenção prolongada e em proximidade; e no plano práxico, ou de produção de si, a necessidade de investimento de si no trabalho social com vista às mudanças no cliente/utente — a que corresponderia na educação especial o trabalho de antropogénese (Grim, 2000) e a reconstrução do sentido do trabalho pedagógico (Filipe, 2003a)

O trabalho do profissional relacional teria semelhança com o do director de consciência, "profissionalmente instituído, nomeadamente pela figura do interventor (*intervenant*) que, pela sua acção, mobiliza práticas de reflexividade e de antecipação dos possíveis, como condições de realização do sujeito liberal". Por isso, Couturier (2004) diz, em síntese, que é "sob um modo *a priori* práxico" que os profissionais actualizam (*realisent*) "sistemas de intervenção" e "esquemas práticos", e é na "forma relacional" que se desenvolve a "intervenção".

A reflexividade da *praxis* subjectivante articularia a dimensão relacional com a dimensão dos sistemas porque realizaria na prática a epistema performativo liberal e não por se inserir num processo reflexivo mais global que levaria os actores a objectivar o social. Essa reflexividade, estaria restringida à dimensão práxica e não teria nenhum efeito emancipatório, funcionando, pelo contrário, como um reforço da lógica do "centro do poder". A determinação do quadro de acção destes profissionais decorreria em contextos, ou esferas exteriores à sua *praxis*, e isso explicaria que, conforme constata Couturier (2004) nos grupos profissionais que estuda: "o mundo dos sistemas, sejam os grandes determinantes sociais, as políticas sociais, os saberes científicos, as relações de classes ou de sexos, por exemplo, é, feitas as contas, pouco presente nas explicações da intervenção", sendo introduzido no discurso como "simples contexto para a mobilização de si".

Correspondendo a dimensão dos sistemas aos contextos em que alguns professores de EE fazem incidir a sua atenção quando põem em questão os princípios que geram regras e recursos, estamos, no caso destes professores, perante uma situação muito diferente, que nos leva a procurar outras abordagens. Se, em Dubet (2002), encontramos uma circularidade conflitual entre lógicas de acção em que o conflito de legitimidade tende a ser restringido à subjectividade dos profissionais e a existência de um campo social onde se desenvolve o conflito de legitimidades não é pensado nem pelos actores nem pelo sociólogo, encontramos em Couturier (2002, 2003 e 2004), uma dimensão dos sistemas que, não obstante ser determinante da acção, não pode ser pensada na sua globalidade pelos actores/sujeitos, que articulam as dimensões da sua acção exclusivamente no modo práxico. Por isso, é importante compreender como a teorização de Caria (2000, 2002 a e 2005), embora não tenha passado pela especificidade da dimensão práxica da relação, fornece, sobretudo com o desenvolvimento dos conceitos de "reflexividade institucional" e de "racionalização da cultura", instrumentos para compreender o modo como este grupo de professores de EE narra a sua experiência, e para formular questões relativas à possibilidade de práticas reflexivas, como as que estes profissionais desenvolveram durante anos, os levarem a assumir posições no conflito de legitimidades, de modo a terem algum efeito sobre as relações de forças nos campos sociais.

A abordagem do primeiro autor leva a pôr a questão de como os profissionais relacionais podem encontrar uma saída do circuito fechado das lógicas circularmente conflituantes. A abordagem que Couturier faz de Giddens e Bourdieu leva a colocar a questão de como os actores sociais podem fazer a sua atenção incidir no funcionamento de instituições e campos sociais de um modo que corresponda à reflexividade que aí se desenvolve e lhes permita superar as limitações de uma consciência discursiva construída em contextos locais.

Telmo Caria, que parte (2000, 2002a) da problemática dos "usos do conhecimento abstracto em contextos de trabalho", identifica, por um lado, um conhecimento construído em contextos de investigação científica, validado sistematicamente segundo regras, explicitado em fórmulas de valor universal, organizado logicamente de forma hierarquizada e disciplinar, escrito, e portanto, facilmente transferível, por outro lado, identifica saberes profissionais construídos nos contextos de trabalho em função dos problemas que aí se impõem e que determinam uma lógica de procura de conhecimento; saberes mais ou menos tácitos, mais ou menos explicitáveis, de difícil transferência entre contextos e não transmissíveis entre pessoas de forma essencialmente explícita e organizada didacticamente (isto é, na forma de ensino), mas que são adquiridos na participação legitima nos campos profissionais, gradualmente, da periferia para o centro — convoca a este propósito os conceitos de cultura profissional, de comunidade de práticas e de cognição situada.

Para compreender como se podem articular estes dois tipos de saber, são mobilizados os conceitos de "mente cultural" e "mente racional" (Iturra, 1998 e 1990b, Caria, 2000 e com Vale 1997), como duas formas sociais de organização da mente humana, e desenvolvidos os conceitos de reflexividade interactiva e reflexividade institucional. A caracterização da mente cultural corresponde em larga medida à definição de "sentido prático" por Bourdieu. A mente racional-positiva resulta do desenvolvimento do conhecimento abstracto e pode ser associada aos sistemas periciais abstractos a que Giddens atribui um papel fundamental na regulação social das "sociedades reflexivas".

Tal como esse autor, Caria faz a articulação entre o micro e o macrosocial, o local e o global, a interacção social e a estruturação sistémica, passar pelo conceito de reflexividade social. Contudo, ao contrário de Giddens (1989), concebe uma interacção — e de algum modo uma continuidade e uma progressividade[12] — entre a reflexividade interactiva e a reflexividade institucional, passando por uma série de explicitações e objectivações da interacção social e de posições sociais, num processo que designa por "racionalização da cultura", por articular a mente cultural com a mente racional.

No saber profissional, Caria (2002a e 2005) identifica três sentidos em estreita interdependência (a qual contribui para ligar as duas formas de reflexividade): o "sentido prático" (a que atribui um papel essencial na recontextualização do conhecimento, por isso o designamos também de sentido contextual), o "sentido estratégico" (que assenta na consciencialização e formalização de procedimentos e, passando pela antecipação de consequências, pode levar, em resultado da reflexão institucional e da capacidade para agir diferentemente em função da posição social na estrutura de poder, a usos alternativos legítimos dos recursos e à formulação de finalidades alternativas em função de valores legítimos) e o "sentido interpretativo" (que assenta na explicitação da linguagem con-

---

[12] Com base numa concepção do desenvolvimento cognitivo segundo a qual "o conhecimento vai das representações implícitas, para as procedimentais e depois para as explícito-discursivas, através de uma *redescrição representacional*" a reflexividade institucional é concebida como apoiando-se na reflexividade interactiva; do mesmo modo que a consciência discursiva se construiria a partir da consciência prática. E isto em coerência com a ideia de que a mente cultural precede a mente racional.

textual e, passando pela formalização da linguagem experiencial e pela interpretação legítima de regras, pode levar, num processo de reflexão institucional, à legitimação de interpretações alternativas de regras e à justificação de usos alternativos de recursos, pela participação no campo de lutas pela legitimidade). Segundo Caria (2002a), passa-se da reflexividade interactiva à reflexividade institucional se se desenvolvem os sentidos estratégico e interpretativo do saber profissional e se for mobilizado conhecimento abstracto. Por outro lado, só será seleccionado e mobilizado conhecimento abstracto ajustado e aplicável se se desenvolver o sentido prático-contextual. O conhecimento abstracto é necessário para desenvolver, quer a reflexividade interactiva, quer a reflexividade institucional, e desse modo tomar distância em relação às limitações do localismo e do tácito que caracterizam o sentido prático.

O exercício efectivo da reflexividade institucional depende, no entender de Telmo Caria (2002a), do poder sobre regras e recursos (relacionado com a posição social na estrutura do poder e a autonomia relativa do campo social e dos profissionais nas organizações) e *vice versa*, pelo que estes dois aspectos estão associados no conceito de "capacidade social"; que também é relevante para compreender a definição de três formas de uso cultural do conhecimento abstracto, que são concebidas como três graus. É porque os processos de reflexividade interactiva podem estar mais ou menos avançados num grupo profissional, permitindo um maior ou menor desenvolvimento da reflexividade institucional e a recontextualização do conhecimento abstracto, que este investigador desenvolve o conceito de "racionalização da cultura" como forma de uso do conhecimento em que esses processos reflexivos estariam completos, enquanto na forma de "domesticação da cultura" seriam ausentes ou incipientes, e na forma de "escolarização da cultura" não haveria interacção entre elas. É porque a "racionalização da cultura" que articula saberes práticos e conhecimentos abstractos, é difícil, que Caria diferencia, no Capítulo 2 deste livro, meras "identificações profissionais" e verdadeira "cultura profissional".

Ao fazer referência às relações entre profissionais e utentes dos serviços que prestam, Caria põe a ênfase na problemática da correspondência entre as expectativas de uns e outros relativamente aos usos mais ou menos contextualizados do conhecimento científico e ao tipo de intermediação que cabe ao profissional/técnico fazer entre os sistemas periciais/abstractos e as situações singulares. As posições que cada profissional toma nesta matéria podem resultar de disposições adquiridas em contextos educativos familiares ou escolares, ou da socialização feita pelo grupo profissional em contextos de trabalho. Mas não dá relevância à dimensão práxica dessas relações. No início do Capítulo 2, faz mesmo uma advertência "quanto ao facto da experiência subjectiva dos actores sociais resultar da relação de conhecimento/saber do *self*/eu com o outro/ /exterior e não de qualquer processo de distanciamento cognitivo/reflexivo do indivíduo relativamente ao social". Esta advertência parece ser aqui dirigida sobretudo a abordagens "identitárias" das profissões que sobrevalorizam a dimensão subjectiva do "reconhecimento", mas pode ser considerada também como uma rejeição ou, pelo menos, uma posição de reserva em relação a abordagens da dimensão práxica da relação[13], se não ficar claro quanto a "produção de si" pode ser feita em função do outro e quanto as "tecnologias do eu" e as "tecnologias da implicação"[14] passam por práticas sociais como as "reuniões de síntese" e as narrativas de "acompanhamentos" prolongados e em proximidade.

A questão principal deste capítulo pode ser reformulada deste modo: como é que a dimensão relacional/práxica/contextual de que estes professores têm uma consciência discursiva, se articula com a dimensão dos sistemas abstractos e dos campos de lutas em que são formuladas as políticas e produzidos os discursos, ou os princípios, que geram problemáticas, categorias, regras e recursos para a educação? Como é que o foco da atenção dos profissionais relacionais pode passar de uma dimensão à outra? Em que condições e com que limites? Esse progressivo alargamento dos contextos e campos sobre os quais incide a reflexão pode ser um processo individual, ou depende de práticas institucionais?

---

[13] Esta orientação é particularmente evidente no debate com Rui Gomes, v. Caria, 2002b e Gomes, 2002.

[14] As "tecnologias do eu" são identificadas, por Foucault, num vasto leque de sociedades, e referem-se a práticas sociais padronizadas de "cuidado e produção de si", como por exemplo a confissão dos cristãos. O termo "tecnologias da implicação" foi utilizado por Le Strat (1996) para descrever os processos de mobilização e de motivação dos profissionais relacionais no contexto de uma reconfiguração da acção do Estado sobre o social que passaria pela exigência de colaboração no trabalho, pela extensão da modalidade relacional e a expansão do "intervencionismo", colocando os profissionais perante uma necessidade de constante unificação da "protocolização" e da "praxização" no trabalho; implicando-se no processo de trabalho por uma constante mobilização da subjectividade.

3.2. Consciência discursiva da produção de si e da técnica na relação

Educadoras de infância e professores que entraram para a EE ainda nos anos 70 do século XX tiveram a oportunidade, em centros educativos especializados na educação de crianças com descapacidades, de adquirir um saber profissional especializado. A reflexividade interactiva e a explicitação de procedimentos que caracterizaram o processo de aquisição desse saber tornou possível a sua transferência para contextos de educação integrada em escolas e jardins de infância, bem como a sua transmissão a outros professores e educadoras. As redes informais de relações que muitos desses profissionais constituíram a partir dos seus encontros nesses centros e no curso de especialização, e as relações comunitárias que desenvolveram no âmbito de EEE, nos anos de 80 e inícios dos de 90, permitiram-lhes desenvolver esse saber e fazer um uso contextualizado do conhecimento abstracto, que continuaram a procurar em cursos de especialização. Noutro texto (Filipe, 2003b), esse processo de construção de um saber profissional e de uma identificação profissional[15] já foi referido com algum detalhe, pelo que não se vai aqui retomar essa análise, a não ser para compreender como a "dimensão práxica" (no sentido de Couturier) da relação com as crianças se articulava com procedimentos e outros aspectos técnicos, bem como com a linguagem e o conhecimento abstracto.

A existência de uma consciência discursiva de alguns aspectos dessas relações é particularmente evidente nos termos em que uma educadora se refere às suas primeiras experiências de trabalho no Centro Infantil Helen Keller, especializado na educação de crianças com deficiência visual, onde fez o estágio do Curso de Educadora de Infância da Escola João de Deus e onde trabalhou durante mais três anos. Depois de se referir ao trabalho conjunto com terapeutas e outras educadoras com muitos anos de experiência em EE, fala das reuniões semanais em que

---

[15] Nessa comunicação (Filipe, 2003b), mostrou-se como este processo de construção contextual de um saber profissional explicitado e transferível corresponde, em larga medida, à teorização de Caria, tendo-se concluído que estes professores desenvolveram um estilo de uso de conhecimento crítico-pragmático que corresponde a uma forma emergente de racionalização da cultura, caracterizada pelo insuficiente desenvolvimento do sentido interpretativo. Se aquela análise permite definir as identificações profissionais por referência à reflexividade nos termos usados no Capítulo 2 deste livro, já não é tão explícita em relação a uma definição dessas identificações por referência às trajectórias. Não é possível desenvolver aqui uma análise nesse sentido.

estavam presentes também assistentes sociais, enfermeiros, professores de música e de expressões, psicólogos e médicos de várias especialidades, nomeadamente oftalmologistas e pedopsiquiatras, entre os quais João dos Santos, um dos fundadores do centro.

Todas nós tínhamos que dizer o que tínhamos feito com os miúdos. Tudo aquilo era analisado e, às duas por três, já éramos nós que éramos analisadas. Porque nós dizíamos: o miúdo fez isto ou aquilo. E eles perguntavam: E tu o que é que sentiste?. Nós a pensar que íamos apresentar um problema do miúdo e acabávamos a falar dos nossos problemas. Se surgiam questões mais complicadas, propunham-nos sessões individuais com a psicanalista ou com o psicólogo (que era director da escola).

Um problema incontornável na relação com crianças deficientes é a reacção emocional que provocam o seu aspecto disforme, a falta de controlo de posturas e atitudes ou a falta de competências mínimas de comunicação, que a antropologia reconhece como profundamente associados à representação social do que é um ser humano. E, contudo, a intensidade emocional da relação pedagógica com estas crianças tem necessariamente que ser maior. Isto põe como primeira exigência aos profissionais que trabalham com crianças com estas características não só a superação desse choque inicial, quer na atitude exterior, quer nas suas reacções emocionais mais íntimas, mas também um contínuo controlo de si, um cuidado de si, que pode passar pelas mais diversas tecnologias do eu, e que, numa perspectiva psicanalítica, consistem fundamentalmente no controlo da contratransferência[16].

Segundo Dubet, desde os anos 60 que psicólogos e psiquiatras, sobretudo os de orientação psicanalista, têm generalizado a prática de

---

[16] Segundo Laplanche e Pontalis (citado por Grim (2000:84), a "contratransferência" seria "o conjunto das reacções inconscientes do analista à 'pessoa do analisado', e mais particularmente à transferência feita por este". Sendo que a "transferência", segundo os mesmos autores, "designa em psicanálise o processo pelo qual os desejos inconscientes se actualizam sobre certos objectos no quadro dum certo tipo de relação estabelecida com eles, e eminentemente no quadro da relação analítica. Trata-se de uma repetição de protótipos infantis vivida com um marcado sentimento de actualização." Grim, um técnico de psicomotricidade que trabalha com crianças multideficientes, mostra como os processos de transferência e contratransferência se cruzam na pessoa do terapeuta — psico ou fisioterapeuta – e as projecções se fazem sobre as disformidades e falta de competência das crianças, pondo em jogo as mais inconscientes angústias relacionadas com a identidade da espécie e de si mesmo enquanto ser humano. É por isso que a "reabilitação" das "crianças deficientes" passa por um processo de antropogénese.

reuniões com os mais diversos profissionais do "trabalho sobre outrém", frequentemente designadas por "reuniões de síntese", em que o "estudo de caso", o "seguimento" ou "acompanhamento" de um caso (*case work*) integra como práticas, o relatório (*compt rendu*), a reflexão sobre o modo de estar e a análise da psicodinâmica dos profissionais que trabalham no *caso*. Mas este tipo de trabalho sobre si não ocorre somente nas reuniões regulares. Informalmente, no quotidiano, este tipo de profissionais tem quase sempre um parceiro ou um pequeno grupo de apoio em que as relações de amizade se misturam com os interesses profissionais, e no contexto do qual é frequente assumir as dificuldades na relação com as crianças a níveis mais ou menos profundos e sem passar pelo crivo da linguagem psicanalista ou pelo receio de uma perscrutação para além do nível desejado. Também a nível informal, é frequente a aquisição de atitudes (com alguma eficiência, mesmo que superficiais) na relação com as crianças deficientes ou as suas famílias que passam pela banalização da situação: modos de se dirigirem à criança, de reconhecerem alguns sinais, de anteciparem reacções... Mas nem sempre essas atitudes mais superficiais são suficientes.

> No ano a seguir ao estágio, com o tal *miúdo* autista [No Keller, algumas das crianças, além da deficiência visual, apresentavam outras deficiências ou perturbações, por vezes graves, constituindo o que os técnicos designam por casos de multideficiência] com quem eu tinha muitas dificuldades, e não me davam indicações que eu achasse que podia seguir, sugeriram-me, por exemplo, que me despisse e trabalhasse com ele em íntimo contacto corporal. Mas não insistiram porque chegaram à conclusão que eu não tinha formação, e se calhar, não disseram, mas terão pensado que não tinha maturidade. Mas encontrei uma forma de jogo com algum contacto corporal que permitiu estabelecer uma relação com ele. No *Keller* dava-se muita importância ao contacto corporal.
>
> Noutro ano, tinha uma *miúda* complicada, que se escondia debaixo das mesas, guinchava muito, sem que eu conseguisse acalmá-la. Depois de ter apresentado o caso numa reunião, o director foi à sala, meteu-lhe a mão debaixo da camisola e acariciou-a – hoje corria o risco de ser acusado de pedofilia. E conseguiu acalmá-la. Claro que nessas situações é muito importante a confiança em si próprio.

É toda esta gama de aprendizagens que um professor ou educadora que trabalhe com crianças com estas características tem que percorrer na sua socialização. O Centro H. Keller proporcionava contextos para toda esta gama, desde os mais informais, de tipo comunitário, às relações associativas em rede e, de certo modo, às relações associativas organizacionais reguladoras.

> Foi uma verdadeira escola. Embora não houvesse aulas, nas conversas com essas pessoas, o quadro de referência teórica estava bem claro! E aí é que eu me dei conta que de facto não sabia rigorosamente nada. Não era só uma questão de nomes, conceitos. Era uma questão de ser capaz de reflectir e de saber pensar nas coisas, e de saber porque é que se estava a fazer aquilo.
>
> Mas aprendi muito pela observação de como é que as colegas trabalhavam. Trabalhávamos muito em conjunto. Entrávamos nas salas umas das outras. Estávamos a par das características e dos problemas dos *miúdos* de cada sala. E tudo isto com muita conversa e muita reflexão que nos dava segurança em relação a saber se o que estávamos a fazer era adequado. E sobretudo saber porque é que se fazia e que repercussões teria nos miúdos, que sentido teria para eles.

Os processos de controlo de si, quer passassem ou não pelo controlo da contratransferência, e a participação em conversas em que se explicitam sentimentos e tipos de relação e se interpretam situações, implicam um domínio de linguagens especializadas, que só a procura de conhecimento abstracto pode proporcionar, e uma metacognição, que só uma racionalização da cultura profissional, e mesmo da cultura societal, permite. Podemos pôr-nos a questão de haver, numa abordagem psicanalítica, ou numa abordagem antropo-psicanalítica, como a que é proposta por Olivier Grim (2000), um nível de aprofundamento da relação entre o profissional e a pessoa com quem (sobre a qual) trabalha, a partir do qual estamos perante o que podemos considerar reflexividade institucional. Mas não é possível dizer que a generalidade dos que trabalhavam no Keller tivessem desenvolvido a reflexividade institucional o suficiente para se poder falar em racionalização da cultura profissional.

A psicanálise unifica teoricamente as três lógicas do "trabalho sobre outrém" e articula as três dimensões referidas por Couturier, num modo que não é necessariamente o "práxico" — na medida em que passe pela explicitação de "mediações sociais" (Sartre, 1960). Mas como as "reuniões de síntese" não são sessões de psicanálise e os psicanalistas aí presentes não explicitam todas as psicodinâmicas e mediações sociais que poderiam identificar nessas reuniões, os profissionais que façam um uso profano ou fragmentado da psicanálise não têm resolvido na prática o problema dessa articulação entre as três dimensões, cuja cisão torna a experiência dos profissionais relacionais tão problemática.

Quando esta educadora, como vimos acima, relaciona o uso de técnicas de contacto corporal com a disponibilidade emocional, a superação de *habitus* (por exemplo de pudor) e a confiança que se tem em si próprio, revela ter uma consciência prática da articulação entre a dimensão práxica da relação e a dimensão técnica, mas não é clara a consciência discursiva dessa articulação. Nem é explicitada a este propósito qualquer reflexão que incida sobre a estrutura de poder na relação entre os psicanalistas e os outros profissionais, a não ser uma referência aos estatutos sociais dos diversos profissionais e ao facto de alguns não estarem permanentemente no Centro; mas sem que as diferenças de estatuto sejam questionadas, nem que se estabeleça qualquer relação com as práticas nas reuniões semanais[17].

Nesta linha de pensamento, a reflexividade institucional e a "racionalização da cultura" só seriam possíveis de alcançar se se passasse por uma abordagem sociológica, e fazendo recurso à linguagem e a conhecimentos abstractos construídos no âmbito dessa disciplina. A partir da parte final da secção 3.3, veremos como, em que medida e em que circunstâncias, foram por aí os professores que nos narraram dialogicamente a sua experiência.

3.3. Da Narratividade à reflexividade institucional

No âmbito da educação de crianças com descapacidades integradas nas escolas e jardins de infância, grande parte do trabalho destes professores e educadoras não é uma actividade de ensino, designado por "apoio directo", mas sim o que é designado, entre eles e em documentos reguladores emanados de instâncias hierárquicas que os controlam, como "apoio indirecto". Este começou por ser entendido como um trabalho de avaliação, aconselhamento e programação com outros professores ou educadoras de infância: os professores das turmas ou as educadoras dos grupos em que as crianças com deficiência "são integrados", bem como

---

[17] Diz, a propósito das relações entre uma tão grande variedade de profissionais: "...nem havia grande distinção entre professoras, educadoras e outros professores de Trabalhos Oficinais e de Educação Física, ou mesmo terapeutas. Só médicos e psicólogos, por um lado, e pessoal auxiliar, por outro, é que seriam grupos identificáveis como distintos: em parte por razões de estatuto, em parte, no caso dos médicos, porque não estavam lá no dia a dia."

os responsáveis por órgãos de gestão. Mas é, realmente, um trabalho muito mais diversificado e que abrange uma grande variedade de pessoas, desde os pais e profissionais que trabalham na área da deficiência, dos serviços médico-terapêuticos aos serviços sociais, e que desenvolvem uma relação com a mesma criança e sua família, até ao trabalho sobre as representações sociais da "deficiência", na família e no meio social em que se pretende "integrar" a criança. Esse trabalho passa, em larga medida, por práticas narrativas, quer para a obtenção de informação, quer para o desenvolvimento da relação e a (re)construção do sentido da acção educativa[18], quer ainda para a coordenação e coerência, no espaço e no tempo, da acção dos vários profissionais (ao longa de toda a vida de um indivíduo com alguma descapacidade grave, ou mesmo moderada). Daí que a consciência discursiva dos processos em curso em intervenções de longa duração se exprima com frequência na forma de narrativas.

3.3.1. Lógicas/dimensões da acção

Nesta secção, começa-se por pôr em evidência, numa narrativa, as três lógicas de acção nas profissões de trabalho sobre outrém, definidas por Dubet (2002), e as três dimensões da intervenção referidas por Couturier (2004). Se aceitarmos a teorização de Couturier, segundo a qual o imperativo de implicação na relação remete, pela sua génese, para a dimensão dos sistemas, e esta dimensão da "intervenção" se refere aos sistemas abstractos ("systèmes d'action agissant hors de la praxis professionnelle", como escreve Couturier), é de esperar que sobre essa consciência discursiva possa incidir a reflexividade institucional desenvolvida no âmbito das EEE. Vamos ver em que medida isso se verifica nos diálogos em que se reconstituem algumas histórias de acompanhamento de casos ao longo de anos[19].

> A *Irene* surgiu-nos através da família quando tinha dois anos. Vivia com os avós e a mãe numa bela quinta em (...). A mãe tinha-se apaixonado aos 18 anos por um rapaz toxicodependente que nunca mais quis saber da *Irene* e da mãe dela e depois acabou na prisão. Esta menina tinha nascido com uma deficiência nas áreas auditiva, visual e motora e com problemas cardíacos. Valeu-lhe a avó, extraordinária, que se ocupou dela. Já não sei se comecei a apoiá-la por não haver nenhuma outra educadora disponível

---

[18] Referimos detalhadamente esse trabalho em Filipe, 2003a.

[19] Necessariamente escolhidas entre as mais sintéticas, ou com excertos seleccionados por razões de economia deste texto.

(a narradora era na altura coordenadora da EEE, e nessa medida geria os recursos desta) ou porque me apaixonei pelo caso. Durante três anos, dei-lhe apoio no domicílio, na sala de intervenção precoce e no jardim de infância onde me deslocava com ela, para lhe proporcionar alguma socialização naquele contexto. Apesar de sempre ter apoiado crianças multideficientes desde o primeiro ano, em que trabalhei com uma surdocega, senti necessidade de contactar a ESE de Lisboa para ter algum apoio de retaguarda, e acabei por ser convidada para frequentar um curso que estavam a preparar na área da surdocegueira, em colaboração com a universidade de Boston. Davam prioridade a educadoras ou professoras que estivessem a trabalhar com surdocegos, porque associado ao curso estava um projecto de investigação. Envolvi-me muito com este caso, criando amizade com a família, especialmente com a avó, uma boa relação que ainda hoje se mantém, e um grande afecto pela *miúda*. Era uma criança com quem trabalhava muito corporalmente. Ao longo de três anos, trabalhei sempre com ela ao colo. Por ela ter a deficiência motora, mas também por necessitar muito da relação corporal para lhe transmitir emoções e para lhe poder ensinar acções e reacções. Havia que rotinizar sequências de actividades, mas era a comunicação que mais me preocupava e mais difícil era. Ensinava-lhe gestos, associava acções e objectos, antecipava-lhe as actividades para a tranquilizar. Eram gestos que demorava meses a ensinar-lhe. Havia dias em que estava a trabalhar bem com ela, parecia tranquila, e de repente as lágrimas corriam-lhe pela face. Ninguém conseguia decifrar... Só me apetecia chorar também. Foi um trabalho muito violento, a nível físico (dei cabo da coluna), mas sobretudo emocionalmente. Em mais de vinte anos de trabalho na educação especial foi a única criança com quem eu sonhei que era minha filha e, em sonhos, chorava compulsivamente angustiada. Nunca me tinha acontecido nada de parecido. Investi muito psicológica e fisicamente. O curso que frequentei ajudou-me bastante. Mas continua a ser a única miúda em relação à qual eu tenho a sensação de que não consegui fazer nada por ela. Hoje está num centro de educação especial, depois de ter passado por um colégio para onde a encaminhei depois de uma angustiada procura com a avó e a mãe, porque não me satisfazia nenhuma das alternativas. Depois de a apoiar, senti pela primeira vez um irredimível falhanço e cansaço da educação especial. Cada vez mais me pergunto, mesmo quando estou com outros *miúdos*, se vale a pena obrigá-los a tanto esforço como aquele que implica a intervenção de educadores especializados. Sempre criei grande afecto pelas crianças com quem trabalhei, mas tinha sempre uma atitude muito técnica e de exigência. Quando pela primeira vez me envolvi profundamente a nível emocional, fiquei esgotada.

[...] O caso mais próximo deste tinha sido o do *António José*, um miúdo que nasceu com hidrocefalia, com grande disformidade facial, que tinha um grande atraso de desenvolvimento e que, mesmo quando aprendeu a andar tinha um grande desequilíbrio na marcha. Dei-lhe apoio ao domicílio sem nunca ter conseguido integrá-lo e como na aldeia onde vivia não havia nenhum jardim de infância levava-o muitas vezes ao parque infantil onde o socializava com outras crianças e onde desenvolvia outras actividades do programa que tinha para ele. Entretanto os outros meninos da aldeia também se habituavam a ele. Criei uma boa relação com esta família e quando ele tinha seis anos fiz um encaminhamento para a unidade local que a Liga dos Deficientes Motores tinha criado na escola de Ouressa. A última vez que o encontrei foi em 1998, já com 16 anos, na sala da Liga, quando a ECAE de Sintra voltou a ter a responsabilidade por aquela zona. Fizeram com ele o trabalho possível durante estes anos todos, mas agora que ele se aproxima dos 18 anos não têm possibilidade de continuar a responder às necessidades dele e da família. Nem os pais nem eu e a técnica da Liga, encontrámos qualquer colocação para ele. E a procura estendeu-se desde Lisboa a Torres Vedras. Está agora em casa. Como muitos outros que acompanhámos durante anos.

Relativamente à dimensão dos sistemas, esta educadora, como outras que trabalham na EE, formulam, noutras ocasiões, questões que aqui são apenas afloradas: Que sentido tem um tão grande investimento na intervenção precoce e na integração educativa/escolar de crianças "deficientes", se não são acompanhadas por um investimento correspondente numa formação profissionalizante adequada a estas pessoas, ou, se as suas limitações são mais graves como nestes casos, se não existem estruturas de apoio às famílias e de acolhimento quando estas faltam, centros de actividades ocupacionais, lares, concebidos de um modo que permitam a essas pessoas e às suas famílias uma vida o mais próximo possível do normal? Porque é que tantas vezes, depois de se ter assegurado um percurso escolar que as "normalizou" tanto quanto possível enquanto crianças, esse processo é abruptamente interrompido por falta de estruturas adequadas em número suficiente quando termina a idade escolar, ou depois de esta ser artificialmente prolongada mais uns anos? Porque é que se radicaliza o discurso da inclusão escolar destas crianças quando as famílias e as próprias crianças têm outras prioridades?

A narrativa deste caso é mais explícita em relação a outras dimensões da intervenção, identificadas por Couturier, e às lógicas de acção no trabalho sobre outrém, definidas por Dubet. O predomínio de um lógica de "serviço" está patente quando diz que assumiu o caso porque não havia uma educadora disponível para o tipo de intervenção necessária, mas logo a lógica relacional se revela como ainda mais determinante da acção. A dimensão praxeológica ou técnica é explicitada com algum detalhe, permitindo apercebermo-nos até que ponto está desenvolvida uma consciência discursiva resultante de uma reflexão interactiva que mobiliza conhecimento abstracto persistentemente procurado em "cursos escolares" (mas sempre numa forma já recontextualizada); não se ficando por um sentido práxico pouco explicitado que Couturier diz predominar nos grupos profissionais que estudou. A dimensão técnica está estreita e conscientemente ligada à dimensão relacional, nomeadamente através do modo como é explicitado o trabalho que implica uma relação corporal muito íntima, que não pode deixar de estar associada à aproximação afectiva à família e ao trabalho sobre si que o desempenho de um "papel quase de mãe", durante um tão longo período, implica; sendo de assinalar a preocupação, surpresa, por não ter conseguido regular a distância emocional, ao fim de quase vinte anos de trabalho com casos não menos problemáticos do que aquele.

A procura de um curso na ESE que lhe desse uma retaguarda mais adequada a um caso tão complicado, e a relação, por essa via, com projectos de investigação, são uma expressão do sentido estratégico, que esta educadora, como outras educadoras desta EEE participantes na narrativa dialogada a que se vem fazendo referência neste capítulo, revela em muitas outras ocasiões, nomeadamente pela participação no Projecto Portage introduzido em Portugal pelo Centro de Apoio à Criança e à Família (CEACF), do Ministério da Segurança Social, nos anos 80[20]. A este propósito, é oportuno referir que esta educadora, também coordenadora da EEE durante um largo período, rejeitou, depois de uma discussão na EEE, um projecto, igualmente apresentado como inovador pelo CEACF, de salas especiais nas escolas para crianças com autismo (salas TEACCH); com motivações cuja exposição e análise detalhada não cabem neste texto, mas que se relacionam com a interpretação dos princípios de "integração de deficientes" e com a contextualização do conhecimento psicossociológico sobre socialização na educação de crianças com deficiência.

Referem-se aqui estes factos porque nos parecem evidenciar não só um estilo crítico-pragmático de uso do conhecimento (Caria 2002ª, 2005)) caracterizado pelo desenvolvimento do "sentido estratégico", mas também o desenvolvimento de algum "sentido interpretativo".

---

[20] Projecto com o qual se pretendia reabilitar a capacidade educacional dos pais destas crianças, dando-lhes a oportunidade de partilhar, durante um longo período, as técnicas (dispositivos de avaliação e planificação e registo de actividades a realizar com as crianças) e os saberes dos especialistas.

3.3.2. Um posicionamento político crítico

Num excerto do diálogo narrativo que mais à frente se transcreve, em que é reconstituída a história do acompanhamento de uma criança com autismo, pode ver-se como este grupo de educadoras, e esta EEE, desenvolvia uma alternativa, quer às salas para autistas, de orientação relativamente segregativa, quer à "escola inclusiva" – através da negociação prévia com as escolas e os professores e um acompanhamento em proximidade da turma e de outros contextos de vida das crianças. No mesmo encontro em que foi gravado esse diálogo, pode ver-se como a "escola inclusiva" começou por ser vista por este grupo como um reforço ou uma aceleração da política de integração escolar de crianças com descapacidades, mesmo graves, e como, ao verem que o apoio da administração governamental do sistema educativo a essa retórica de radicalização da integração (nomeadamente no preâmbulo de documentos legislativos) não era acompanhado por orientações para a acção dos professores de EE e das equipas em que se coordenavam, nem para as escolas, muito menos pelo reforço de recursos ou racionalização da sua distribuição. Deste modo, começaram a colocar reservas às únicas medidas administrativas efectivamente adoptadas, e que passavam pela dissolução das EEE e pela colocação dos professores de EE directamente nas escolas — para além de passarem a ser designados por "professores de apoio educativo" (PAE), isso implicava uma desarticulação entre "relações organizativas hierárquicas" e relações mais informais, precisamente numa fase em que as transformações do seu papel a tornavam mais necessária e a dispersão pelas escolas dificultava o desenvolvimento de "associações em rede". Começaram também a questionar-se sobre o que o ideário da inclusão trazia realmente de novo em relação às ideias de "normalização" e de "integração", e sobre as razões do entusiasmo de alguns académicos com voz no subcampo da educação especial, e do silêncio em relação ao esclarecimento de algumas questões que colocavam sobre a "escola inclusiva".

> *José* estava caracterizado como tendo... traços autistas — começou Teresa [uma educadora de infância a trabalhar há muitos anos na EE, mas que só na segunda metade dos anos 90 frequentou o curso de especialização]. Tinha feito uma evolução mais ou menos normal até aos dois anos de idade. A partir daí tornou-se visível que não correspondia às expectativas. As pessoas começaram a notar que não estabelecia facilmente comunicação e não desenvolvia a linguagem. Aos três anos, veio para um infantário da rede pública onde começou a ser apoiado pela nossa colega Elizabete,

que tinha trabalhado com os *deficientes auditivos* e depois tinha feito um curso de especialização em *problemas de comunicação*. Penso que foi a educadora que insistiu com a mãe para que ele fosse a uma consulta. Começou a ser seguido por um neuropediatra que trabalhava no centro de Saúde Mental Infantil e Juvenil, que depois passou a fazer parte do Hospital D. Estefânia. Foi ele que fez um diagnóstico na área do autismo. Quando eu o conheci em 1997, ele já estava aqui havia quase dois anos e estava muito treinado. Para além da anamnese, fiz o levantamento do que as educadoras tinham feito com ele[21]. Tinham começado por procurar trabalhar a linguagem *dentro do grupo*, nas *situações de tapete*, nas *actividades de cantinho*. Era uma criança que não estabelecia relação: procurava objectos e, quando se fixava num, andava com esse objecto na mão com um comportamento que é designado por *objecto-autista*. Não olhava para as coisas. Se lhe pusesses um jogo à frente ele não o manipulava, ou, se iniciava, não acabava; se lhe desses um lápis e papel, ele pegava no lápis, mas sem olhar para o papel; se lhe desses dois objectos e lhe pedisses que te desse um deles, nomeando-o, ele não correspondia.

[...] Depois, já não me lembro se foi por tentativas, se por sugestão do médico, procurou-se definir e organizar um espaço individualizado para ele, com actividades repetidas diariamente, a usar os mesmos jogos repetidamente. Joaquina [outra educadora que entrou para a EEE no final dos anos 90], porque tinha mais tempo disponível — estava ali quatro dias por semana só para ele; não era o dia inteiro, mas era bastante tempo — dava-lhe o almoço, em que ele tinha problemas com o que mastigava, com o que engolia. Começámos a experimentar muitas das coisas que se fazem agora nas *salas TEACCH*. Entretanto, entrámos em contacto com a Associação dos Autistas, na Junqueira, onde tivemos uma ajuda preciosa do Edgar Pereira, que também nos fez algumas sugestões: Estabelecer muito bem os tempos, as actividades; dar muitos padrões de segurança, repetindo esses padrões de casa para a escola, da escola para casa, catalogar as coisas, em casa, as prateleiras. Fez-se um trabalho mesmo estruturado, organizado: planeava-se semanalmente as actividades; comunicava-se essas planificações aos pais; eles procuravam dar seguimento àquilo e também traziam soluções que estavam a dar resultado em casa. Os registos eram importantes para os pais e para nós. Eram um instrumento de avaliação e de comunicação entre nós. Para percebermos o que estávamos a fazer. O pai ia ao jardim filmar o que ele lá fazia. De maneira que, ao revermos algumas filmagens, podíamos dar-nos conta da evolução do *miúdo*.

---

[21] Anamnese, diagnóstico e medidas educativas adoptadas, bem como os seus resultados, deviam estar claramente inscritas no Plano Educativo Individual (PEI) de qualquer criança acompanhada pelos professores de EE.

[...] No segundo ano que eu trabalhei com ele, durante o estágio do curso de especialização na ESE — porque entretanto fizemos um adiamento de entrada para a escola — o *José* progrediu muito: já estava com um comportamento mais *estabilizado*; já mantinha o contacto visual connosco; já ia à casa de banho e lavava as mãos sozinho; já estava a emparelhar palavras com imagens; a associar palavras tipo mãe e pai. No início o trabalho era muito individual, mas nessa fase mais avançada, ele já podia escolher actividades, tal como os outros, submetendo-se às mesmas regras de registo num quadro com um cartão para cada actividade[22]. Claro que com a nossa ajuda. Mas já não ficava à margem ou em actividade paralela, como antes, quando ia para os *cantinhos*. Já era capaz de trocar alguns objectos: por exemplo, se um lhe atirava uma bola, ele depois atirava a bola ao outro. Durante muito tempo tinha sido um exercício que fazíamos com ele, envolvendo gradualmente outros *miúdos*. Mas no último ano, ele já fazia isso sozinho, isto é, sem nós. Já era capaz de ir a correr atrás dos outros no recreio. As trocas de bola também eram no recreio. Mas tínhamos que ser nós a levá-lo para o recreio e tínhamos que ficar por ali, mais ou menos próximas dele. O *José* tinha consciência de que estávamos ali e de que estávamos a ver. Tudo aquilo era muito controlado e muito treinado, "amestrado", mas era uma evolução notável.

[...] A educadora de uma sala não pode fazer isso. Não só porque implica muito tempo, mas também porque é um trabalho muitas vezes separado dos outros e que requer muita atenção. Essa tal filosofia da inclusão que estivemos a ver, é impensável num caso destes. E isso verificou-se quando ele foi para o primeiro ciclo. Face à evolução que ele tinha tido, achámos que havia condições para ele ir frequentar a escola que funcionava no mesmo edifício e em que ia ter muitos dos mesmos colegas. Nós entendíamos que isso podia ser feito numa *lógica de integração*. Não era nos pressupostos da "escola inclusiva": aqui está ele por direito próprio, têm aqui o PEI que fizemos na pré-escolar, agora tratem de adaptar o funcionamento da turma à presença dele.

[...] A ideia não era ele ir fazer a escolaridade, mas poder estar numa sala com outras crianças que já conhecia e que o conheciam e sabiam lidar com ele, e ele ir trabalhando naquelas áreas em que estava a fazer alguns progressos: aumentar o reconhecimento de vocabulário pelo uso de cartões com palavras, por exemplo — porque ele continuava sem dizer uma palavra. Discutimos isso em reuniões com a ECAE (equipa de coordenação dos apoios educativos, que de algum modo substiuiu a coordenção das

---

[22] Filipe (2003a) faz a descrição da organização deste jardim de infância.

EEE, a partir de 1997). Eu estava muito optimista. A Paula [outra educadora especializada em comunicação, que trabalhara com *José*] punha algumas reticências – talvez porque conhecesse melhor a escola. A coordenação também punha algumas. Mas eu era muito optimista porque achava que, se aquele *miúdo* fosse para um colégio especial, ia novamente cair no isolamento, e ia voltar a recorrer a objectos para se auto-estimular. Ele precisava que a gente o chamasse, o contactasse, lhe tocasse, lhe chamasse a atenção, que fosse tendo o contacto corporal para promover a comunicação. E portanto, se estivesse com outros *miúdos autistas*, cada um para seu lado a fazer a *macacada* dele, ele iria regredir. Nas reuniões com a ECAE também estavam professoras de apoio que trabalhavam naquela escola, e a Isabel acabou por estar de acordo comigo em que se podia tentar a integração, com muito apoio, muita negociação prévia com a escola e escolhendo as pessoas adequadas. Os pais também punham reticências à entrada do *José* na escola. Mas nós achávamos que a escola ia ter apoio como sempre tinha tido. E a equipa de coordenação iria propor o reforço desse apoio na rede de lugares de apoio educativo (a decidir pela DREL), o que seria indispensável para dar continuidade ao tipo de trabalho que a Joaquina vinha fazendo. No ano seguinte, esta educadora iria residir para outra região, pelo que não podia ser ela a continuar como professora de apoio.

Tínhamos consciência que ele não poderia ser deixado entregue predominantemente aos cuidados da professora que tinha a turma toda. E também não podíamos prever quem seria a professora que iria ficar com a turma – interveio Isabel. O que também era importante. Ainda procurámos negociar isso com a escola – não me lembro se com a directora ou em conselho escolar – mas sabíamos que isso estava para além da nossa capacidade de influência.

Depois desse conselho escolar – retomou Teresa a narrativa – a professora que quis ficar com a turma – talvez porque lhe desse jeito o horário – encontrou-me na rua e disse-me: Ah Teresa! Preciso de falar contigo. Vou ficar com o *José* e vou precisar que vocês me dêem umas "dicas" e uma ajudinha. E eu disse-lhe que o *miúdo* não ia para lá para fazer as aprendizagens típicas do primeiro ano, mas que estava muito *estabilizado*, que já tinha bastantes *autonomias*, que não ia criar problemas de comportamento e que era uma questão de dar continuidade ao trabalho que vinha sendo feito. Passado um dia ou dois, encontrei a professora de apoio que era a única professora disponível para apoiar o José – porque acontecia que a escola tinha acabado por ficar com ainda menos professores de apoio que no ano anterior. E ela também me veio dizer que precisava de falar comigo: "A Joaquina já cá não está e eu preciso de umas *dicazinhas* para o *José*".

Foi, em 2000, o ano em que a DREL, ou o ME, reduziram muito o número de lugares da rede de apoios, mesmo em relação ao total de lugares que nos autorizaram a propor na rede – lembrou José. E aquela foi uma das escolas em que eles fizeram reduções à nossa proposta, sem sequer nos consultarem. Foi em parte por isso que decidimos sair da coordenação.

Mas parecia que aquilo era só uma questão de "dicas" – continuou Teresa. E eu disse-lhe: "Mas tu não tens o dossier do *José*, com o PEI e programas? A Joaquina não te entregou tudo e não te explicou o que lá estava?" Eu sabia que havia ali muito material e que aquilo estava muito bem organizado. E estavam lá, nomeadamente, muitas propostas para dar continuidade ao trabalho com ele. Havia o projecto de construir com ele um dicionário – trabalho a fazer na sala, e que até podia envolver outros *miúdos* a recortar imagens. Bastava desenvolver um programa de aprendizagem de leitura/escrita pelo método global. E havia também coisas na área do cálculo que ele também estava a iniciar. E ela reagia meio engasgada e dizia que não tinha lá tudo o que precisava. Disse-lhe que tinha que começar por estar com o *miúdo*, estabelecer a comunicação, fazer uma avaliação dela [risos das presentes], que a professora da turma. tinha que fazer o mesmo, e que depois tinham que conversar uma com a outra. E então se quisesse, podia ver-se de novo o que estava no *dossier*. Até hoje! Não voltaram a falar-me no assunto. Passados uns tempos, soube que aquilo estava *a rebentar por todos os lados*, que estavam à espera de uma professora colocada em miniconcurso, não sei se ao abrigo do Artigo 35. Acabou por ser uma educadora, daquelas contratadas que entram em miniconcurso também para os lugares de apoio educativo que ficam vagos. Na DREL – esclareceu Isabel — tinham dito, quando fizeram as reduções na rede, que depois, se fosse preciso, colocavam professores ou educadoras ao abrigo dessa legislação e não no quadro do despacho 105/97 que era o dos apoios educativos. Mas, como já não havia professoras disponíveis, quem concorria eram educadoras que tinham estado no ano anterior em regime de contrato. Quando essa educadora chegou, a Graça, que tinha sido a educadora da sala do *José*, foi ter com ela e disse-lhe que tinha uma cópia do processo do *José* e que se ela quisesse fazer uma reunião ela convocava a Teresa. Não se mostrou interessada e quando uma vez a Graça lhe disse "Olha! Aquelas é que são as educadoras de educação especial! ", ela nem nos quis conhecer.

Mas não são só as educadoras colocadas em escolas do 1º ciclo em miniconcurso – interveio Alda. As professoras que foram substituir-me a mim e às duas professoras de EE que estavam comigo, já o ano ia a meio, e nem sequer conheciam um *miúdo* com 8 anos fortemente afectado por paralisia cerebral que estava na sala da Liga, mas que no ano anterior tinha sido assumido como aluno da escola. Apercebi-me de que já não havia um trabalho definido de educação especial naquela escola. Havia ali *miúdos* para quem era necessário desenvolver *currículos alternativos* e elas pensavam que isso era trabalho para terapeutas ocupacionais – E estamos a falar de crianças de 8 ou 9 anos.

Elas não são "professoras de educação especial"! – comentou Isabel. Não é só por não terem um *curso de especial*, nem por não terem muita *experiência*. É por serem "professoras de apoio" e por terem como referência as professoras que eram destacadas para apoio nas escolas ao abrigo de um Artigo 35 não sei de que decreto[23]. E por aceitarem ser tratadas pelas professoras das escolas como tratavam essas "professoras do 35". E muitas das que vão agora para essas funções são até educadoras sem vínculo, que são contratadas ao ano e que até aceitam ir para escolas do 1º ciclo, onde as professoras fazem delas o que querem.

É por isso que eu digo – acrescentou José – que falta liderança nas escolas, mas faltam sobretudo orientações, ou normas coerentes, que definam um quadro para novas lideranças e para a diversificação de papéis profissionais. E coerência entre todos os níveis da administração escolar. Não basta decretar a "escola inclusiva" e fazer umas acções de sensibilização ou ideologização tipo "up the people". Porque tínhamos consciência deste tipo de obstáculos é que propusemos as acções de formação centradas na construção do papel social do professor de apoio em alternativa ao modelo de formação do tipo "NEE na sala de aula", como andaram aí a fazer os paladinos da "Escola Inclusiva".

Num só excerto do diálogo narrativo, mesmo relativamente longo, é difícil pôr em evidência como se fazia a articulação entre uma reflexão que incidia sobre os problemas contextuais no trabalho com crianças e com escolas, e uma reflexão que incidia sobre o funcionamento de instituições e sobre princípios, o modo como estes se afirmam e como geram categorias, regras e recursos. A narrativa deste caso permite, no entanto, compreender como, da reflexão sobre contextos e sobre princípios, emergiu uma posição crítica em relação à administração governamental da educação, que coloca a questão da reflexividade institucional.

A nível da EEE, essa reflexividade passou a incidir na constatação de que a administração governamental apoiava a retórica da "inclusão"

---

[23] Este "apoio" no âmbito do artigo 35 não se destinava especificamente ao trabalho com *crianças deficientes*. Tratava-se de um reforço genérico dos recursos humanos da escola.

como um passo em frente em relação à "integração", de permeio com a contraditória viabilização de dispositivos segregadores como as já referidas "salas para autistas", sem proceder a qualquer avaliação sistemática do que estava a ser a "integração"; nem sequer do que estava a ser conseguido em experiências sérias e quais as dificuldades que aí se estava a ter — "limitaram-se a aplicar a lógica de, face às dificuldades, dar um salto para o escuro" —, sem qualquer previsão dos meios necessários: limitando-se a implementar um modelo de "formação em cascata" com incidência na resposta às "necessidades educativas especiais na sala de aula", concebido por académicos e por aqueles que no centro do subcampo da formação entendem que a Escola Inclusiva depende sobretudo da atitude da grande massa dos professores que têm a responsabilidade de leccionar(?) nas turmas – cascata que não chegou a esses professores, extinguindo-se com os fundos que pagavam os formadores dos primeiros níveis.

3.4. Reflexividade institucional numa EEE

Nesta secção, mostra-se como a reflexividade institucional começou por incidir no funcionamento de equipas de educação especial (EEE) e como, mais tarde, ao questionar as diferenças entre "escola inclusiva" e integração escolar de crianças com descapacidades ("com necessidades educativas especiais") estes profissionais foram levados a fazer incidir a sua reflexão sobre as contradições das políticas e discursos sobre a educação e a relacionar essas contradições com o funcionamento do campo social da educação.

3.4.1. Participação em políticas

Falando, no diálogo narrativo que aqui se vai analisando, do funcionamento das EEE de que fizeram parte nos anos 80 e, nalguns casos, já nos anos 90, as narradoras dizem não ter havido significativa reflexão nas reuniões das equipas nessa fase.

> As reuniões gerais decorriam com o coordenador a falar – começou Helena, que entrara para a equipa logo no 1º ano. Ele ia dizendo: chegou isto da DEE, mais isto.. Mas discutir, não se discutia. Se às vezes as pessoas tinham um *caso mais problemático* podiam apresentá-lo, mas era raro.
>
> Não eram *casos de miúdos* – esclareceu Isabel – eram mais casos de conflitos com as escolas. (...) Daquilo que me lembro, de facto, nas reu-

niões gerais, era quase só o coordenador a falar. Depois havia *reuniões por sectores*. E aí trabalhávamos sempre juntas[24]. Só quando tínhamos alguma questão a discutir, reuníamos com o coordenador. A ideia que eu tenho é que, nessa época, quando as pessoas necessitavam de orientação e apoio, falavam em particular com o coordenador.

Essa ausência de reflexividade institucional foi posteriormente (muito claramente no contexto do diálogo narrativo a que nos vimos referindo) relacionada com um estilo de liderança assumidamente paternalista, baseado na cooptação dos membros das EEE, em relações pessoais de afinidade, na confiança pessoal e na protecção mútua, desde o topo da administração educacional até às relações dentro das EEE. Era em pequenos grupos de afinidade resultantes de encontros anteriores em centros educativos e no curso de especialização que algumas professoras do 1º ciclo, por um lado, e educadoras, por outro, avançavam na explicitação e formalização de procedimentos e na procura de alternativas adequadas aos variados contextos que iam encontrando em escolas, jardins de infância e no trabalho que as educadoras desenvolviam com as famílias e as crianças em sede domiciliar (no quadro da intervenção precoce, ou devido a dificuldades de integração em jardins de infância de algumas crianças). Não era, porém, nas reuniões de EEE que esses grupos confrontavam as suas reflexões e procedimentos, mas sim numa rede informal de grupos semelhantes e ex-colegas dispersos por várias EEE (Filipe, 2003b). Nem era assegurada a nível da EEE uma continuidade no acompanhamento dos casos. Os critérios de atendimento, as características da população atendida e as prioridades eram mesmo completamente diferentes nos vários níveis do sistema de ensino, sem que houvesse nas reuniões gerais da EEE (naquela época, com menos de 20 pessoas) qualquer reflexão sobre o sentido global da intervenção das EEE ou sobre a relação da EE com a educação em geral, muito menos em função da diversidade de contextos com que os professores de EE se deparavam nas escolas, jardins de infância e intervenção precoce.

No fundo, o que havia era a ideia de *integração* – comentou José. Mas não havia "modelos de integração" muito precisos e pensados para os vários contextos das nossas escolas Nessa época, não estava ainda publicado o

---

[24]Estes *sectores* eram relativos aos níveis de ensino: educação pré-escolar, ensino primário e 2º ciclo do ensino unificado. Noutro texto (Filipe 2003b), esse tipo de trabalho é referido de modo mais detalhado do que no parágrafo que se segue a este excerto.

DL 319/91. Havia só o princípio, que se bem me lembro está na Lei de Bases do Sistema Educativo, que era o de encontrar as respostas às "necessidades educativas especiais" em "contextos o menos segregativos que fosse possível".

A elaboração desse Decreto Lei para a Educação Especial foi feita por um conjunto de investigadores, académicos e membros da administração governamental, sem participação das EEE, nem sequer através dos seus coordenadores. O único coordenador que participou nesse grupo foi o da EEE de Sintra, que o fez a título individual. Se a experiência desta EEE foi carreada para aquele contexto, foi-o mediada pela reflexão que esse coordenador desenvolvia individualmente ou no âmbito da sua participação em contextos académicos totalmente exteriores à EEE.

Foi com a divisão da EEE de Sintra em duas equipas, que alguns dos professores de EE, autores da narrativa dialogada que vamos seguindo, tiveram a oportunidade e a necessidade de reflectir de modo sistemático sobre o funcionamento das EEE, sobre os modelos de atendimento de crianças "deficientes" integradas em escolas, e sobre a intervenção nessas escolas. No início da década de 90, com os professores a serem colocados nas EEE por concurso, os coordenadores a serem eleitos e a administração governamental da educação especial a ser organizada numa série de elos hierárquicos, perante os quais as EEE tinham que prestar contas com regularidade, oralmente e em documentos, a autoridade das coordenações das EEE e o reconhecimento da legitimidade de uma intervenção cada vez mais sistemática dos professores de EE nas escolas e jardins de infância, numa época em que arrancava e se generalizava a "Reforma Educativa", exigia o desenvolvimento da reflexividade institucional. No diálogo narrativo, referem-se assim às diferenças que procuraram introduzir na nova equipa:

> Havia pelo menos uma questão – começou José – em relação à qual tínhamos uma concepção e uma prática totalmente diferente da *outra EEE*. Era a organização sistemática de um atendimento a crianças com "necessidades educativas especiais", resultantes de "deficiências", com base em prioridades bem definidas e modelos de intervenção nas escolas, que tínhamos concebido em resultado de uma leitura que fazíamos do DL 319 e da situação nas escolas. Noutras equipas, ou na DREL, podiam fazer outras leituras, mas nós nunca percebemos quais fossem, nem nunca foram discutidas, ou sequer explicitadas. À medida que a DREL e o Ministério foram dando orientações, entendemos que confirmavam a nossa leitura, mas simultaneamente, parecia que não tinham que ser levadas muito a sério.

Havia uma grande preocupação, naquela EEE, em fazer com que as pessoas soubessem o que andavam a fazer e de construir referências comuns – interveio Paula [outra educadora].

Tínhamos uma grande preocupação – retomou José a palavra – em discutir, entre todos, os critérios de classificação, as categorias e as tipificações que o ministério mandava para fazer estatísticas dos *meninos*, ou a DREL, com as tipificações das modalidades de atendimento. As *listas*, a *classificação* dos alunos *apoiados* em *tipos de problemáticas* para fazer as estatísticas, eram para nós instrumentos de trabalho: depois de os discutir e de nos apropriarmos dos conceitos subjacentes, procurávamos que esses conceitos fossem utilizados pelos professores no modo de organizarem o seu trabalho nas escolas e na coordenação da nossa acção a nível da equipa. Serviam para compararmos os critérios de cada professor, para que cada professor definisse em termos comparativos cada situação.

Penso que nós gostávamos todas das coisas mais organizadas – interveio Isabel. De definir critérios, procedimentos. Discutíamos procurando que todos percebessem e estivessem de acordo, e depois seguíamos todos a mesma linha orientadora. Havia muitas equipas em que isto não se passava assim, nem sentiam necessidade de se pôr de acordo. Tinham maneiras de fazer que estavam instaladas e que só em último caso alguém se dispunha a mudar. E nesse caso, o menos possível.

Pois, e isso porque também não havia iniciativa da própria coordenação, acho eu – comentou Paula.

Nós tomámos a iniciativa, mas julgo que não impusemos procedimentos – comentou José. Há quem entenda que quando se conferem procedimentos é para todos fazerem da mesma maneira. Se nós insistíamos em longas e apro-fundadas discussões – e os casos concretos estavam sempre a passar por essas discussões –, era para aproximarmos os critérios, percebermos as diferenças e, se possível, definir o essencial de linhas orientadoras comuns. Mas se houvesse quem quisesse fazer de uma maneira muito diferente, fazia. Sabia é que fazia de uma maneira diferente e que tinha que explicar porquê. Não fazia diferente porque cada um fazia da maneira que lhe apetecia, sem dar contas a ninguém. Sem essas discussões não podia haver qualquer referência comum, a não ser algum modo de fazer instalado, que se imita acriticamente.

[...] Lembram-se de um professor do 2º ciclo que punha muito em questão o valor legal das orientações técnicas que vinham da DREL e, por outro lado, em relação às orientações técnicas contidas, implícita ou explicitamente, em diplomas legais, dizia muitas vezes que estavam superadas porque estava para saír legislação nova? Não é que nós estivéssemos à espera dessas indicações para saber o que fazer, mas dávamos-lhe importância como quadro de referência: nem que fosse para fazer o contrário, ou algo um pouco diferente, mas sabendo que assim era e discutindo porquê. Enquanto que posições como a daquele professor levariam à ausência de qualquer quadro de referência que resultasse de documentos escritos, e as discussões seriam intermináveis ou voltariam frequentemente ao mesmo ponto. Nós procurávamos fazer discussões em função de situações e problemas concretos, mesmo quando discutíamos princípios ou orientações gerais, mas procurávamos avançar tendo em conta um quadro de referência que gostaríamos que fosse geral, para todas as equipas e para as escolas, ao mesmo tempo que construíamos internamente um conjunto de referências.

[...] Havia de facto, muito que discutir e que explorar experimentando. Nós, em 1996/97, ainda estávamos a discutir o DL 319/91. Discutir para explorar e para esclarecer. Também para esclarecer pessoas que tinham entrado recentemente. Havia coisas que não estavam lá escritas e havia contradições que tínhamos descoberto à medida que o íamos aplicando. Sobretudo a questão das *adaptações curriculares*, a questão da *classificação de deficiência* para aplicar *regimes de ensino especial* e a questão dos *certificados* e *diplomas* que as escolas deviam passar no final do 9º ano, ou mesmo antes, nomeadamente, quando os alunos tinham tido *currículos escolares próprios*. Em relação a algumas delas nunca recebemos respostas claras da DREL. Houve umas brochuras que chegaram do ministério em que os termos, por exemplo, *adaptações curriculares,* tinham sentidos ou abrangências diferentes, e ainda aumentaram a confusão.

Eu acho – interveio Isabel – que as pessoas nas equipas só começaram a descobrir que *o DL 319* continha uma orientação para novos modelos de atendimento quando a DREL começou a mandar os papéis (formulários para a elaboração de *planos educativos individuais (PEI)*) e a *pressionar* para que se fizessem PEI para todos os *meninos apoiados.*

Eu e a Isabel, como coordenadores – interveio José –, assumimos aquelas orientações, não por uma atitude de obediência ou por espírito legalista, mas porque acreditávamos que estavam definidos instrumentos que ajudariam a fazer avançar e clarificar as coisas. Estávamos conscientes de alguns limites e contradições dos pressupostos do DL 319/91, mas empenhámo--nos na sua aplicação porque queríamos explorar e tornar visíveis esses limites e contradições para, a partir daí, avançar, quer na vertente do pensamento e das práticas na educação de *crianças com deficiências,* quer na vertente da escola com o seu *insucesso educativo* e a sua tendência à *exclusão.* Por isso, demos sempre muita atenção aos problemas que os professores assinalavam e procurávamos discuti-los com eles nas escolas, nos conselhos de turma, nos conselhos escolares e nos conselhos pedagógicos quando nos convidavam.

Noutros excertos do diálogo narrativo, pode ver-se como a atenção destes professores incidiu sobre a lógica de um sistema educativo com três ciclos de ensino básico obrigatório, ou quatro, considerando a educação pré-escolar, em que se visava o sucesso educativo generalizado e em que era incumbência específica das EEE assegurar que as crianças com necessidades educativas especiais, com destaque para as que resultavam de deficiências, não seriam excluídas desse sucesso, ou teriam "iguais oportunidades de sucesso". Em relação a estas crianças, o significado deste "sucesso educativo" estava claramente em questão, quer nas EEE, quer nas escolas, pois não havia a mínima possibilidade de ele corresponder aos tradicionais padrões do sucesso escolar avaliado pela aquisição de conhecimentos ou mesmo de competências. Mas como a população das crianças deficientes não está definida *a priori*, havendo um grande número de crianças em relação às quais a classificação é problemática, estes professores viram-se confrontados com a questão do que poderia significar "sucesso educativo" para uma enorme percentagem de crianças e jovens com insucesso escolar, e que o alargamento da escolaridade obrigatória fazia crescer ano a ano.

> Nas reuniões da equipa, sempre discutimos muito a problemática da zona de transição, da fronteira entre a educação especial e, digamos, o insucesso escolar. Não só, e não tanto, a problemática da educação das crianças que estavam na designada *border line* da deficiência mental, que esses, para nós, eram, na prática obviamente, *casos* de alunos com necessidades educativas especiais a que se tinha que responder no âmbito da educação especial, mas a problemática de toda aquela população com *insucesso educativo*, medido, não pela decisão de *passagem de ano*, mas sim pela real avaliação do seu processo de aprendizagem tal como é feita pelos professores ao longo do ano e da qual resultavam *"sinalizações"* de entre 20 a 30%, dos alunos de algumas escolas. Os casos de dificuldades de aprendizagem da leitura, da escrita ou do cálculo, que as escolas não conseguiam superar bem nos primeiros dois ou três anos de frequência da escola, mas não eram assinalados logo à equipa de educação especial – só o sendo quando os professores queriam uma legitimação para os fazerem transitar para o 2º ciclo, ou para os reterem pela 7ª ou 8ª vez no 1º ciclo. Ou que só eram *"sinalizados"* pelos professores do 2º ciclo, colocados perante competências de leitura e de escrita tão fracas que quase não permitiam acesso ao currículo de muitas disciplinas.

Por outro lado, a permanência na escola até aos 15 anos de crianças com deficiências, sobretudo na área cognitiva, e a indicação para os fazer acompanhar o grupo etário no seu percurso escolar, resultante do princípio de "normalização"[25], foi colocando os professores de EEE perante os problemas de organização escolar, com a articulação entre PEI que previam *diferenciações curriculares, por um lado, e* por outro, a constituição de turmas e o funcionamento de turmas cada vez mais heterogéneas (com os problemas relativos à adequação de práticas pedagógicas, ao desenvolvimento curricular e à avaliação num quadro de decisão relativo à progressão da generalidade dos alunos).

3.4.2. O problema da inclusão escolar

Foi face a estas problemáticas que, a nível colectivo, na EEE, se começou a fazer a *"antecipação* das consequências da acção (ou a correcção retrospectiva da acção face aos resultados obtidos) entendida como a expressão de um sentido estratégico, por via da reflexão institucional sobre os saberes procedimentais da experiência contextual-profissional" (Caria, 2002a). Esse sentido estratégico orientou, ao longo de toda a década, uma problematização que se focalizou, a partir de 95, e sobretudo de 97, nas dúvidas em relação à política de "escola inclusiva", bem como a discussão colectiva das funções atribuídas aos professores de apoio educativo num novo despacho (105/97) e das condições para a sua implementação, num quadro em que a administração central e regional ia diluindo a sua acção normativa. Acabou mesmo por levar membros do grupo que tinham assumido a coordenação da ECAE à ruptura com a DREL, tendo resultado daí a dissolução da equipa. Não pela falta de orientações, mas por a DREL não assumir a necessidade de reflexão institucional nas reuniões que promovia com os coordenadores das equipas.

No plano de actividades para 1998/99, formulavam, entre outros, o seguinte objectivo: "Ajudar os PAE a tomar consciência da necessidade de desenvolver estratégias identitárias e procurar desenvolver as competências (relacionais) e os conhecimentos (sobre o sistema educativo e a cultura e organização de cada estabelecimento escolar) necessários para prosseguir essas estratégias." Isto na sequência da seguinte constatação, contida igualmente do plano que anualmente tinha que ser enviado à DREL: "Os professores de apoio educativo das diversas escolas, ao reu-

---

[25] Sobre este conceito de "normalização", ver anexo III.2.

nirem quinzenalmente com a ECAE[26], funcionam espontaneamente como "grupos de circulação de informação" onde informações com diversas origens (escolas, DREL, DEB, instituições académicas, organizações e serviços ligados à problemática da educação) circulam, são reunidas e são objecto de reflexão e contextualização. Os PAE têm a expectativa de fruírem de uma instância própria para acesso e tratamento da informação, independente das escolas em que estão integrados. Esse é um traço da sua identidade, já constituída, de professores de educação especial, adquirido no contexto da organização em EEE. No nosso entender, esta expectativa e prática espontânea deve ser aproveitada e potenciada também num contexto organizativo em que estes professores estão integrados nos estabelecimentos de ensino; contribuindo para a construção de identidades de PAE em que estes professores assumem a sua especificidade no contexto de culturas de cooperação (e contribuam para o desenvolvimento dessas mesmas culturas).

A própria narrativa dialogada, de que aqui temos vindo a analisar alguns segmentos, pode ser considerada um momento da reflexão deste grupo de professores de EE, um contexto narrativo em que se desenvolveu a reflexividade institucional. Como já se disse, essa reflexão reproduz e prolonga de algum modo a reflexão que era feita na EEE e, para a realizar, os narradores recorreram mesmo a alguns documentos da equipa, entre os quais as actas das reuniões da EEE ao longo de sete anos.

A narrativa do processo de funcionamento e transformação da EEE é um encadeamento de acontecimentos de vários tipos, desde os relacionados com os "casos" aos que envolviam interacções entre os membros da equipa ou entre estes e contextos exteriores, e de referências cruzadas a discussões e reflexões sobre variadas problemáticas e contextos. A partir de certa altura, a narrativa desenvolveu-se, ora vendo, para uma dada problemática, qual o tipo de interacção entre membros da EEE que acompanhava a sua abordagem na equipa, desde quem a suscitava até como se chegava a conclusões; ora partindo das referências a *casos* e reflectindo sobre as problemáticas que suscitavam. As problemáticas dos *modelos de atendimento* e da *integração* são abordadas contando e reflectindo sobre alguns casos em épocas ou circunstâncias diferentes.

---

[26] ECAE, DREL e DEB, são respectivamente as siglas das seguintes instâncias da administração escolar : Equipa de Coordenação de Apoios Educativos, Direcção Regional de Educação e Departamento do Ensino Básico.

Com a discussão do princípio de *normalização* que está subjacente à ideia de *integração escolar*[27], os PEE fizeram incidir a sua reflexão sobre aspectos muito gerais do funcionamento da sociedade. E isto em função da planificação de medidas para *casos* concretos: o que pode ser importante para diferentes crianças com trissomia do cromossoma 21 (T21)? Transcreve-se aqui um excerto do diálogo narrativo em que são comparados casos de crianças com T 21 em relação às quais foram feitas opções diferentes quando atingiram os 13 ou 14 anos de idade. *Clara* ficou mais tempo na escola do 1º ciclo, enquanto aguardava a possibilidade de frequentar um curso profissionalizante numa CERCI, tendo actualmente uma actividade remunerada na área dos serviços. *Amélia* foi para uma escola básica com 2º e 3º ciclos.

Não nos podemos esquecer que a escola é um espaço social fundamental para estas idades – disse Teresa.

E nessa ordem de ideias, a aprendizagem da escrita é "normalizante" – fez notar José, professor do ensino secundário. É o que fazem os *outros miúdos na escola primária. È para isso que estão lá! E isto no entendimento deles e dos pais*. E sem escrita não há escola. Não faz sentido avançar num currículo que, por um lado, assenta no domínio da comunicação escrita, e por outro, é construído regressivamente a partir do currículo universitário, por "disciplinas".

Nós defendíamos – interveio Isabel– que os *miúdos* fossem para as E.B. 2.3. no pressuposto de que o 2º e 3º ciclos poderiam dar-lhes condições para eles poderem fazer uma socialização com *miúdos* da idade deles, e que poderiam continuar a fazer *currículos alternativos* a um nível mais elevado (com alguma progressão em termos de extensão de competências a outros contextos, e a outro nível em áreas como as de *expressões*). Isso nunca foi feito e por isso falhou. E se calhar hoje recuamos porque de facto não foi feito.

Mas achas que aquilo falhou? – perguntou Alda.

Não se pode dizer que falhou – respondeu José. Pergunto-me é o que é que aquilo acrescentou ao que a *miúda* fazia, ou em relação ao que foi feito no 1º ciclo. Não falhou, no sentido em que, do ponto de vista organizativo, até se conseguia a presença em aulas de várias *disciplinas*: continuaram a desenvolver um programa tipo escolar na disciplina de Português, tinham

---

[27] Para aquele diálogo narrativo foram carreadas por iniciativa de diversos narradores, passagens de um artigo de Sérgio Niza (1996) Trancrevem-se em anexo III.2. algumas delas.

apoio com um professor do 1º ciclo que estava lá destacado ao abrigo de outros programas que não tinham nada a ver com a educação especial. Havia ali a ficção de um desenvolvimento curricular de aprendizagens escolares que teriam passado do 1º para o 2º ciclo. Tentaram levar até onde podiam a ideia de fazer um desenvolvimento curricular no âmbito dessas disciplinas. Daí o *apoio* do tal professor na aprendizagem do Português. Claro que era um reforço de aprendizagens básicas do 1º ciclo, mas os programas do 2º ciclo são essencialmente aprofundamentos dos do 1º ciclo, e portanto não se dava muito pela diferença. Se bem me lembro, tentaram ensinar-lhe inglês. Era a ideia da "escola inclusiva" com a "orientação para o currículo". Tentaram o enquadramento num "currículo comum", embora "de modo parcial". Tentaram ir nesse sentido o mais possível. Portanto nesse aspecto não falhou. A meu ver, levaram tão longe quanto se pode levar hoje essa ideia em escolas deste tipo.

Falharam foi no resto: na parte social, nas autonomias – disse Isabel. Porém, não podemos comparar a *Clara* com a *Amélia*. Porque a *Clara*, se tivesse ido para a E.B.2.3. do Lourel, estou convencida, teria feito uma belíssima integração social. Porque ela estava bem na *primária*, porque por si só fazia boas integrações sociais. Ela viveu sempre em situações de boa integração. A escola do 1º ciclo aumentou-lhe essas competências sociais e se tivesse ido para a E.B.2.3. teria arranjado amigos de 12 ou 13 anos.

Com a discussão da ideia de "participação no currículo comum", os professores de EE foram levados a analisar o funcionamento da instituição escola na perspectiva do *currículo* e a compreender a tensão entre *flexibilidade curricular* e a "caução social das aprendizagens escolares". Com a assimilação, que está subjacente ao modelo de escola inclusiva, entre os factores bio-médicos e psico-médicos de exclusão social e outros também de exclusão, a reflexão deste grupo incidiu sobre as potencialidades socializadoras da escola, para uma vasta gama de populações, bem como sobre os limites e as consequências de políticas que utilizam essa potencialidade socializadora para tentar fazer face a problemas sociais que têm dinâmicas que ultrapassam a escola: políticas que ignoram ou procuram compensar evoluções sociais que vão em sentido contrário.

3.5. Reflexividade e campo social

3.5.1. Políticas e reflexividade

Em conclusão, podemos constatar que, mais do que a ideia de *normalização*, ou uma transformação nos princípios técnico-pedagógicos que serviam de base à concepção de programas educativos adequados a crianças com deficiências, foram as concepções e as políticas relativas à instituição escolar que mudaram e arrastaram a "novidade da escola inclusiva". Esta "novidade" levou, por um lado, estes educadores a procurar compreender melhor as transformações por que a escola estava a passar nos vinte anos da sua acção na EE. Levou-os, por outro lado, a questionar-se sobre se o ideário da "escola inclusiva" não deixaria sem resposta parte importante das necessidades educativas de muitas crianças com descapacidades graves ou mesmo moderadas. Tendo compreendido que a "inclusão" não era simplesmente uma radicalização ou aceleração do movimento de *integração*, interrogaram-se porque é que algumas pessoas com posições de destaque no subcampo da EE tinham apresentado a "escola inclusiva" como tal radicalização ou avanço. Foram levados, assim, a fazer incidir a sua atenção sobre a lógica de ganho e manutenção de posições num campo social – o subcampo da educação especial – mas também as relações desse subcampo com o campo da educação. Sem que, porém, as questões fossem formuladas nesses termos. A falta de acesso a estes conceitos terá mesmo retardado o esclarecimento destas questões.

Foi a radicalização do posicionamento crítico resultante do desenvolvimento da reflexividade que incidia sobre o campo (as políticas, os actores e os princípios que fundamentam legitimidades e geram recursos) que levou alguns destes professores a pressionarem os níveis organizacionais da administração regional que supervisionavam as EEE e as suas coordenações, para que fosse assumido nas reuniões – cada vez menos frequentes – o conflito de legitimidades agudizado, nomeadamente nas escolas, pela deriva e contradições das políticas relativas à educação especial e à educação na sua globalidade: desde o sentido e alcance da autonomia das escolas, ao combate à exclusão e ao insucesso escolar, à gestão curricular e concomitante avaliação (com acentuada flexibilização) mas ao mesmo tempo pretendendo garantir a caução social de aprendizagens curriculares – como o ministro Marçal Grilo insistia em lembrar em discursos e preâmbulos legislativos. Face ao insucesso quase total dessa tentativa de fazer assumir, àquele nível, contraposições que já eram patentes para muitos professores na EE e nas escolas – mas sobre as quais também era difícil fazer incidir a reflexão de órgãos de gestão das escolas, com os conselhos pedagógicos, mesmo quando essa reflexão era esboçada em conselhos de turma – estes professores demitiram-se da equipa de coordenação de apoios educativos (ECAE).

Na sequência disso, os que estavam mais ligados à EE, nomeadamente por terem cursos de especialização, parecem refugiar-se agora, à semelhança do que Dubet (2002) refere para outras profissões, no reforço das lógicas "relacional" e de "serviço" (no caso destes professores, sobretudo na dimensão técnica destas lógicas). Enquanto uma das professoras do 1º ciclo retomava o trabalho de "leccionar turmas" e o professor do ensino secundário, que é o autor deste capítulo, durante um ano em que "leccionou" Ciências da Natureza no 3º ciclo do Ensino Básico, procurou, no aprofundamento de abordagens sociológicas da educação e das profissões que fizera na preparação de uma dissertação de mestrado, o conhecimento de que sentia necessidade para reflectir sobre a experiência na EE, e convidou um grupo das suas colegas na EEE para, numa sequência de encontros mensais que prolongariam a dinâmica de reflexão na EEE ou nas reuniões dos PAE com a ECAE, refigurar narrativamente as suas experiências de mais de vinte anos na EE.

Não é possível ver no diálogo narrativo a que aqui nos fomos referindo, mas é conveniente acrescentar a constatação de que a consciência destas contradições não lhes permite instalarem-se tranquilamente na dimensão técnica da "relação" e do "serviço": mantendo continuamente sob escrutínio a dimensão dos sistemas e levando a sua insatisfação às reuniões promovidas pela ECAE que agora as enquadram – onde, no entanto, não parece haver sinais de desenvolvimento de uma reflexão institucional; ou fazendo dessas problemáticas tema de conversas entre colegas – mas a informalidade dessas conversas, assim como a ausência de uma linguagem suficientemente especializada, fazem com que seja duvidoso ver aí um desenvolvimento da reflexividade institucional.

Alguns professores de EE, por razões ligadas ao desenvolvimento da reflexão institucional, ou por outras dinâmicas do seu desenvolvimento pessoal e profissional, deslocaram-se para o subcampo da formação ou da investigação e, por essa via, acabaram por ter uma voz mais ligada à sua posição no campo académico. Podem desenvolver aí uma reflexão que lhes permita participar no conflito de legitimidades, mas essa reflexão dificilmente realiza uma síntese, entre os conceitos teóricos e as problemáticas que emergem dos contextos de trabalho dos profissionais de EE, como a que este grupo procurava.

3.5.2. Poder e cultura profissional

Complementando a nossa conclusão, compreendemos como os actores/sujeitos podem aceder à reflexividade institucional através de uma leitura estratégica dos possíveis, que tem em consideração contextos e campos progressivamente mais alargados; num esforço de emancipação da relação imediata com o social, favorecido por um jogo reflexivo em que os actores/sujeitos devolvem uns com os outros a representação social da acção de cada um, explicitando essas representações e objectivando-se mutuamente, o que lhes permite reflectir colectivamente sobre essas objectivações. A dinâmica dos campos sociais só é acessível a cada actor através de mediações que são de vários graus de generalidade e abstracção.

Mas esse processo de objectivação e de alargamento do foco de reflexão necessita de condições institucionais e é reversível a qualquer momento. No caso deste grupo, foi no âmbito de uma EEE, numa fase de agudização do conflito de legitimidades a todos os níveis, desde as práticas de relação pedagógica e de relação entre profissionais, até à formulação de políticas e de discursos sobre a educação, passando pela reorganização das escolas e da administração escolar, que a reflexão incidiu mais nitidamente sobre os contextos em que se formulam os princípios que geram categorias, regras e recursos. Mas a perda de autonomia técnica e uma maior subordinação hierárquica (com a eliminação das EEE e a colocação dos professores de EE na dupla dependência hierárquica dos órgãos de gestão das escolas e de equipas de coordenação mais integradas na cadeia hierárquica da administração governamental), assim como a dissolução de redes de relações (em boa parte resultantes de encontros em instâncias de socialização profissional, como eram os centros educativos especializados e os cursos de especialização num instituto de referência, mas também ligadas à organização sindical)[28], fez com que estes profissionais deixassem de dispor de uma instância organizacional onde essa reflexão fosse institucionalizada.

Com base na análise da narrativa deste grupo, que se pode generalizar, nos seus aspectos essenciais, a outras EEE em que teve um grande peso a "primeira geração" de professores e educadoras de EE (os que fizeram a sua socialização profissional na EE em centros educativos especializados e depois se especializaram no Instituto A.A.Costa Ferreira e foram membros de EEE (v. Filipe 2003b), podemos concluir que os vários tipos e níveis de reflexão desenvolvidos por estes profissionais lhes terão permitido uma "racionalização da cultura" que corresponde ao que Telmo Caria (2002a) designa por "forma emergente de cultura profissional". Mas vários factores, que aqui vamos destacar, podem ter con-

---

[28] Neste caso concretiza-se o que no capítulo 2 é referido como "relações sociais em rede".

tribuído para que não se tenha desenvolvido uma cultura profissional que correspondesse à acepção algo idealizada de uma "cultura profissional plena" a que Caria faz referência no Capítulo 2 deste livro[29].

O diálogo narrativo, de que aqui se apresentaram excertos, evidencia não só um "estilo critíco-pragmático de uso do conhecimento" (Caria, 2002a) caracterizado pelo desenvolvimento do "sentido estratégico", mas também um significativo desenvolvimento do "sentido interpretativo". Estão, assim, reunidas as duas vertentes que Caria (2002a) considera deverem articular-se na "racionalização da cultura profissional" e é-se levado, no quadro da teorização deste autor, a procurar uma explicação para as limitações do desenvolvimento da cultura profissional deste grupo profissional no relativamente escasso domínio sobre recursos, resultante de uma posição social intermédia e pouco estável na estrutura de poder.

A nossa atenção recai, então, sobre o que poderá ser uma contradição prática entre, por um lado, a hipótese de que seriam as "identificações profissionais definidas por trajectos profissionais (de formação) ligados a contextos" e as "identificações profissionais em que a legitimação experiencial está associada a trajectórias mistas" (como seria um caso predominante neste grupo de profissionais) a criar uma maior disponibilidade/ /necessidade para a "racionalização da cultura", formulada por Caria no Capítulo 2, e por outro lado, o pressuposto de que o desenvolvimento da reflexividade institucional (condição para uma racionalização da cultura que leve a uma "cultura profissional plena") está dependente do poder sobre regras e recursos (Caria 2002a). A história deste grupo de profissionais, tal como resulta da refiguração narrativa que fizeram, parece indicar que, para esse pleno desenvolvimento, não basta uma relativa autonomia para a definição da sua acção técnica, como a que existia nas EEE[30].

---

[29] Numa fase de desenvolvimento da sociedade capitalista caracterizada pela efemeridade dos contextos de trabalho profissional e dos contextos organizacionais em geral, em que parece difícil, se não impossível, a constituição de "culturas profissionais plenas", o conceito de racionalização da cultura, como processo, é mais relevante do que a idealização de uma cultura profissional plena. Assim a atenção dos investigadores incidiria mais sobre as condições para o desenvolvimento da reflexividade institucional, sobretudo as relacionadas com o uso do conhecimento abstracto, com a autonomia profissional relativa em contextos locais e com o poder nos campos sociais.

[30] Coloca-se uma questão de poder, não só definido como autonomia técnica e "poder sobre regras e recursos" em contextos locais de acção, mas, mais geralmente, de posição na estrutura social de poder num campo (ou mesmo num espaço social, mas essa dimensão não é aqui abordada), de que também dependerá a "voz" (num sentido próximo do que lhe dá Bernstein) no conflito de legitimidades.

Mostra também que o desenvolvimento da reflexividade institucional que leve a uma "racionalização da cultura" depende da duração e extensão (horizontal e vertical) de contextos institucionais onde ela ocorre; ou seja, da sua generalização e da abrangência de vários níveis de decisão[31].

O carácter efémero dos contextos em que a reflexividade se desenvolve e institucionaliza não permite a consolidação e generalização das práticas mais avançadas desta "forma emergente". Seria necessário mais tempo para que se desenvolvesse um subcampo de EE relativamente autónomo, em que a autonomia profissional, as relações associativas em rede e as relações organizacionais levassem ao desenvolvimento de uma reflexividade institucional, que passasse por uma procura de conhecimento adequado, e à aquisição de uma "voz" que lhes permitisse a participação em todos os níveis do conflito de legitimidades. A articulação deste subcampo com os subcampos académicos da formação e da investigação na área da EE e o campo da educação em geral, poderia passar pela academização (ou, no mínimo, pelo reconhecimento académico) do seu saber profissional em instituições em que os profissionais tivessem uma presença significativa, à semelhança do que se passou com as profissões liberais institucionalizadas, e que foi esboçado para os magistérios do Ensino Primário no início do século XX (Nóvoa, 1987)[32].

Também a dificuldade de acesso dos profissionais, em momentos cruciais, a conhecimento abstracto crítico na área das ciências sociais pode ser considerado como factor limitante da sua reflexividade. Será possível, sem o domínio, por exemplo, de teorizações sociológicas em torno dos conceitos de campo social e de campo de lutas, ou a discussão de teorias relativas à existência de um centro e uma periferia no campo da educação (como a teoria bernsteineana do campo de recontextualiza-

---

[31] O facto de, em Portugal, essa generalização e abrangência vertical serem insuficientes pode ser relacionado com a heterogeneidade estrutural do país, como se sugere no final do Capítulo 8, a propósito da gestão hospitalar. Mas para além desta afirmação genérica, filiada na tese desenvolvida por Santos (1990) da posição semi-periférica de Portugal, impõe-se o estudo mais aprofundado de campos sociais específicos com a identificação das posições dos actores, e o estudo da sua evolução, bem como das suas relações com outros campos. Estudo que só pode ser levado a cabo no âmbito de programas de investigação sistemática que abranjam muitos investigadores.

[32] Os cursos de especialização em EE, no Instituto A. A. da Costa Ferreira, correspondiam em certa medida a este modelo, mas a evolução geral do campo académico levou a uma ruptura da formação com as instâncias de explicitação do saber profissional.

ção pedagógica[33]) que um grupo profissional, como este, participe e ganhe voz no conflito de legitimidades que, como aqui se procurou mostrar, atravessa todos os níveis, desde os contextos em que se desenvolve a relação pedagógica, aos contextos em que se faz a gestão do sistema educativo e se formulam princípios (independentemente do sentido de eventuais determinações entre esses níveis)[34]? Mas a produção e disponibilização de conhecimento adequado (porque crítico e não porque funcional aos que detêm mais poder) e em tempo útil para os profissionais, depende da compreensão que os sociólogos desenvolvem da evolução dos grupos profissionais e dos campos sociais.

---

[33] Ter-se-ia que discutir nomeadamente a posição mais ou menos periférica dos professores no campo da educação, bem como a percepção que têm dessa posição, colocando hipóteses como esta, à qual conduz a consideração das dimensões da acção dos profissionais relacionais a que se referem Dubet e Couturier. Na dimensão relacional, os professores estariam no "centro" do campo da educação, mas, na dimensão dos sistemas, e nas dimensões de controle e mesmo de serviço, os professores estariam na "periferia".

[34] No desenvolvimento da reflexividade institucional, estes profissionais tiveram algum interesse por conhecimento abstracto também na área da sociologia, sobretudo relativo às culturas organizacionais, ao desenvolvimento profissional, aos papeis sociais, nomeadamente os papeis profissionais, e ao enquadramento sociológico de políticas educativas. Mas o acesso destes profissionais a conhecimento é o resultado de uma procura determinada predominantemente por uma dinâmica contextual. Esta parece não visar um nível de aprofundamento e um domínio de áreas disciplinares de referência (como continuam a ser principalmente a psicologia e a pedagogia) que permita falar numa intermedeação entre ciência e senso comum na prática profissional. Muito menos em relação à sociologia, à filosofia política nas suas relações com a ética e a antropologia filosófica, tal como as desenvolvem Boltansky ou Ricoeur, e que me parecem ser as áreas mais implicadas na problemática da relação destes profissionais com as famílias de crianças com descapacidades e com outros profissionais nas escolas e outras organizações onde se desenvolve a educação dessas crianças ou o seu acompanhamento bio-médico, psico-médico ou social. Convirá não ignorar que estas intermeações implicam em muitos casos a passagem (partilha) pela incerteza gerada não só pelos aspectos bio-psico-médicos das deficiências, mas sobretudo a incerteza gerada pelos próprios sistemas abstractos: a começar pelas repercussões de constantes mudanças de políticas nos campos da educação da saúde e do serviço social; sendo que muitas dessas mudanças só são compreensíveis pela explicitação do que está em causa nos conflitos de legitimidade que decorrem nesses campos.

ANEXOS

CAPÍTULO 3

Anexo III.1.

CEACF:	Centro de Apoio à Criança e à Família (do Ministério da Segurança Social)
CERCI:	Cooperativa para Educação e Reabilitação de Crianças Inadaptadas
DEB:	Departamento de Ensino Básico (no ME)
DEE:	Divisão de Educação Especial (no ME)
DL:	Decreto Lei
DREL:	Direcção Regional de Educação de Lisboa
EB 2.3:	Escola Básica com 2º e 3º ciclos do ensino básico
ECAE:	Equipa de Coordenação de Apoios Educativos
EE:	Educação Especial
EEE:	Equipa de Educação Especial
ESE:	Escola Superior de Educação
ME:	Ministério da Educação
PAE:	Professor(es) de Apoio Educativo (designação que também abrange as educadoras de infância a trabalhar na EE)
PEE:	Professor(es) de Educação Especial
PEI:	Plano(s) Educativo(s) Individual(s) (que enquadram as medidas educativas especiais para crianças e jovens "com necessidades educativas especiais")

Anexo III.2.

Normalização e Integração

Resumem-se aqui as referências que, num artigo publicado na revista Inovação em 1996, Sérgio Niza faz à formulação dos princípios de "normalização" e de "integração".

Segundo este autor, o movimento de normalização teve início no posicionamento de associações de pais, em 1940, na Dinamarca, contra as escolas segregadas, e a primeira legislação em apoio desse movimento data de 1959 com a legislação que incorpora "o conceito de normalização de Bank-Mikkelsen como 'a possibilidade de o deficiente mental desenvolver um tipo de vida tão normal quanto possível'".

Bengt Nirje, que influenciou a lei sueca de 1967, "define 'normalização' como o 'proporcionar às pessoas deficientes mentais o padrão e as condições de vida quotidiana tão próximos quanto possível das normas e padrões da sociedade em geral'". Estas são, no resumo feito por Niza, as oito dimensões para a normalização da vida das pessoas deficientes estabelecidas por Nirje, num artigo de 1969, sobre os serviços residenciais para pessoas com deficiência mental : "(1) um ritmo diário normal; (2) uma rotina normal de vida; (3) um ritmo normal do ano, com férias e dias de significado especial na família; (4) oportunidades de ter experiências de desenvolvimento normal no decurso da vida, (5) respeito e consideração pelas escolhas, espectativas e desejos das pessoas deficientes, (6) viver num mundo heterosexual, (8) aplicação de padrões económicos normais, (8) padrões normais de facilidades físicas, por exemplo no acesso a hospitais, à escola e a casa próprias ..."

Para Wolfensberger que, segundo Niza, publicou em 1972 "o primeiro trabalho de fundo sobre o princípio de normalização aplicável a qualquer pessoa com deficiência", a integração seria um corolário da normalização: "a integração é o oposto da segregação, consistindo o processo de integração nas práticas e nas medidas que maximizam (potencializam) a participação das pessoas em actividades comuns (mainstream) da sua cultura" (Wolfensberger, cit. em Niza, 1996).

Enquanto que a definição da NARC (National Association of Retarded Citizens, USA) define integração educativa de uma forma mais próxima do conceito de integração tal como era entendido em Portugal nos anos 80: "oferta de serviços educativos que se põem em prática mediante a disponibilidade de uma variedade de alternativas de ensino e de classes, que são adequadas ao plano educativo, para cada aluno, permitindo a máxima integração institucional, temporal e social entre alunos deficientes e não-deficientes durante a jornada escolar normal".

Niza refere também a distinção de quatro formas de integração, feita por Soder em 1981: física, funcional, social e societal ou comunitária.

"A integração apenas física implica a redução da distância, a coexistência num mesmo território escolar mas a separação das actividades educativas, podendo utilizar-se os mesmos espaços em momentos diferentes.

A integração funcional pressupõe a utilização simultânea dos mesmos espaços tais como recreios, refeitórios, sanitários, áreas desportivas e espaços polivalentes.

A integração social refere-se à inclusão de um ou mais alunos considerados diferentes numa turma regular. É para muitos a única forma de integração normalizante, e impõe a aceitação de formas variadas de cooperação para que sejam atingidos os objectivos comuns de educação de forma tal que a interacção no grupo permita a interiorização (assimilação) de padrões de aceitação mútua.

Soder considera ainda a integração na comunidade ou a integração societal a forma de garantir, para além da escolaridade e durante a juventude e a vida adulta das pessoas com deficiências, o acesso aos mesmos recursos e oportunidades de uma comunidade, participando, inclusivamente, na vida produtiva dessa comunidade."

CAPÍTULO 4

Os saberes profissionais-técnicos em associações e cooperativas agrárias

Fernando Pereira

Este capítulo resulta da entrevista com meia centena de técnicos das associações e cooperativas agrárias (ACA) da região agrária de Trás-os--Montes e Alto-Douro (Norte Interior de Portugal) e do acompanhamento do quotidiano profissional de três desses técnicos pelo período de cerca de quatro meses. Em Trás-os-Montes e Alto-Douro (TMAD), existem cerca de centena e meia de ACA e próximo das três centenas de técnicos. Os técnicos são indivíduos com formação superior, bacharéis ou licenciados, nas seguintes áreas técnico-científicas: agronomia, zootecnia (produção animal), florestal, gestão/economia agrária e enologia.

Norbert Elias critica os que partem do pressuposto de que os actores sociais actuam no vazio (ou em contextos artificialmente reconstituídos) e não em contextos próprios: "as pessoas insistem em falar como se existisse, de *per si*, um 'sujeito' de conhecimento, um 'ser humano sem mundo' ou um 'entendimento sem objecto' como unidade independente e, de outro lado, para além do abismo que os separa, como entidade igualmente independente, o mundo, que é normalmente ordenado sob as denominações de 'ambiente' ou 'objectos'" (Elias, 1997: 81). Nesta linha de pensamento, o estudo da acção do profissional em contexto de trabalho exige que o investigador aceda (observação e partilha) a intervenções profissionais concretas entre os técnicos e os agricultores. O acesso (observação e partilha) de momentos de reflexão entre técnicos e, pela maioria das razões, a entrevista formal ou informal, embora úteis, são insuficientes.

Assim, depois de uma breve revisão da literatura sobre o conceito ou conceitos de conhecimento, apresentamos seis episódios da interacção profissional entre os técnicos superiores das ACA e os agricultores. A partir destes episódios identificamos um conjunto (não exaustivo) de saberes profissionais e, a partir destes, chegamos aos sentidos do uso do conhecimento e a um modelo explicativo da recontextualização do conhecimento em contexto de trabalho. Terminamos, realçando o modo como os saberes profissionais se integram no sistema de partilha de conhecimento e informação agrária, que assiste os agricultores de TMAD na sua actividade quotidiana.

4.1. O(s) conceito(s) de conhecimento

Os conceitos de conhecimento, de saber e de informação colocam várias dificuldades de definição e classificação. Sallis e Jones (2002) e Sun (2002) sugerem a distinção entre conhecimento explícito e conhecimento implícito, a qual emana do knowlegde managment (gestão do conhecimento) nas organizações.

O conhecimento explícito surge também sob a designação de declarativo (Anderson, 1983, citado por Sun, 2002), processamento conceptual (Smolensky, 1998, citado por Sun, 2002) e pensamento analítico (Dreyfus and Dreyfus, 1987, citado por Sun 2002). Corresponde ao conceito de conhecimento abstracto, ou conhecimento-informação, definido por Caria, (2002b: 806) como: "discursos escritos de origem científico/ideológica, científico/técnica e filosófico/ideológica em cuja organização formal podemos reconhecer preocupações de generalidade, de especialização temática ou problemática, coerência interna, sistematicidade e validade no desenvolvimento dos argumentos avançados, quer escritos quer orais". Por sua vez, o conhecimento implícito é considerado sinónimo de processual (Anderson, 1983, citado por Sun, 2002), processamento sub-conceptual (Smolensky, 1998, citado por Sun, 2002) e pensamento intuitivo (Dreyfus and Dreyfus, 1987, citado por Sun 2002), e, ainda, por conhecimento informal ou tácito (Sallis e Jones, 2002). Por conhecimento implícito, entendemos o conhecimento "endógeno" ou "local" das práticas dos agricultores (constitutivas dos sistemas de agricultura – farming systems), o conhecimento organizacional (rotinas, conhecimento dos estatutos, papéis e normas e respectivas margens de tolerância de desvio, relações de poder, etc.) e, ainda, o senso comum sobre os fenómenos gerais da natureza e da sociedade.

Charlot (2000: 61), na esteira de Monteil (1985), Dubet (1994) e Schlanger (1978), em alternativa à classificação do conhecimento de acordo com as suas qualidades intrínsecas, sugere que o conhecimento depende da relação particular que os sujeitos desenvolvem com o mesmo: "(...) a ideia de saber implica a ideia de sujeito, de actividade do sujeito, de relação do sujeito com ele mesmo (deve desfazer-se do dogmatismo subjectivo), de relação desse sujeito com os outros (que co-constroem, controlam, validam, partilham esse saber". Até certo ponto esta posição é partilhada por Shön (1983: 49): "o nosso conhecimento é ordinariamente tácito, implícito nos nossos padrões de acção e no nosso sentido para aquilo com que estamos a lidar; parece correcto dizer-se que o nosso conhecimento está na nossa acção". Esta abordagem ao uso do conhecimento como uma relação de saber, uma relação social, adequa-se bem ao nosso objecto de estudo.

4.2. A recontextualização do conhecimento em contexto de trabalho

O estudo da recontextualização do conhecimento em contexto de trabalho encontra-se insuficientemente tratado. As Ciências da Educação fornecem reflexões teóricas aprofundadas, mas rareiam os estudos centrados no uso e recontextualização do conhecimento na prática profissional. Tão pouco se encontram disponíveis bons instrumentos metodológicos para o estudo desta problemática por esta perspectiva. Poder-se-á dizer, isso sim, que é uma problemática invocada em áreas diversas da comunidade científica, técnica e empresarial, mas quase sempre em jeito de constatação da sua ausência ou da sua inadequação face às necessidades do real. No campo agrário, embora se trate de uma questão antiga e central da extensão rural (educação de adultos, mais genericamente), a carência deste tipo de estudos é ainda mais evidente.

Em Portugal, Caria (2000, 2002a, 2003a), a partir do estudo dos professores, desenvolveu um quadro teórico do uso do conhecimento abstracto em contexto profissional, propondo uma tipologia dos estilos de uso do conhecimento, os quais são atribuídos e designados em função do recurso aos sub-saberes interpretativos-justificativos, sub-saberes técnicos-estratégicos e sentido contextual. Caria (2003a:12), define sub-saberes interpretativos-justificativos como aqueles que se exprimem através de enunciados verbais explícitos, capazes de interpretar e/ou explicar situações-problema a partir do conhecimento de regularidades (estatísticas, estruturais ou sistémicas) e de dar legitimidade à actividade de um grupo profissional particular, qualificando-o e distinguindo-o dos enunciados verbais expressos pelos não profissionais; por sua vez, continua este autor, os sub-saberes técnico-estratégicos são os que se exprimem na acção profissional e que permitem opções variadas no uso dos recursos, isto é, permitem identificar caminhos alternativos por referência a valores e, portanto, a competências específicas para manipular objectos, tecnologias e processos de carácter geral. Por último, o autor não avança uma definição de sentido contextual, mas, baseado nas contribuições sobre as (des)continuidades e coexistências da mente cultural e da mente racional-positiva de Goody (1987; 1988) e de Iturra (1990a: 1990b), admite a recontextualização do conhecimento-informação (conhecimento abstracto) na mente cultural.

Admitindo a recontextualização, aquele autor adopta a linha de Charlot (2000) e passa a usar a designação de sentido em vez de sub-saber. Finalmente, sugere que o sentido interpretativo está relacionado com o conhecimento-qualificação (ambos se referem a enunciados verbais que explicitam legitimidades sociais) e o sentido estratégico está relacionado com o conhecimento-competência (referem-se os dois a "habilidades intelectuais para inserir ideias abstractas na acção (Caria, 2003a: 13).

Tendo como referência este quadro conceptual, redefinimos os objectivos do nosso estudo e quisemos verificar, para o grupo profissional dos técnicos das ACA, a presença ou ausência daqueles dois primeiros sentidos do uso do conhecimento e a presença ou ausência e inerente definição de sentido contextual do uso do conhecimento. Todavia, inspirados nas abordagens de extensão rural que valorizam o conhecimento do agricultor (Chambers e outros, 1989; Shaner e outros, 1982; Engel e Roling, 1991), impusemos de início uma diferença substancial na formulação do problema, concedendo ao conhecimento implícito a mesma importância que ao conhecimento abstracto. Assim, em vez de recontextualização do conhecimento abstracto, falamos, simplesmente, em recontextualização do conhecimento.

4.2.1. Episódios da intervenção profissional dos técnicos das ACA

Apresentamos de seguida seis episódios observados e/ou partilhados com alguns técnicos das ACA, a partir dos quais procuramos explicitar o processo de recontextualização do conhecimento abstracto e do conhecimento implícito em conhecimento-saber (saberes profissionais). Nestes episódios são protagonistas três técnicos de uma ACA com distintas funções nas ACA e com distinta experiência profissional. A Lídia e Lucinda, duas técnicas experientes que desenvolvem o seu trabalho lidando essencialmente com os trâmites burocrático-legais que enquadram a actividade agrária. Puga, um técnico de campo, com largos anos de experiência profissional com os produtores de bovinos de uma raça autóctone e Ruivo que desenvolve as mesmas tarefas de Puga mas é mais inexperiente.[1]

Episódio 1 – *"Latinha dos Biscoitos"*

Leonardo, vestindo fato de domingo e aparentando uns 50 anos de idade, dirige-se ao balcão de atendimento de um Centro de Gestão. Apesar da simpatia e amabilidade (voz, gesto, linguagem) de Lucinda, a técnica que logo o atendeu, Leonardo mostrava-se claramente constrangido, rodando sem parar o chapéu com ambas as mãos. Depois das saudações, quando Lucinda lhe solicita os papéis, Leonardo coloca em cima do balcão uma caixinha de biscoitos de cor branca com motivos florais policromáticos e dela retira a documentação solicitada pela técnica. Momentos depois, esta estende-lhe em formulário oficial cujo título era "Pedido de Ajuda". Este episódio, que teve a duração de cerca de dez minutos, permitiu ao investigador identificar um conjunto de símbolos (linguísticos, gestuais, físicos) trocados entre ambos e os "actores" omnipresentes (a "fragilidade" tocante Leonardo com a sua caixinha "patética" e a mensagem político-institucional, oculta mas profundamente castigadora – "pedido de ajuda", do formulário).

Episódio 2 – *"A Boneca e os Brincos"*

Dirigi-me com Puga à aldeia de Fonte da Nora à exploração do Teodoro para lhe brincarmos a Boneca (colocar as marcas auriculares de identificação), uma vaca que o criador dizia ser muito meiguinha, que havia perdido os brincos de identificação. A operação de brincagem teve lugar na loja onde o animal se encontrava, em local improvisado e claramente inadequado para o efeito. Este facto mereceu desde logo a crítica do técnico (que parecia já antecipar problemas), mas acabou por prevalecer, porque a alternativa de conduzir o animal ao tronco, situado no outro extremo da aldeia, também envolvia riscos.

Dada a forma precária como estava imobilizado, apenas preso pela cabeça e mesmo assim com alguma folga, o animal espreitava pela porta entreaberta, saía inesperadamente, tentava libertar-se da corda pela qual o Teodoro a segurava, dava umas quantas voltas e encontrões, "esmoucava--se" contra a parede, voltava para o interior da loja, e começava tudo de

---

[1] Para uma descrição e análise mais profunda da identidade pessoal e profissional destes técnicos e de outros técnicos de ACA, pode consultar-se Pereira (2004).

novo... Tive de ajudar, ficando a segurar na corda (substituindo o Teodoro mas à cautela dando dois metros de corda à cabeça do animal), enquanto o Teodoro entrou por uma janela situada nas traseiras da loja e semifechou a porta entalando o pescoço do animal. Esta ideia, já se vê, partiu do Teodoro... Puga esteve quase a desistir de efectuar a brincagem nesse dia e nessas condições mas cedeu, perante a insistência convicta do Teodoro. Com a cabeça do animal entalada e relativamente fixa, Puga aproximou-se encostado à parede e consegui colocar o primeiro brinco; de igual forma colocou o segundo e depois já não consegui colocar o terceiro e último brinco.

Episódio 3 – *"O Cordeiro e o Ruela"*

Mesma aldeia, mesmo dia, mas já quase ao lusco-fusco. Ia-mos "a brincar" o Cordeiro do Ruela depois de visitarmos mais duas aldeias. O Cordeiro é um novilho de dois anos, magnífico, que é o orgulho do Ruela. Tinha sido aprovado para o livro de adultos e só faltava colocar-lhe os brincos de identificação respectivos. O Ruela estava eufórico. Conversou longamente connosco à porta da loja onde estavam os animais e já sonhava com os prémios do Cordeiro no próximo concurso nacional da raça M. Puga também acreditava nisso e logo o incentivou a concorrer. Ficava cada vez mais escuro e fomos "despachados" pela esposa do Ruela, que queria o trabalho aviado. Lá fomos. O Cordeiro deixou-se conduzir docilmente desde a loja até ao tronco (cerca de trezentos metros), deixou-se prender ao tronco sem dificuldade ao som confiante e orgulhoso do seu proprietário: *Ehhhh! Cordeiro bonito chega aqui, isso, bonito (...)*. Depois de preso, quando o técnico se aproximou (de lado) para lhe colocar o primeiro brinco, ainda sem o tocar, tudo mudou: o Cordeiro bufou duas vezes, enfureceu-se, libertou o corpo do interior do tronco ficando apenas preso pela cabeça e iniciou meia hora de movimentos violentos para se libertar. Valeu a coragem e a mestria do Ruela, que durante todo esse tempo foi conseguindo acalmar o animal. A esposa do Ruela, o Puga e eu, a mando do Ruela, retiramo-nos para local próximo mas mais seguro. Acudiram alguns vizinhos, mas também logo compreenderam que o melhor era deixar o Ruela e o Cordeiro a sós.

Episódio 4 - *"Cinco Sacos"*

Lídia recebeu Pedro Verdeal, da aldeia de Lanhelos, que veio à sede, a Malheiros, para formalizar o pedido às medidas agro-ambientais. A recepção teve lugar numa zona da sede preparada para o efeito, na qual se

encontra uma mesa redonda de grandes dimensões onde está colocado um PC com ligação à Internet. Lídia sentou-se ao computador e Pedro Verdeal sentou-se bem perto. Lídia entrou no *site* do Ministério da Agricultura e fez o *download* dos formulários respectivos. Pedro Verdeal observava em silêncio, junto a si, encostado à perna, repousava um saco de plástico azul-cobalto de grandes dimensões atado por um fio também de cor azul (reciclado dos fardos de palha).
Lídia — *Então vem fazer o subsídio das terras, não é assim?*
Pedro Verdeal — *Sim, tem que ser não é, é agora ora é?*
Lídia — *O senhor trouxe os papéis todos? Então demo-los cá!*
Pedro Verdeal desatou o laço do fio azul e tirou de dentro do saco azul-cobalto uma saca de merenda ao xadrez verde e acastanhado, já com o fecho avariado; de dentro desta saiu um saco plástico de supermercado, ao qual foi preciso desatar as asas; deste saiu uma pasta de napa preta, gasta pelo uso; finalmente, desta pasta saiu uma resma de papel com não menos do que trezentas folhas, um bocado mal amanhadas. Como que adivinhando que não era tudo Lídia perguntou:
Lídia — *É tudo?*
Pedro Verdeal voltou a olhar para dentro da pasta de napa preta já gasta pelo uso e de lá tirou uma bolsa mais pequena, também de napa preta, mas ainda mais gasta pelo uso, correu o fecho, que funcionava, e de lá saíram mais umas quantas folhas A4 dobradas ao meio, dizendo:
Pedro Verdeal — *É papelada demais e depois a gente não os quer queimar.*
Lídia — *Pois, há que guardar tudo.*
Lídia inspeccionou pacientemente os papéis separando-os por montinhos, ocupando o vasto espaço da mesa; depois iniciou o preenchimento do formulário identificando o criador e procedendo à actualização do P1 com as culturas semeadas este ano. O P1 é uma ficha identificativa de todas as parcelas da exploração do agricultor, na qual constam entre outras informações o número de matriz, o nome e a área das parcelas. Lídia perguntava para cada parcela o que é que estava lá semeado, por sua vez Pedro Verdeal respondia, algumas vezes com dificuldade para associar o nome da parcela à própria parcela e também o que lá tinha semeado e/ou plantado. O processo de preenchimento do formulário teve de ser interrompido, pois faltavam as confirmações de algumas candidaturas relativas às culturas arvenses que Pedro Verdeal, supostamente, deveria ter ido levantar à Zona Agrária. Lídia jamais manifestou o mais leve descontentamento com as dificuldades que iam surgindo. Pedro Verdeal ia sorrindo de forma tão ingénua quanto envergonhada, olhando o tecto da sala sempre que se referia a "Eles", Eles políticos, Eles os da Zona Agrária, Eles...
No final, Pedro Verdeal despediu-se de Lídia e de mim "avisando-me" de que isto dos papéis era uma complicação; avisando-me a mim que estava ali apreender como é que as coisas do associativismo e do cooperativismo

funcionavam no terreno (foi assim que inicialmente foi esclarecida à minha presença). Depois das despedidas e do criador ter saído, Lídia perguntou-me: *Viu os sacos? Eles têm um medo aos papéis que os guardam como se fossem meninos!*

Episódio 5 - *"Tirar as Medidas"*

A associação dos criadores de bovinos autóctones tem em curso programa de melhoramento genético da raça que obriga à pesagem dos vitelos à nascença. A pesagem é feita de forma indirecta medindo-se o diâmetro do peito dos vitelos com uma fita métrica de costureiro, estimando-se, posteriormente, o peso respectivo por regressão linear. Numa dessas ocasiões, em que Ruivo, depois de identificar e brincar o vitelo, se aprestava para lhe medir o peito, o proprietário do animal, apanhado de surpresa, exclamou:
Matilde - *Bô... agora também lhe querem fazer um casaco é, ora é?*
Ruivo – *É, é agora para o frio.*
Gargalhadas. A partir daí Ruivo começou a usar esta piada quando precisava de medir os vitelos: *Ora vamos-lhe a fazer um casaquinho que é agora para o frio...*

Episódio 6 - *"40 vacas em liberdade 40"*

Parque Natural do Montesinho, lugar do Canastro, a 1100 metros de altitude. Puga precisava de ir visitar a exploração do Salvador, criador de "Tcharoleses", que decidiu experimentar criar 40 vacas autóctones que adquiriu, a bom preço, a uma exploração do Alentejo que faliu.
Puga não conhecia ainda Salvador, estabeleceu como objectivos, para além de identificar e aprovar os animais, ganhar a confiança de Salvador (que com 40 vacas passa a ser dos maiores criadores da raça) e entusiasmá-lo quanto ao acerto da sua opção. Era importante fazê-lo associado e levá-lo a adoptar uma série de requisitos técnico-produtivos (manga de maneio e balança) ajustados à dimensão do seu efectivo. Paralelamente, havia ainda a novidade do sistema de produção adoptado pelo criador ser do tipo extensivo, em que os animais (adultos) andam em liberdade total numa área de muitos quilómetros quadrados, pelas serranias do Montesinho. Salvador também tinha expectativas muito concretas quanto ao encontro, queria "apreciar" a qualidade do serviço prestado pela associação ("Os de Malheiros") e queria deixar a identificação dos animais resolvida de vez ("tudo legal"). Cedo, no longo dia de trabalho (levar ao tronco, identificar e tratar (nalguns casos) cerca de 40 vacas habituadas à liberdade), se levantou o problema de duas vacas terem chegado do Alentejo sem qualquer

brinco de identificação, com a agravante de "sobrarem" nove passaportes de identificação, isto é, não havia possibilidade de fazer corresponder o passaporte às duas vacas. Havia duas possibilidades de resolver o problema, que eram: "escolher" dois passaportes entre os nove sobrantes e atribui-los às duas vacas (situação mais simples mas irregular); ou, proceder à identificação do animal desde o início do processo burocrático, através do denominado "registo especial" (o que viria ser feito, apesar de ser mais demorado e complexo).
Durante todo o primeiro dia de trabalho os dois interlocutores, por "entre" as tarefas técnicas que iam sendo executadas por si e por mais três elementos, desenvolviam um "protocolo" à parte que tinha como fim fazer com que os objectivos estabelecidos por ambos fossem atendidos pelo outro. Dezenas de vezes pudemos ouvir constantes "lembranças" sobre o assunto, umas mais explícitas do que outras. No dia seguinte Salvador fez-se associado e também nesse dia as duas vacas foram identificadas pela segunda via. Vivia-se um clima de grande satisfação entre todos os intervenientes e estavam reunidas as condições para uma relação profissional de confiança entre o agora associado e o técnico da sua nova associação.
Na viagem de volta do segundo dia, que acabou cedo por sinal, Puga confidenciou-nos que Salvador tinha gostado muito forma como o trabalho tinha decorrido, "Os de Malheiros" tinham merecido a sua aprovação. Aproveitámos a oportunidade para questionar Puga sobre o seu desempenho no dia anterior, não o desempenho das tarefas práticas, mas sobre o tal "protocolo" à parte que ambos tinham levado a cabo. Acrescentámos que tínhamos ouvido a Puga comentários constantes como: *"isto está a correr muito bem..."*; *"as vacas estão mesmos boas de carnes e o pêlo parece azeite..."*; *"tem aqui boas vacas..."*; *"O toiro é que é fracote, se não o tira, daqui a um ou dois anos estraga-lhe a vacada..."*; *"tem de compor a manga de maneio e comprar a balança..."*. Por seu turno, Salvador repetia constantemente: *"Está bem, está bem, mas tem de me identificar as duas vacas"*; *"Então tem de me arranjar um toiro bom que eu vou por ele..."*. Puga ficou admirado com o que lhe dissemos. Anuiu que tinha memória de ter dito, e ouvido, tais coisas, mas diz não ter consciência da insistência e acuidade das mesmas. Anuiu que "ensaiou" a apresentação dos seus objectivos, que reflectiu sobre isso antecipadamente mas que depois o fez de forma inconsciente. Confessou-se surpreendido, relacionou isso com a sua experiência e gosto pelo trabalho de extensionista: *"Já várias pessoas me disseram que eu nasci para isto..."* e deixou o seguinte comentário: *"E eu a pensar que você andava entretido a enxotar as vacas para a manga e afinal estava atento a ouvir tudo. (...) mas era isso que queria não era?"*.
Da vacada do Montesinho fazia parte a *Cova da Lua*, vaca já conhecida de Puga, famosa pela sua agressividade, pois havia mandado o seu antigo

proprietário para o hospital – um polícia! (Puga dizia isto como que a realçar o atrevimento do animal). Era uma vaca de elevado valor produtivo e Salvador decidiu adquiri-la apesar do seu comportamento agressivo. A da Cova da Lua entrou para o parque de maneio juntamente com os restantes animais, porém, como se trata de um animal adquirido na aldeia vizinha (com o mesmo nome) encontrava-se perfeitamente identificada e não era necessário proceder a nenhuma intervenção. Sendo assim, a sua presença só complicava as coisas e representava um acréscimo de risco desnecessário e, por isso, desde o início que ficou decidida a sua expulsão para fora do parque, algo que foi sendo adiado, mediante o protesto da mulher do salvador, do vizinho que estava a ajudar e do próprio Puga. Salvador ia dizendo que sim mas ia adiando. À medida que os animais iam sendo identificados e colocados fora do parque de maneio a *Cova da Lua* tornava-se mais agressiva, criando alguns problemas. A determinada altura Puga ordenou (é este o termo) a sua expulsão do parque, o que foi feito de seguida.

4.2.2. Saberes profissionais

Entre os técnicos das ACA encontramos razões para diferenciar os seus saberes profissionais em saberes profissionais explícitos e saberes profissionais implícitos. De seguida procedemos à apresentação de alguns deles ilustrando-as com passagens dos episódios (momentos de reflexividade interactiva entre os técnicos e os agricultores) que observamos e, em muitos casos, tomamos parte.

a) Saberes profissionais explícitos

Os saberes profissionais explícitos são aqueles que os técnicos das ACA mobilizam para desempenharem as suas funções técnicas, administrativas e de gestão. Estas funções, próprias do seu estatuto, e reconhecidas como tal pelos próprios e pelos outros, corporizam as actividades oficialmente reconhecidas às ACA. Correspondem, essencialmente, à aplicação de conhecimento-informação de natureza científica e tecnológica adquirido por via da formação superior agrária e da formação profissional. A estes conteúdos juntam-se as vivências práticas que "refinam" a intervenção dos técnicos e que são tanto mais importantes quanto maiores são as insuficiências da componente prática do ensino superior agrário em Portugal (principal crítica apontada pelos técnicos à qualidade da sua formação académica). Vejamos três exemplos de natureza distinta.

Saber conceber e elaborar projectos e subsídios

Nestes saberes o técnico mobiliza e manipula conteúdos de conhecimento-informação de natureza: técnica-agronómica, para determinar e adequar os parâmetros técnico-produtivos; económico-financeira, para determinar e adequar os indicadores de viabilidade do investimento; político-institucional, para adequar o projecto aos parâmetros de elegibilidade dos programas de ajuda ao financiamento. Por exemplo, pode sempre aumentar o índice de produtividade de um rebanho de cabras em uma décima ou até duas, desde que se justifique isso muito bem na memória descritiva do projecto (dizia-nos o técnico: «É um jovem agricultor com formação, tem pastagens de muito boa qualidade, irrigada, blá, blá, blá...»). Este saber exige ainda sensibilidade, um cuidado, da parte do técnico para adequar o projecto ao promotor do mesmo, ponderando factores como: a idade, situação familiar, habilitações académicas e profissionais, desempenho empresarial, capacidade financeira e de endividamento. Este cuidado é bem traduzido pela seguinte expressão: «(...) se fizesse o projecto como ele queria estava a pôr-lhe uma corda ao pescoço!».

Para além disso, pelo menos tão importantes quanto a elaboração do documento técnico, a concepção do projecto pressupõe a realização de outras acções complexas, tais como: avaliação de terrenos e outros recursos, obtenção e organização dos documentos oficiais, acompanhamento da tramitação do processo pelos corredores institucionais até, pelo menos, à decisão de aprovação. É comum o técnico acompanhar estes procedimentos fazendo o necessário ("truques") para assegurar a fluidez da tramitação burocrática, acção que beneficia do conhecimento do contexto, particularmente das particularidades dos actores individuais e institucionais envolvidos e das relações entre eles.

Saber manusear bovinos adultos

O maneio de animais adultos (bovinos) envolve riscos de vária ordem para pessoas e animais. Verificámos que o técnico, antes de executar as práticas de maneio, tem a preocupação de: observar o animal e as condições circundantes; procurar ao criador o nome do animal e alguma informação sobre o comportamento do mesmo (é normal, quando um animal tem comportamento agressivo, o criador avisar logo o técnico desse facto); interiorizar a informação assim obtida através de um breve momento de recolha do técnico, durante o qual se parece abstrair do meio envolvente ao mesmo tempo que "encadeia" mentalmente os procedimentos que irá executar de seguida. Este procedimento configura o que Blumer (1982: 41) designa de auto-interacção, a partir da qual o indivíduo elabora a sua linha de acção, percebendo o que deseja e o que lhe exigem, fixa metas, avalia as possibilidades que a situação encerra. Desta forma o técnico beneficia do conhecimento do criador (experiência acumulada sobre o comportamento animal e conhecimento específico do comportamento do animal em causa) e como que "justifica" a observação das regras de segurança necessárias à salvaguarda da integridade física dos operadores e à reunião das condições facilitadoras da intervenção técnica. Há mobilização de conhecimento-informação sobre comportamento animal (procedimentos aprendidos pela formação académica e/ou profissional) e há mobilização de conhecimento implícito dos agricultores sobre o comportamento animal em geral e do comportamento do animal que está a ser alvo da intervenção.

Cada técnico tem uma experiência que forma um corpo de conhecimentos sobre o comportamento animal e a importância das regras de segurança, que permite a melhoria progressiva do desempenho profissional (aprender com os erros). São exemplo disso: a forma cautelosa como Puga se aproximava da vaca "Boneca" que se encontrava precariamente presa à parede do estábulo (v. episódio "A Boneca e os Brincos", designadamente observar a estampa 1), e na forma firme como ordenou a expulsão da vaca "Cova da Lua" (v. episódio "40 Vacas em Liberdade 40"). Porém, no quotidiano profissional também acontecem situações que levam à alteração de procedimentos e valores: no caso da "Boneca", Puga acedeu à pretensão de brincar o animal à porta do estábulo em vez do tronco da aldeia, a operação correu mal e, já em privado, Puga confidenciou-me o seu arrependimento, pois, disse, quando as normas de segurança não são correctamente observadas, para além do risco, fica o mau exemplo que se deve evitar sempre. Por fim, deve-se realçar a sensibilidade de Puga às debilidades de Teodoro, um homem bastante idoso, que "atura" sozinho 20 vacas, a quem custa pedir esforços suplementares como seria o de levar o animal ao tronco da aldeia.

Saber classificar animais segundo os padrões da raça

Quando os animais se destinam a reprodutores carecem de ser inscritos no Livro de Adultos do Livro Genealógico (LG) da raça. Esta operação ocorre por volta do ano e meio de idade, sendo submetidos a uma classificação morfológica por contraste com o denominado padrão da raça. A classificação é atribuída "a olho", subjectiva portanto, o que obriga o classificador a possuir um conhecimento específico para realizar a tarefa da forma mais justa possível. Esta tarefa é da responsabilidade do Secretário Técnico do LG (Médico Veterinário ou Engenheiro Zootécnico, devidamente reconhecido e designado pela Direcção Geral de Veterinária), o qual, porém, em determinadas circunstâncias, pode delegar a tarefa. O que é preciso então para atingir este estatuto que, no caso, é assim uma espécie de "graduação" numa hipotética carreira de técnico superior de uma entidade responsável por um LG?

No caso de Puga, o processo de graduação foi consolidado ao longo de cerca de quatro anos: por via académica (dois estágios curriculares sobre conformação de carcaças de bovinos da raça com que trabalha); e por via da experiência, através de uma relação mestre e discípulo com o próprio Secretário Técnico e através da observação das classificações dadas por júris de concursos pecuários. A parte final do processo de aprendizagem consta da avaliação da performance classificatória do discípulo, em que este dá a sua classificação a qual depois é confrontada (e discutida) com a do mestre. Quando a diferença é menosprezável, o processo completa-se. Puga estima que um indivíduo com formação de base e com sensibilidade pode começar a classificar animais ao fim de meio ano de treino. O restante tempo, sempre que esteja disponível, é dedicado a ganhar confiança e acumular algo que podemos designar como "termos de comparação". A acumulação destes termos é essencial para aferir "a olho" as características do animal, como por exemplo: é relativamente simples apreciar se a linha dorso-lombar de um animal é (como deve ser) rectilínea, porém, já é muito mais complicado saber se a distância dos ossos do ilíaco é grande, média ou pequena, porque não há medida de comparação directa e é influenciada por outras características do animal. Esta sensibilidade, esta capacidade de "objectivar" o subjectivo, que carece de um prolongado e diversificado período de aprendizagem, é a qualidade essencial do classificador.

Este saber revela uma génese mista, diríamos sinérgica, tal a forma alternada como Puga aprendeu a classificar animais, em parte pela via académica (conhecimento-informação) e em parte pela experiência (conhecimento implícito, maioritariamente). Por outro lado, este exemplo revela também o saber afirmar o estatuto e o papel do técnico (saber que abordaremos mais adiante), dado que a acção exige um certo distanciamento do técnico em relação ao proprietário do animal e às suas opiniões e interesses.

b) *Saberes profissionais implícitos*

Por seu turno, os saberes profissionais implícitos facilitam, ou em alguns casos tornam possível, a expressão dos saberes anteriores e o desempenho das funções inerentes. São adquiridos na acção quotidiana, embora a formação superior agrária (conteúdos pedagógicos específicos das disciplinas de extensão rural e de sociologia ou sociologia rural, por exemplo) e a socialização primária em ambiente rural e/ou agrário também possam contribuir. No geral, os técnicos não se referem (discursivamente) a estes saberes como saberes, embora não seja raro ouvirem-se frases como: "É preciso saber falar com os associados; Temos de saber ouvi-los para eles nos ouvirem também; Às vezes temos de saber manter o nosso papel de técnicos". Vejamos alguns exemplos.

Saber comunicar eficazmente

A importância da comunicação eficaz entre os técnicos e os seus interlocutores é uma questão chave da educação de adultos e do desenvolvimento. No caso concreto dos técnicos das ACA, devemos realçar a sua intensidade e seus efeitos multiplicadores.

O elemento mais marcante consiste na velocidade de conversação muito elevada e na grande mistura de assuntos falados em simultâneo, dando a impressão que o tempo urge (e urge de facto) e que a ânsia de falar por parte dos agricultores é enorme. O diálogo é frequentemente entrecruzado por momentos de gracejos e de risos, pairando um ambiente de alegria. O registo oral alinha pelo do agricultor. O técnico usa sempre os significantes locais em uso e, quando recorre a termos técnico-científicos, o que por vezes acontece, não se esquece de os fazer acompanhar dos significantes locais respectivos. Uma mesma ideia pode ser repetida duas, três, e mais vezes. Este facto, por um lado, parece ajudar a controlar a ansiedade dos agricultores face à estranheza dos sistemas abstractos e, por outro lado, sossega os técnicos sobre a certeza de terem sido bem compreendidos.

A aprendizagem dos vocábulos, das expressões, do ritmo, dos gestos, etc. (significantes locais), assim como o seu exacto contexto e indexalidade (significado), enfim comunicar eficazmente, obriga o técnico a "passar" por uma experiência profissional que estimamos não inferior a dois anos. A socialização primária no mesmo ambiente sociocultural, ou em ambiente análogo, facilita obviamente esta aprendizagem. O contributo da formação académica e/ou formação profissional dar-se-á, se, e quando, desperta a atenção dos técnicos para a importância da comunicação e proporciona aprendizagens relativas ao distanciamento e relativização das culturas (sob a forma de conhecimento-informação). Este contributo é aliás reconhecido quando os técnicos "confessam" que os ensinamentos das disciplinas como a sociologia, a sociologia rural e a extensão rural, se revelam de grande utilidade na prática profissional.

A eficácia comunicacional é um dos princípios orientadores da relação dos técnicos com os actores das ACA e destina-se a assegurar que estes fiquem devidamente esclarecidos e cientes das implicações dos actos e decisões abordadas com os técnicos. A preocupação com a eficácia comunicacional é comum aos vários técnicos que acompanhamos. Talvez isto se deva ao facto de Ruivo e Puga partilharem uma identidade colectiva, dado que são ambos naturais da região em que trabalham e técnicos da mesma organização. Por seu turno, Lídia, embora não sendo natural de TMAD, tem uma experiência profissional superior a quatro anos. Lídia confessou-nos (mas muitos outros técnicos o fizeram durante as entrevistas) que ao início sentia grande dificuldade em entender a linguagem dos agricultores, porém, ao fim de algum tempo, não inferior a dois anos, como se disse, esse problema estava ultrapassado. Isto quer dizer que, no caso daqueles que têm de "aprender" a linguagem local, o fazem de forma gradual.

Os episódios "Cinco Sacos", "Tirar as Medidas" e "40 Vacas em Liberdade 40" são paradigmáticos da importância da comunicação na relação técnico-agricultor. Esta habilita o técnico a tomar melhores decisões sobre a forma de alcançar objectivos de âmbito técnico-produtivo ou de atitude (sentido associativo e cooperativo, interiorização de direitos e deveres, por exemplo) imediatos e de mais longo prazo.

Saber conciliar dois "mundos" distantes

Este saber pode assumir diferentes formas e aplica-se nas mais diversas situações. É um saber construído com base na habilidade comunicacional e no cuidado com que os técnicos ponderam as capacidades e limitações dos seus interlocutores. Este saber permite aos técnicos ultrapassar (às vezes suportar) as dificuldades e falhas (hesitações, imprecisões, enganos, esquecimentos, etc.) dos agricultores.

Este saber é bem ilustrado pelos episódios "A Latinha de Biscoitos" e "Cinco Sacos". No primeiro destacamos o contraste da linguagem usada por Lucinda (simples, meiga, compreensível) e a linguagem do documento oficial (imperativa, austera, autoritária). A atitude da Lucinda, assumida a ausência de paternalismos, é capacitadora, a segunda, bem pelo contrário, é descapacitadora. No segundo episódio, Lídia desenvolveu o seu trabalho entre o pós-moderno (a tramitação de assuntos via Internet) e o pré-moderno (os sacos dos documentos de Pedro Verdeal); num mesmo lanço de olhar, pudemos ver o monitor do computador expondo os formulários e os cinco sacos de onde haviam saído os papéis que simbolizavam a singeleza de Verdeal. Repare-se, nomeadamente, como Lídia sancionou positivamente a atitude de Verdeal ("Pois, há que guardar tudo") quando este disse: "É papelada demais e depois a gente não os quer queimar".

Naturalmente, é evidente nestes episódios a importância concedida à componente relacional e de cuidado com as particularidades dos agricultores, facto que permite a "escolha" da forma mais eficaz de lidar com fragilidades afectivas e cognitivas dos mesmos. Relativamente a este saber, não encontrámos diferenças entre os técnicos que acompanhámos, o que pode significar que é intrínseca a uma postura pessoal (de cidadão) e profissional já consolidada, a que não deve ser estranho, o próprio processo de socialização primária e o processo de socialização secundária resultante da preparação académica dos técnicos e, claro a amizade e o respeito pelos agricultores.

Saber afirmar o estatuto e o papel social/organizacional do técnico

Este saber consiste na capacidade do técnico fazer valer, num processo negocial interpessoal com os agricultores, o seu estatuto e papel de técnico salvaguardando desta forma os objectivos e compromissos sociais e organizacionais que interpreta.

Este saber é muito evidente no episódio das "40 Vacas em Liberdade 40", no qual, Puga resistiu até ao fim a identificar as duas vacas sem brinco pela via mais simples, mas ferida de legalidade. Ao não pactuar com ilegalidades, ainda que ligeiras, salvaguarda a sua posição face a eventuais futuras situações de ilegalidade e, desta forma, abre caminho à consecução eficaz dos seus objectivos profissionais e organizacionais, nas palavras do próprio: "(...) assim não poderão dizer que alinhamos com situações de legalidade duvidosa e, além disso, de hoje para amanhã, se houvesse problema, a responsabilidade vinha sobre mim; tanto mais que o homem estava sempre a dizer que queria tudo legal, se queria, então teve". Em contraste, Ruivo, outro técnico que acompanhamos, mais inexperiente (imagem que produz para si e imagem que os outros produzem dele: "Oh! coitado esse pouco mais sabe do que nós...", quando confrontado com situações análogas, como, por exemplo, aquando da cobrança de quotas de associados em atraso, em caso de dificuldade, invocava sempre as normas da Associação (e em alguns casos aconselhava as pessoas a tratarem pessoalmente a questão na sede da Associação), o que parecia indicar uma certa partilha de responsabilidades. Isto leva-nos a pensar que a experiência profissional é indispensável à aquisição deste saber. Isto não invalida que a legitimação que advém da formação académica jogue a favor do técnico e que o mesmo pode beneficiar do conhecimento da forma de pensar, de sentir e de agir dos agricultores que, eventualmente, lhe advém de uma socialização primária "partilhada" com os mesmos.

A forma sábia, equilibrada e consistente como Puga geriu a interacção face a face com Salvador, garantindo a observação das normas, a execução completa de todo o trabalho previsto, levou a que fossem alcançados e os objectivos dos dois interlocutores, isto é, Salvador ficou satisfeito com o trabalho e tornou-se associado, tal como Puga pretendia.

Saber envolver o interlocutor na intervenção técnica

O envolvimento é subsequente às saudações e serve para reavivar ou, se for o primeiro encontro, ajudar a estabelecer a confiança entre os interlocutores. Quando se trata de reencontros é frequente a conversa iniciar-se pela invocação de episódios partilhados em encontros anteriores, por exemplo: «Então, senhor Francisco, não lhe voltou a morrer mais nenhum vitelo como no mês passado?» É nesta fase que, muitas vezes, o técnico ouve os desabafos (devidos a questões político-institucionais, ao infortúnio, à penosidade do trabalho, à doença, à velhice, à solidão, por exemplo) alimentando a conversa, dando conselhos e palavras de alento e/ou incentivo, ao mesmo tempo que executa as tarefas previstas. Neste processo o técnico "aproveita" para fazer o reconhecimento da situação, ponderando factores como: o estado de espírito dos agricultores, a idade e faculdades psicomotoras dos mesmos e as condições (ou condicionantes) técnicas em que irá decorrer a intervenção, condições de segurança e de estabulação, sobretudo (corresponde ao diagnóstico descrito no saber manusear animais adultos). Este saber foi muito visível nos episódios "O Cordeiro" e "A Boneca e os Brincos".

Todos os técnicos que observámos desencadeiam este processo de envolvimento, embora, como é natural, os mais experientes, e/ou os que são mais da confiança dos agricultores, o façam de forma mais fácil e dele tirem mais proveito. Todavia, também beneficia dos ensinamentos específicos mobilizados a partir da formação académica e/ou profissional.

Saber executar, ouvir e aconselhar em simultâneo

Este saber consiste no facto do técnico ser capaz de executar procedimentos práticos (saberes explícitos, como por exemplo brincar um animal) e, simultaneamente, manter a conversação atenta com os agricultores e ainda aconselhá-los do ponto de vista técnico. Encontrámo-lo de forma mais vincada no episódio "40 Vacas em Liberdade 40".

A importância da simultaneidade advém do ritmo muito acelerado das visitas dos técnicos às explorações e do volume de trabalho que têm de executar em cada uma. A execução das funções em separado, tal como é feita pelos técnicos menos experientes ou habituados, é mais demorada, obrigando o técnico a ficar mais tempo em cada exploração ou, em alternativa, a dispor de menos tempo para a conversar e/ou aconselhar os agricultores. Uma alternativa e outra acontecem e são ambas indesejáveis do ponto de vista das necessidades dos agricultores e, por consequência, da utilidade das ACA.

Este saber é totalmente inacessível por entrevista e só a detectámos porque tivemos a oportunidade de acompanhar e observar dois técnicos, Puga e Ruivo, que no desempenho de acções similares, evidenciam grandes diferenças relativamente a esta capacidade.

Puga executa, conversa, aconselha, tudo ao mesmo tempo e a grande ritmo. No episódio das "40 Vacas em Liberdade 40", enquanto ia executando as tarefas, Puga emitia constantes mensagens de incentivo sobre: a boa condição corporal dos animais, que sancionava positivamente a decisão (até aí não tida como certa) de criar aquela raça de vacas em regime extensivo em pastagens tão peculiares (e diferentes das do solar da raça) como as das serranias do Montesinho, aliás o próprio agricultor experimentava também algum alívio e satisfação dizendo que: "O monte cria-as bem", desmentindo a voz corrente (entre os seus pares) de que estes animais não medravam bem na serra; o facto de o trabalho de identificação dos animais estar a correr bem o que, por um lado, permitia pensar que o sistema de produção livre não inviabilizava a execução de práticas de maneio que exigem a contenção dos animais e, por outro lado, demonstrava a eficácia "Dos de Malheiros" e sua disponibilidade para as acções futuras; as mensagens de aconselhamento sobre a necessidade de melhorar a manga de maneio improvisada, da aquisição de uma balança para controlar o crescimento dos vitelos e a substituição do macho reprodutor por outro melhor. Estas mensagens seguiam-se sempre ao tal pedido do criador para identificar as duas vacas sem brinco e tinham como finalidade clara melhorar os parâmetros técnico-produtivos da exploração, isto é, tinham também uma projecção no futuro.

A simultaneidade potencia a eficácia do trabalho pois, por exemplo, um criador de vacas perceberá melhor a necessidade de instalar uma manga de maneio para a condução dos animais no momento em que ela está a fazer falta (leia-se quando tem de correr atrás, ou às vezes à frente, das vacas). Por outro lado a simultaneidade revela que os procedimentos (as palavras, os gestos técnicos, a postura do corpo, etc.) e a sequência de procedimentos estão altamente interiorizados. Este saber parece configurar um caso de acção prática sem consciência, regulada pelo *habitus*, e que é a forma implícita e menos formalizada dos *saberes prático-contextuais* (Caria, 2003a:19), inspirado no modelo de desenvolvimento/ /aprendizagem do conhecimento de Sun (2002).

Todavia, a prática sem consciência não significa que não haja reflexão anterior e/ou posterior à acção. Poder-se-á perguntar, quanto anteriormente e quanto posteriormente à acção tem lugar a reflexão? Há uma passagem deste episódio que nos dá pistas sobre esta questão. De facto, no início do primeiro dia, o agricultor fez saber a Puga de que queria identificar as duas vacas que ainda não estavam identificadas para, segundo as suas palavras, ter tudo legal para a candidatura ao subsídio das raças autóctones. Puga jamais perdeu o sentido daquelas palavras e optou pela via de identificação mais complexa mas legal porque, justificou: "Ele [agricultor] queria tudo legal... Pois, se queria teve, não podia dar maus exemplos". Mais, dado que nos dias anteriores, em reunião da Associação (à qual assistimos), em face de irregularidade verificadas, tinha sido lembrado aos técnicos a necessidade de respeitar escrupulosamente as rotinas de trabalho regulamentadas, perguntamos a Puga se isso tinha pesado na sua decisão. Puga pensou durante algum tempo, parecendo relembrar o processo de tomada de decisão, e deixou escapar um enigmático: "É capaz de ter pesado sim, mas não pensei nisso na altura".

Isto tudo leva-nos a levantar a hipótese de que o ouvir do saber "executar, ouvir e aconselhar simultaneamente" não se trata apenas de ouvir as pretensões, solicitações e "desabafos" do criador, mas também da incorporação dessas "mensagens" na atitude e comportamento profissional a tomar. Isto pode querer dizer que a prática sem consciência, o habitus ou a ritualidade, pode ser entrecortada a qualquer momento, e/ou, que essa prática sem consciência inclui a capacidade de estar atento a mensagens que podem ser relevantes para a acção (conceito de consciência prática em Giddens, 1989).

Por seu turno, em contraste, Ruivo, menos experiente, menos conhecido dos agricultores (e talvez também por isso mais reservado), concentra-se nos procedimentos práticos que executa, alienando-se, aparentemente, do que os seus interlocutores dizem. Nos "intervalos" dos procedimentos práticos, ou então antes ou depois do trabalho realizado, conversa e/ou aconselha. É a diferença entre um profissional experimentado, um oficial do seu ofício e um aprendiz do mesmo.

4.3. Uso do conhecimento

Os saberes descritos resultam da articulação dos sentidos de uso do conhecimento: técnico-estratégico, interpretativo-justificativo e contextual (Quadro 4.1).

Quadro 4.1. Saberes profissionais e respectivos sentidos do uso do conhecimento

Saberes profissionais	Sentidos do uso do conhecimento			
	técnico-estratégico	interpretativo-justificativo	contextual-relacional	contextual-prudencial
Saberes profissionais explícitos:				
Conceber e elaborar projectos de investimento e subsídios.	X			X
Manusear em condições de segurança bovinos adultos.	X	X		X
Classificar animais segundo os padrões da raça.	X	X		
Saberes profissionais implícitos:				
Comunicar de forma eficaz com os agricultores.	X		X	X
Conciliar dois "mundos" distantes, sistemas abstractos versus agricultor.	X		X	X
Afirmar o estatuto e papel social e papel organizacional de técnico.	X	X	X	X
Envolver o interlocutor na intervenção técnica.	X		X	X
Executar, ouvir e aconselhar, em simultâneo.	X	X	X	X

Como comentário geral, mesmo considerando que mantivemos uma certa parcimónia, pudemos identificar os diferentes tipos de sentido do uso do conhecimento em muitos dos saberes descritos. Aprofundemos a reflexão analisando individualmente os sentidos referidos e ilustrando-os, contudo, sem preocupações de exaustividade.

Relativamente ao sentido técnico-estratégico, é notável a presença deste sentido do uso do conhecimento em todos os saberes (explícitos e implícitos) exibidos pelos técnicos das ACA. Admitimos que este facto possa estar relacionado com dois fenómenos de natureza distinta. Por um lado, dada a proximidade (familiar e geográfica) da maioria dos técnicos das ACA à actividade agrária (v. Pereira, 2004). Por outro lado, porque, tal como dissemos de início, embora seja verdade que este sentido do uso do conhecimento se baseia em larga medida no conhecimento-informação, também beneficia do conhecimento implícito, mobilizado quer pelos técnicos, quer pelos agricultores. Por exemplo, no caso do saber manusear em segurança bovinos e no saber envolver o interlocutor na intervenção técnica (Episódios: "O Cordeiro e o Ruela" e "A Boneca e os Brincos") Puga evitou danos físicos, mais ou menos sérios, porque se soube precaver das reacções dos animais, aproximando-se destes de forma cautelosa, atenta e de lado (fora do campo de visão dos animais) como aprendeu durante a sua formação académica e experiência prática de muitos anos, como aliás o próprio reconheceu.

Passando ao sentido interpretativo-justificativo a sua menor expressão nos saberes observados aos técnicos das ACA, deve-se, pensamos, ao facto de não serem habitualmente invocados, pelo menos de forma explícita, na interacção dos técnicos com os actores individuais e institucionais das ACA. Todavia, relacionado com o saber classificar animais segundo os padrões da raça, encontramos um exemplo paradigmático de sentido interpretativo-justificativo, corporizado na forma como um técnico, a partir de um modelo do INRA (Institut National de la Recherche Agronomique – França), desenvolveu um novo modelo de classificação morfológica de bovinos mais completo e adequado à classificação dos bovinos da raça com que trabalha, do que o modelo oficial previsto para o efeito (v. Pereira, 2004).

Este, e outros exemplos, significam que o sentido interpretativo--justificativo surge com alguma facilidade em contextos de interacção reflexiva com o investigador, em situações de formação académica e/ou profissional e em momentos de discussão com os pares, quer em encontros formais quer em encontros informais (por exemplo às refeições). Isso é muito visível na forma como os técnicos das ACA interpretam e racionalizam as principais situações-problema que enfrentam no seu quotidiano profissional e nas consequentes reconceptualizações a que procedem (v. Pereira, 2004).

Finalmente, no que concerne ao sentido contextual, tínhamos, relembre-se, o compromisso de o tentar definir e encontrar evidências empíricas da sua existência entre os técnicos das ACA. Quanto à sua definição diríamos que ele consiste no grau de consciência e tomada em consideração das circunstâncias das situações concretas das acções (ou interacções) profissionais. Como fomos deixando transparecer, os saberes profissionais descritos reflectem uma dimensão comunicacional ou relacional, que podemos denominar de sentido contextual-relacional e uma dimensão de consideração, de cuidado, com as particularidades técnico-produtivas, socioeconómicas e afectivas dos interlocutores (agricultores, sobretudo) que podemos designar de sentido contextual-prudencial.

O sentido contextual-relacional deriva do trabalho técnico intelectual dos técnicos das ACA se basear na interacção pessoal intensa entre o técnico e os actores individuais (agricultores, sobretudo) e institucionais. Por isso, este sentido tem algo de técnico, dado que a formação académica e profissional do técnico ajuda a melhorar a comunicabilidade e o sentido de relativização das culturas. E, também, tem algo de estratégico, porque o técnico sabe que a mudança de atitude dos agricultores em aspectos chave da actividade das ACA (como por exemplo, a participação empenhada na vida associativa e a adopção de práticas técnico-produtivas) depende, em larga medida, da correcta e profunda compreensão dos fenómenos que enquadram a sua actividade agrária, alguns dos quais fazendo uso de linguagens e conceitos abstractos, portanto estranhos a esses agricultores.

O sentido contextual-prudencial advém da consciencialização e assunção por parte dos técnicos de que os agricultores têm particularidades técnico-produtivas, socioeconómicas, e afectivas muito diferentes. Isto obriga a opções técnico-produtivas (decisões técnicas) cujos critérios ultrapassam a racionalidade técnica e económica, incorporando também racionalidades de âmbito socioeconómico e afectivo. Emana de uma "leitura" cuidada do contexto e de uma racionalidade de atendimento e de acção, sustentada numa relação de confiança-fé. Visa, por um lado, assegurar que o agricultor não incorra em falhas que lhe possam causar prejuízos (falhar prazos, dar dados errados, etc.) e, por outro, muito lentamente, ir fazendo com que interiorizem o contexto político-institucional e de mercado que enquadra a sua actividade e se consciencialize dos seus direitos e deveres. Cuida-se do agricultor como um ser humano em todas as suas dimensões e não apenas das questões técnico-produtivas. Em termos substanciais, o sentido contextual emana em larga medida do conhecimento implícito, tal como anteriormente definido e, muito particularmente, do saber "endógeno" (ou "local") dos agricultores e do saber organizacional relativo à dinâmica das ACA.

Naturalmente estas duas dimensões do sentido contextual, a relacional e a prudencial, encontram-se intimamente ligadas, e podem até ser facilmente confundidas, no entanto, são diferentes na sua substância e nos seus efeitos. Um exemplo para melhor compreensão, extraído do episódio "A Boneca e os Brincos". Teodoro é um homem idoso, com a esposa doente, que trata das suas vinte vacas sozinho, factos que são reconhecidos e considerados por Puga (sentido contextual-prudencial). Por isso, quando fala com Teodoro, Puga fá-lo de uma forma "doce", calma e calmante, em jeito de conselho amigo, sincero, apelando, habilmente, ao orgulho profissional de agricultor, dizendo que o melhor era ele se desfazer de algumas vacas, de modo a que pudesse trazê-las mais bem tratadas ("mimosas", é o termo), merecendo desta forma a admiração dos seus pares em vez das críticas e da troça (contextual-relacional).

Por último, realce para o facto de ambas as dimensões do sentido contextual se encontrarem sempre presentes nos saberes profissionais implícitos. Interpretamos este facto como uma expressão eloquente da importância da posse destes saberes para a consecução eficaz das actividades das ACA, sobretudo das que decorrem em interacção pessoal entre técnicos e agricultores. Adiante veremos que é exactamente nisto que reside uma das chaves do sucesso desta forma de apoiar o agricultor.

Em face do exposto, concebemos o esquema seguinte de uso do conhecimento pelos técnicos das ACA (Figura 4.1).

Como sugere o esquema, da articulação dos diversos sentidos do trabalho técnico-intelectual resulta o conhecimento-saber ou os saberes profissionais dos técnicos superiores das ACA. As setas em ambos os sentidos sugerem o efeito de feedback e a forma circular sugere a dinâmica do processo.

O conhecimento-saber expressa um sentido prático da acção, uma aquisição e exibição de rotinas de trabalho e de rituais. Deriva, em larga medida, da "refinação" do sentido técnico-estratégico pela prática continuada (experiência profissional). É "enformado" pelo sentido contextual--relacional e contextual-prudencial e, ainda, pelo sentido interpretativo-

-justificativo. Este, quando não é simultâneo à acção, tem lugar na reflexão antes e/ou após a acção, como tivemos a oportunidade de explicar. O conhecimento-saber, na prática, corporiza-se nos saberes profissionais, implícitos e explícitos, que descrevemos anteriormente.

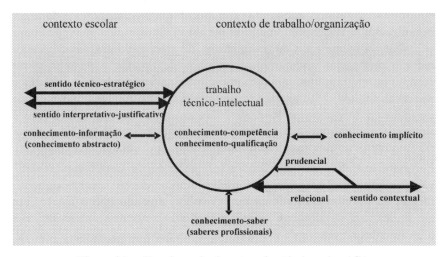

Figura 4.1 – Uso do conhecimento pelos técnicos das ACA

Mas o que é em termos mais concretos a recontextualização do conhecimento? A recontextualização do conhecimento abstracto e implícito tem lugar na interacção entre os técnicos e os actores das ACA (agricultores, sobretudo). Nesta interacção ambos os interlocutores mobilizam e partilham conhecimentos próprios, como transparece de alguns episódios referidos. A interacção é, na verdade, um momento de partilha de conhecimento em que os interlocutores estabelecem entre si uma relação de saber. A interacção é, por outro lado, um momento de produção de conhecimento-saber (definida em acordo com Charlot, 2000), que beneficia de algumas das qualidades próprias do conhecimento abstracto e outras próprias do conhecimento implícito, mas cuja principal qualidade é a de ser útil e adequado às circunstâncias do contexto de interacção.

A recontextualização do conhecimento abstracto e do conhecimento implícito resulta na transformação de conhecimento disciplinar em interdisciplinar (ponderação dos coeficientes técnico-produtivos dos projectos de investimento, por exemplo), na ponderação de racionalidades e valores (não dar exemplos de ilegalidades, por exemplo), na adopção de uma simbologia e linguagem próprias (usar a ideia de fazer um casaquinho para justificar a medição do peito dos vitelos, por exemplo), na representação de diferentes papéis sociais que extravasam a intervenção técnica (conselho que o Puga deu a Teodoro no sentido da diminuição do número de vacas, por exemplo). A recontextualização é motivada, entre outras razões, pela distância abissal entre o mundo do trabalho dos agricultores e o mundo político-institucional e técnico-científico em que as políticas agrárias são definidas. A intermediação entre estes dois mundos que possibilita a gradual adaptação dos agricultores às condicionantes de natureza político--institucional, técnico-científica, e/ou de mercado, é, em grande medida, proporcionada pelos técnicos das ACA. Estes, na concepção de Giddens (1992), constituem pontos de acesso dos leigos aos sistemas abstractos. Por fim, a recontextualização traduz-se em saberes profissionais que têm uma expressão cognitiva, técnica e sócio-afectiva, que revela um sentido crítico sobre o uso dos recursos intelectuais e as condições de aplicação dos mesmos que facilita a emancipação dos actores das ACA.

Podemos designar o conhecimento-saber dos técnicos das ACA, ou os seus saberes profissionais, como conhecimento pericial. Porém, salvaguardando, que ao contrário do que é usual reconhecer-se ao conhecimento pericial (predomínio do sentido técnico-estratégico), neste tipo de conhecimento pericial o sentido contextual-relacional e contextual-prudencial são igualmente importantes. Por isso, este conhecimento pericial também pode ser denominado de conhecimento emancipatório, porque ajuda a promover as capacidades técnicas, intelectuais e sócio-afectivas e associativas/cooperativas dos agricultores das ACA.

4.4. O uso do conhecimento no desenvolvimento agrário de TMAD

Resta, por fim, reflectir sobre o contributo do uso do conhecimento pelos técnicos das ACA para o desenvolvimento agrário de TMAD. Tendo como referência a síntese realizada por Cristóvão (1994) sobre os sistemas e modelos de extensão rural, podemos situar o sistema que estudámos nas abordagens de Investigação & Desenvolvimento de Sistema Agrários, uma vez que: encara o agricultor (utente) como uma pessoa activa e participativa; coloca a ênfase no local e na interdisciplinaridade; demonstra responsabilidade social; e, por fim, repudia a acção do técnico como um momento de transmissão de conhecimento-informação do mais instruído (o técnico) para o menos instruído (o agricultor), como preconizam os modelos convencionais de educação e de extensão.

Assim, podemos considerar que estamos em presença de um sistema de produção e partilha de conhecimento e informação agrária (AKIS - Agricultural Knowledge and Information System, na sua designação anglo-saxónica) definido como: um conjunto das pessoas, redes e instituições e as suas interfaces e ligações, envolvidas na utilização sinérgica do conhecimento e informação (mobilização, transformação, integração, difusão e armazenamento) visando incrementar a sua aplicabilidade a um domínio específico da actividade humana (Roling, 1988; citado por Engel e Roling, 1991: 10); esse domínio, neste caso, é o desenvolvimento agrário de uma determinada região.

O conhecimento e a informação que fluí entre os diferentes actores do sistema têm três naturezas distintas: legal-burocrática, técnico-produtiva e social. Os dois primeiros, legal-burocrático e técnico-produtivo, são o resultado do complexo quadro legal que regula a actividade agrária dos países da UE: normas de produção, sistema de ajudas, obrigações ambientais e sanitárias, sistema fiscal, e ainda ajudas ao investimento para modernização dos sistemas de produção e qualificação dos agricultores. O fluxo de conhecimento e de informação de natureza social deve-se a que as necessidades de muitos agricultores de TMAD ultrapassam a natureza técnica-produtiva e legal-burocrática. Muitos são idosos, iletrados, descrentes nas suas capacidades e subjugados a políticas que desconhecem de todo e, por isso, receiam. Um técnico é um amigo e é apenas quando atinge este grau de cumplicidade que encontra as condições necessárias para trabalhar com este tipo de pessoas de forma eficaz. Por isso, jamais se pode furtar a dar um conselho, a partilhar a responsabilidade de uma decisão, a ouvir um desabafo ou receio, a solidarizar-se no infortúnio, a participar nas festas e nas alegrias (activação do sentido contextual-relacional e do sentido contextual-prudencial). É por esta razão que os agricultores confiam mais nos técnicos (nas pessoas) de que nas instituições. Mais uma vez, estamos perante um problema há muito identificado pelas abordagens da extensão rural mais atentas às questões do desenvolvimento humano.

Os factores críticos de sucesso do sistema que estudámos são (Cristóvão e Pereira, 2003): (1) o elevado sentido técnico-estratégico e sentido contextual conferem pertinência à intervenção quotidiana dos técnicos. Há uma evidente proximidade entre técnico e agricultor; (2) o suporte financeiro dos programas europeus de financiamento da agricultura, canalizados, directa ou indirectamente, para as ACA, tais como o apoio à criação e desenvolvimento de ACA, incluindo a aquisição de recursos humanos, equipamentos e materiais, subvenções à produção, financiamento de programas de formação profissional, financiamentos às explorações; e (3) a contribuição das instituições públicas de ensino superior agrário (Universidade de Trás-os-Montes e Alto-Douro e Escola Superior Agrária de Bragança), como as principais fontes de conhecimento abstracto, proporcionando formação inicial, formação profissional, programas de investigação e de desenvolvimento.

Deste modo, julgamos poder dizer que TMAD tem um sistema de produção e partilha de conhecimento e informação ao agricultor, um sistema de extensão rural (se assim quisermos chamar), mais eficaz do que já alguma vez teve anteriormente. Este sistema vai acompanhando a actividade dos agricultores, libertando-os dos fardos pesados da burocracia, partilhando com eles o processo de produção de conhecimento indispensável ao evoluir dos sistemas de produção agrária (designadamente o escoamento da produção de muitos agricultores que de outra forma estariam excluídos de qualquer lugar no mercado, assim como a luta pela preservação e valorização da qualidade dos produtos da agricultura) e assistindo-os no seu processo de desenvolvimento humano.

Todavia há uma reserva importante a fazer, sobretudo na perspectiva, plausível, de que a evolução natural da actividade agrária exigirá sempre mais e mais dos seus actores. Tendo por referência as qualidades dos sistemas, verificámos que o fluxo de conhecimento e informação no sistema não decorre pela acção sinérgica de todos os actores que o constituem, mas sim pela acção isolada dos técnicos das ACA. São estes que "criam" as necessidades de procura e de oferta de conhecimento e informação. Era importante que os agricultores elevassem o seu grau de envolvimento e de exigência, assim como era importante que os actores institucionais se esforçassem por compreender melhor as vicissitudes da aplicação prática das políticas que financiam e fiscalizam, colocando a ênfase nos resultados (o desenvolvimento agrário e a melhoria das condições de vida dos agricultores) e não no processo administrativo (o cumprimento estrito, por vezes cego, dos ditames burocráticos). Por este motivo, tal como sugere Norbert Elias (citado por Corcuff, 2001), talvez seja mais adequado falar em configuração, ou figuração, do que em sistema, dada a fragilidade dos objectivos e estratégias comuns entre os actores. Assim, talvez fosse mais correcto falar em configuração de produção e partilha de conhecimento e informação agrária em TMAD.

CAPÍTULO 5

O trabalho e o saber dos profissionais-técnicos de educação de adultos em contexto associativos

Armando Loureiro

O presente capítulo procura, de forma breve e ainda parcial, retractar a actividade de um novo conjunto de actores envolvidos na educação: os técnicos responsáveis pela actividade de educação e formação de adultos realizada nas associações de desenvolvimento local. Mais concretamente, pretende-se: dar a conhecer de que é feita e como é feita a sua prática, como se caracteriza o seu contexto de trabalho; como nesse contexto de trabalho e no quotidiano dessa prática é recontextualizado o conhecimento e ainda de que formas tal contexto é educativo para estes actores.

As considerações que aqui se apresentam resultam de um trabalho de investigação etnográfica realizado num centro de educação e formação de uma associação de desenvolvimento local, situada na zona norte (Minho) de Portugal, no qual são desenvolvidas várias actividades de educação e formação de adultos. Tais considerações são, portanto, fruto do acompanhamento do quotidiano dos técnicos desse centro, acompanhamento que foi realizado durante cerca de seis meses (entre Setembro de 2003 e Fevereiro de 2004). Desta forma, as conclusões tiradas são válidas para aquele contexto de trabalho, embora se pense que, em vários aspectos, elas poderiam ser também ilustrações do que ocorre em contextos similares. A escolha destes técnicos e desta associação resultou de um processo longo de selecção que partiu de um recenseamento de todas as associações existentes nos distritos da zona geográfica acima indicada (norte de Portugal), da posterior realização de entrevistas junto dos representantes das associações com actividades de educação e formação de adultos, e finalmente da escolha definitiva do caso mais significativo a estudar em profundidade.

A ordem pela qual se apresentam as partes deste capítulo corresponde à ordem pela qual, acima, foram enunciados os seus objectivos.

5.1. O contexto de trabalho

5.1.1. Os técnicos

Antes de se apresentar a actividade e respectivo contexto de trabalho destes novos actores/agentes de educação, faz-se uma breve caracterização da equipa técnica observada durante o tempo já referido.

Tal equipa é constituída por seis elementos, cinco dos quais do sexo feminino. As suas idades variam entre os 25 e os 46 anos, sendo que cinco deles têm 30 ou menos anos, tratando-se, por isso, de uma equipa jovem. Todos eles são licenciados na área das Ciências Humanas e Sociais: dois têm a Licenciatura em Educação (pré especialização em recursos humanos e gestão da formação), outros tantos têm a Licenciatura em Sociologia das Organizações, um em Sociologia e outro em Ensino da Filosofia. A esta formação académica junta-se um conjunto de outras formações de âmbito não formal, essencialmente ligadas à área da educação e formação de adultos, que todos eles vêm adquirindo.

Trata-se de uma equipa, que apesar de jovem, tem já uma experiência profissional/ocupacional considerável, pois o técnico que começou a trabalhar há menos tempo fá-lo há três anos e o elemento mais experiente da equipa técnica trabalha já desde 1976. O começo da ligação dos técnicos ao actual trabalho é variável, sendo o caso mais antigo de 10 anos e o mais recente de um ano. Apenas um deles não teve outro tipo de actividade para além da que vem desenvolvendo no actual local de trabalho, todos os outros desenvolveram, ou desenvolvem ainda outras actividades (dois casos). Tais actividades exteriores às do centro foram, ou são, realizadas em quatro áreas: educação/formação (docência no ensino básico e secundário, alfabetização de adultos/ensino recorrente, formadores, gestão de projectos de formação), administrativa (trabalho administrativo em empresas, trabalho administrativo e de apoio aos clientes em companhias seguradoras, atendimento a clientes em bancos), segurança social (trabalho técnico na Comissão Local de Acompanhamento do Rendimento Mínimo Garantido) e comercial (representante de empresa de comunicação). Para além disso, há ainda elementos da equipa que representam a associação em vários organismos externos, como seja a Rede

Social. A esta experiência junta-se a que resulta da actividade desenvolvida no centro.

Foi a actividade destes técnicos que foi observada preferencialmente, procurando perceber e dar conta do seu quotidiano e revelar a «a riqueza oculta» que se esconde nele (Pais, 2002). Para além deles, fazem parte desta equipa três administrativos, cuja acção foi dada atenção sempre que ela se cruzou com a dos técnicos. Naturalmente, esteve-se também atento às suas interacções com outros interlocutores preferenciais, como sejam os formadores, os formandos e ainda os gestores dos programas de educação e/ou formação de adultos (técnicos da Direcção Geral de Formação Vocacional, técnicos do Instituto de Emprego e Formação Profissional, entre outros).

A maior parte do seu trabalho é realizado num gabinete próprio, onde se encontram todos os técnicos, e noutros espaços do Centro (salas de reuniões da equipa técnica, salas de reuniões com formadores e formandos, as próprias salas onde ocorrem as acções de educação e formação, entre outros espaços, nomeadamente informais, como o bar, por exemplo). Apesar deste predomínio, a sua actividade estende-se também a outros locais fora do Centro, sobretudo a espaços onde têm cursos a decorrer. Foi aí, nesse gabinete que, com eles, fiquei numa secretária e foi também pelos outros espaços do Centro que deambulei e observei a sua actividade, assistindo, por exemplo a reuniões de vários tipos. Enfim, foi aí que vi o fazer, que ouvi falar sobre o seu fazer e o de outros e que com eles falei sobre a sua e também sobre a minha actividade de investigador (Caria, 2000; 2003b; Ribeiro, 2003; Fernandes, 2003; Cornu, 2003; Silva, 2003; Burgess, 1997; Postic e Ketele, 1988).

5.1.2. Organização do trabalho

Mas o quê, e como, fazem afinal estes técnicos? As suas tarefas são múltiplas e simultâneas, todas elas, ou quase todas, se traduzem, ou exigem o uso diário da escrita e do seu principal instrumento de trabalho, o computador. Essa escrita materializa-se no mais variado tipo de documentos: ofícios, relatórios, planos de formação, actas de reuniões, orçamentos, panfletos de divulgação das acções, etc. Isto não quer dizer que a oralidade não faça parte do seu quotidiano, muito pelo contrário, pois também diariamente e muitas vezes em simultâneo às suas execuções escritas, a interacção oral entre eles, entre eles e os outros interlocutores locais (administrativos, formadores, formandos, estagiários...), ou externos (técnicos de entidades gestoras dos programas, candidatos à formação, parceiros ou potenciais parceiros das actividades em curso ou a desenvolver, etc.), faz parte muito significativa da sua actividade. Assim, a sua actividade realiza-se na e através da articulação do escrito e do oral, várias vezes a um ritmo intenso, várias vezes saltando de uns assuntos/actividades para outros (as), sejam eles mais ou menos rotineiros, mais ou menos problemáticos, tal qual verdadeiros analistas simbólicos (Reich, 1996).

Como mostra o quadro abaixo nem todos os elementos da equipa da têm o mesmo cargo, nem o mesmo tipo de tarefas, embora existam tipos de tarefas que todos eles desempenham.

Quadro 5.1.-Tipo de tarefas por cargo desempenhado

Tarefas/ Cargo	Técnico-administrativas	Coordenação equipa técnica	Gestão	Direcção	Outras
Dirigente/técnico	1	1	1	1	1
Técnico coordenador	1	1	1	0	1
Técnico	4	0	0	0	4
Total de recursos humanos envolvidos	6	2	2	1	6

Assim, foram identificados três tipos de cargos e cinco tipos de tarefas. As "tarefas técnico-administrativas" e as "outras" são desempenhadas por todos.

O dirigente participa em todo o tipo de tarefas, embora em grau diferenciado, tendo sido notória a sua maior participação nas tarefas de gestão, direcção e sobretudo de coordenação da equipa técnica, assumindo, neste caso, muitas vezes o papel de prático reflexivo (Schön, 1992; 1998) ou de supervisor reflexivo, chamando várias vezes a atenção para a necessidade de se *"parar para pensar"* no que e como se estava a fazer, ou no que e como se planeava fazer. Isto não quer dizer que a reflexão na acção ou sobre a acção seja uma competência (Perrenoud, 2001) exclusiva desse elemento, bem pelo contrário, pois foram vários os momentos e situações diversas em que foi possível a observação de atitudes reflexivas do mesmo género, por parte de todos. Este membro da equipa técnica é o único que não tem vínculo contratual com a associação, e que assume funções de gestão global da associação.

O técnico coordenador apenas não participa nas tarefas directivas, dividindo as de coordenação da equipa técnica e de gestão como elemento da direcção. Os outros técnicos realizam tarefas técnico-administrativas e outro tipo de tarefas.

As tarefas técnico-administrativas dizem respeito ao conjunto de actividades desenvolvidas em torno do ciclo formativo propriamente dito (diagnóstico, planeamento, concepção, organização, desenvolvimento e acompanhamento, e avaliação da educação/formação), a outras actividades que lhes permitem desenvolver o tipo de educação/formação que vêm pondo em prática (o processo de acreditação e renovações da mesma)[1] e ainda ao atendimento ao público acerca das actividades que realizam. As tarefas de coordenação da equipa técnica traduzem-se na organização do trabalho, ou seja, na distribuição das tarefas, na marcação e direcção das reuniões da equipa técnica, no recebimento de informação e divulgação da mesma junto de toda a equipa (por exemplo, correspondência), etc. As tarefas de gestão dizem respeito à gestão de todo o espaço e recursos materiais e humanos que trabalham no centro, para além da equipa técnica, e à gestão financeira de toda a formação. As tarefas de direcção remetem para um conjunto de actividades que só podem ser assumidas por elementos da direcção, como seja a assinatura de protocolos, de certificados, etc. Nas outras tarefas enquadra-se um conjunto de actividades que não têm a ver directamente com a formação (a coordenação de uma empresa de inserção, a coordenação de um centro de recursos em conhecimento), ou que tendo, são actividades nas quais os técnicos desempenham funções de formadores.

Apesar da existência de uma certa hierarquia, que se consubstancia nos cargos e tarefas acima referidos, a verdade é que ela se dilui muitas vezes, nomeadamente na partilha de decisões que em princípio e a existir uma organização fortemente estruturada caberiam apenas a quem dirige//coordena a organização e seus recursos humanos. Refira-se, por exemplo, a distribuição de certas tarefas.

---

[1] Esta actividade é resposta a um imperativo legal, ou seja, as entidades que pretendam beneficiar do financiamento do Fundo Social Europeu têm de estar acreditadas no INOFOR (Instituto para a Inovação na Formação), tendo para o efeito que apresentar uma candidatura de três em três anos dentro de um formato previamente estabelecido.

5.2. A actividade colectiva

5.2.1. A interajuda

Como foi dito muitas destas tarefas acontecem em simultâneo, sobrepondo-se umas às outras. Algumas delas são efectuadas diariamente, como, por exemplo, as actividades enquadradas no desenvolvimento e acompanhamento da formação, outras são realizadas mais espaçadamente no tempo, sendo as menos frequentes as que dizem respeito ao diagnóstico, planeamento e concepção da formação, que se realizam uma vez por ano e se materializam nos planos de formação, e a que se refere à realização da candidatura de acreditação e respectivas renovações da formação, o que sucede de três em três anos, como foi dito. Esta característica deve-se ao facto de realizarem diferentes tipos de cursos de educação e/ /ou formação de adultos, uns de curta duração, outros de longa duração, o que faz com que a tal simultaneidade de tarefas ocorra.

Cada técnico tem responsabilidades específicas, ou seja, assume individualmente um conjunto de tarefas (cada um tem a seu cargo vários cursos, por exemplo), outras tarefas são assumidas por mais que um técnico (a selecção de formadores, por exemplo) e outras há em que todos eles participam e nas quais assumem à partida parte da realização do produto final da tarefa (os planos de formação, as candidaturas à renovação da acreditação da formação, por exemplo).

Uma parte das tarefas que realizam estão predefinidas outras não, decidindo-se, nestes casos, na altura de as realizar quem as assumirá[2]. É frequente, nestes casos, irem sendo chamados à efectuação da tarefa outros elementos que à partida não a iniciaram, podendo acontecer que, pelo menos a tempo parcial, todos cheguem a participar efectivamente na realização da mesma. Nos casos em que as tarefas não estão definidas à partida há uma maior rotatividade dos elementos que nelas participam, mas tal não é exclusivo desse tipo de tarefas, pois também acontece, embora em grau muito menor, a alternância de tarefas entre os elementos da equipa técnica naquelas que estão predefinidas.

O que é comum, independentemente do tipo de tarefa a realizar e de quem a assume à partida, é a cooperação, a partilha, a ajuda, a dis-

---

[2] Um exemplo de tarefas predefinidas é a responsabilidade de cada um deles pelos cursos. Um caso de tarefas em que não há um predefinição para a sua execução é a selecção de formadores.

cussão, o empenhamento mútuo, as sugestões que entre eles efectuam na realização da actividade, de tal forma que como produto final da actividade, ainda que a responsabilidade da sua realização possa ser individual, aparece, muitas vezes, um produto colectivo. Foi o que aconteceu com o exemplo que damos de seguida.

1º episódio – O panfleto

Estamos na altura da divulgação dos novos cursos. O Jaime[3] ficou responsável pela realização dos panfletos, já há uns dias que vem tratando disto. Hoje é também disso, entre outras actividades, que tem estado a tratar. No ecrã do seu computador vai aparecendo o resultado da concepção dos mesmos. Os seus colegas trabalham noutras coisas e vão circulando entre o gabinete e os outros espaços do centro. Ele faz uma primeira impressão do panfleto e mostra-o às duas colegas que na altura estão presentes.
Jaime – *Vejam lá isto...*
Elas vêem-no, de pé junto dele e uma dela diz:
Sílvia – *Está bem, eu gosto.*
A outra colega acena com a cabeça aprovando também o que o Jaime fez. Passados poucos instantes entra outra colega no gabinete, senta-se, na secretária em frente à do Jaime, e realiza um telefonema. Após ter terminado, o Jaime pede-lhe o mesmo que tinha pedido às outras:
Jaime – *Olha, Margarida, vê aí o panfleto. Acho que já está, mas se não te importas vê.*
Dá-lho para as mãos, ela começa a analisar o que o colega tinha feito e passados poucos minutos diz-lhe:
Margarida - *Tens aqui uma coisa que não está bem* – levanta-se e vai junto dele – *vês, aqui, não são dois cursos, são três.*
Jaime – *Obrigado, vou compor isso então.*
Ela senta-se, leva consigo o panfleto, e diz-lhe ainda:
Margarida – *Olha, também acho que aqui a letra ficava melhor se fosse de outra maneira.*
O Jaime levanta-se, vai junto da colega e aí, durante algum tempo, discutem o formato da letra a pôr nas diversas partes do panfleto. Após tal, o Jaime vem sentar-se e continua a trabalhar. Já ao fim da tarde mostra novamente o panfleto, agora à Isabel, que é membro da direcção:
Jaime – *Isabel, não te importas de ver o panfleto dos novos cursos?*
Isabel – *Não, dá cá.*

---

[3] Os nomes apresentados são fictícios.

O Jaime leva-lhe o panfleto e vai sentar-se. Ela vê-o e diz-lhe:
Isabel – *Olha, vocês têm que se habituar a pôr aqui a morada de lá de cima, porque as pessoas também se podem inscrever lá e, além disso, vamos também desenvolver lá cursos e as pessoas de lá identificam-se mais com esse local. E a sede da associação é lá, portanto isso tem que estar nos panfletos.*
Jaime – *Está bem, eu vou pôr então.*

5.2.2. A reformulação e a generalização do fazer

Outra forma típica do fazer tem a ver com a generalização dos procedimentos e a forma como tal ocorre. O mais comum é existir um certo procedimento relativo a determinada tarefa e quem vai realizar tal tarefa pela primeira vez pergunta a quem já a realiza o que deve fazer, como deve fazer e que instrumentos existem para fazer e faz igual, ou parecido. Este foi o processo mais vezes identificado. Trata-se, portanto, duma forma gradual de generalização dos procedimentos, ocorrendo à medida que quem ainda não fez passa a fazer determinada actividade.

Mas, isto não acontece sempre assim, existem variações. Por exemplo, quem vai fazer pela primeira vez acrescenta, por vezes, algo de diferente à forma de fazer (criando um instrumento ainda não existente para a realização da tarefa – um pequeno questionário, por exemplo). Normalmente, tal sucede após se consultarem os colegas que já fazem, acerca da forma como costumam fazer, informando-os, depois da alteração produzida, podendo tal ocorrer em momentos diferentes, realizando-se essa partilha aos poucos com os diferentes colegas, ou num momento específico no qual todos ficam a saber da alteração introduzida (reuniões da equipa técnica). Quer num caso, quer noutro, quem introduz a alteração procura normalmente, antes de a pôr em prática, as opiniões dos colegas, resultando dessas trocas, várias vezes, reformulações da proposta inicial. O resultado final é a reformulação da actividade e a generalização gradual, ou instantânea, de uma nova forma de fazer, que tem como objectivo *"melhorar"* essa mesma actividade. Este é apenas um exemplo das variações que existem, mas que levam à existência de uma forma comum de realização das tarefas. Assim, pode-se dizer que a colectivização do fazer existe, o que varia é a altura em que ela vai ocorrendo e a forma de se concretizar, e também se pode afirmar que é comum neste local a reformulação do fazer.

Isto não quer dizer, porém, que exista uma homogeneidade nos procedimentos, como eles foram referindo, várias vezes, e foi sendo observado: *"existe sempre um cunho pessoal"* na forma de fazer. Se assim não fosse essa forma de fazer cristalizaria não ocorrendo as tais alterações referidas antes, ou elas só surgiriam quando impostas de fora. O que se pretende realçar é a existência de um forte trabalho em equipa, que durante o tempo de observação foi presenciado. O que se pode afirmar é estarmos perante uma comunidade de prática, ou seja, perante um conjunto de indivíduos que através dum empenhamento mútuo, dum empreendimento conjunto e de um repertório partilhado levam a cabo uma actividade e realizam um produto (Wenger,2001). As palavras que uma das técnicas referiu, numa das várias conversas tidas com o investigador, servem para ilustrar parte do que se acabou de afirmar:

> *Sabe, nós somos uma equipa e o que me interessa é o que sai lá para fora enquanto equipa e não tanto o que cada um de nós faz. É evidente que cada um faz as coisas à sua maneira, mas o que mais interessa é conjunto. Sei lá, o ter uma ideia e partilhá-la com os colegas é muito importante e nós fazemos isso, é importante porque ela até pode ser enriquecida e normalmente é o que se verifica. Eu até um simples fax, ou um ofício costumo mostrar aos meus colegas, porque até nas questões da linguagem eles me podem ajudar....*

5.2.3. A racionalização do fazer

Como terá ficado subentendido pelo referido antes a organização do fazer não ocorre sempre da mesma forma. Foram identificadas quatro formas através das quais normalmente ocorre tal organização: (1) as reuniões da equipa técnica; (2) as reuniões entre elementos que são responsáveis pela realização de algum tipo de tarefa, ou entre o responsável pela tarefa e um dos coordenadores da equipa técnica (recordamos que nesta tarefa de coordenação existe uma sobreposição de funções, v. quadro n° 5.1.); (3) a organização da actividade no decorrer da própria actividade, na altura do fazer (o que pode incluir parte, ou todos os elementos da equipa técnica); (4) e a organização da actividade a realizar, sem que para tal tenha de haver um momento específico para o fazer. Tratam-se de quatro formas diferentes de organizar da actividade, nas quais o processo reflexivo sobre a acção e/ou na acção está presente, de diferentes formas.

As reuniões da equipa técnica, nas quais todos os elementos participam, servem para planificar a acção. Nesse tipo de reuniões que antecipam a acção discute-se o que se vai fazer, quem vai fazer e como se vai fazer. Acerta-se, portanto, uma estratégia de acção, assiste-se a um processo colectivo de reflexão sobre a acção futura. Este tipo de reuniões serve também para se reavaliar a acção, ou seja, sempre que necessário faz-se um ponto da situação relativamente ao que se está já a fazer e ao como se está a fazer, acertando-se, várias vezes, formas de tentar fazer melhor, podendo levar este processo a uma redistribuição das tarefas e a uma alteração da estratégia inicial. Este processo de reflexão sobre a acção, que começa nas tais reuniões que antecipam a acção, prolongam-se normalmente na acção o que faz com que, por vezes e dependendo do tipo de complexidade da acção, se *"sinta"*, se *"veja"* que é necessário realizar uma reavaliação colectiva do que e como se está a fazer, e nessa altura, acertam-se novas reuniões de reflexão sobre a acção.

As reuniões parcelares obedecem também a estas formas de se pensar a acção, ou seja, podem ser de planificação, ou, se surge algum tipo de imprevisto ou situação mais complexa, de reavaliação dessa acção. Quanto à organização da acção no decorrer da própria acção, ela acarreta processos reflexivos que vão acontecendo durante o fazer, trata-se de reflexão na acção. Por fim, há a planificação da acção futura no decorrer das outras acções, isto é, pára-se momentaneamente o que se está a fazer e ali, em conjunto, decide-se o que fazer, o como fazer e o quem faz, trata-se dum procedimento idêntico ao que acontece nas reuniões da equipa técnica, portanto de reflexão sobre a acção a realizar, mas não necessitando de um momento específico para o fazer. Isto acontece normalmente com tarefas que não levantam dúvidas à partida e que fazem parte da rotina. Quem costuma tomar estas iniciativas de organização imediata da acção são os coordenadores da equipa técnica, embora o processo seja sempre participado e discutido.

O que acabou de ser referido é uma das características do fazer e da forma de fazer deste local e dos seus actores. Tudo isso nos remete, por exemplo, para a ideia de práticos reflexivos de Schön (1992; 1998), para a ideia de reflexão prospectiva de Gabiña (1995), de indagação, diálogo e discussão produtiva de Senge (2002), ou ainda, para a ideia de competência profissional de Perrenoud (1999). Mas isto não deve fazer pressupor que se age sempre desta forma, ou destas formas, também acontece agir-se sem se reflectir, ou melhor, sem se reflectir o suficiente, resultando dessa forma de agir a necessidade de se improvisar perante uma situação não suficientemente pensada, também foi observado este tipo de situação. Como eles próprios dizem: *"nem sempre temos tempo para pensar bem no que estamos a fazer", "às vezes fazemos as coisas um pouco em cima do joelho e depois temos de improvisar".*

5.2.4. Um trabalho burocrático

O que dissemos remete-nos para outra característica deste local de trabalho: o terem que trabalhar, muitas vezes, com a falta de tempo. Tal deve-se à multiplicidade de tarefas que assumem e, sobretudo, ao carácter normativo, burocrático, administrativo que o tipo de educação/formação de adultos que realizam exige. É o tempo que é levado a desempenharem este tipo de tarefas burocráticas que lhes limita o tempo para realizarem de outra forma outras tarefas e faz com que nem sempre o pensar da actividade se faça com a antecedência necessária.

Efectivamente, muitas das suas tarefas passam pelo cumprimento de actividades que respondem a esse carácter burocrático e administrativo. O preenchimento de formulários relativos à gestão orçamental dos cursos, a realização de contratos com formadores e formandos, a realização de actas de reuniões da equipa pedagógica (na qual participam os técnicos responsáveis pelos cursos em questão, os formadores e representantes dos formandos), o preenchimento de documentos oficiais de certificação dos formandos (o "Certificado", o "Termo", o "Registo de Avaliação Final", "A Carteira Pessoal de Competências-Chave"), a realização dos cronogramas da formação, são apenas alguns dos exemplos que mostram o peso que este tipo de actividades tem no conjunto do seu trabalho. Eles próprios, por diversas vezes, foram apelidando esse tipo de tarefas de burocráticas, ou administrativas. Um dia perguntei à Sílvia o que estava a fazer, ao que ela respondeu:

> Sílvia – *Estou a pôr em dia o dossier técnico – pedagógico relativo a um cursos que já se iniciou, mas que só agora estou a ter tempo para o organizar, porque com o plano de formação isto atrasou-se um pouco. É trabalho burocrático, isto é mais o dia a dia...*

Noutro dia, a Isabel, no meio de uma conversa que estávamos a ter sobre as tarefas que cada um tinha, classificou da seguinte forma o tipo de trabalho que ali se realiza:

> Isabel – *... sabes, o tipo de formação que fazemos aqui no centro é muito pesado, exige um trabalho burocrático e administrativo muito grande. São muitas regras, muitas normas e temos de estar atentos a tudo isso e de cumprir. Os técnicos passam muito tempo a realizar esse tipo de actividades...*

Sem dúvida que uma das características mais salientes do tipo de trabalho que efectuam é aquela que se acabou de enunciar: o aspecto burocrático da actividade. Assim, a sua acção é orientada por todo um conjunto de regras que os programas e entidades gestoras dos programas a que se candidatam consubstanciam. Por outro lado, ou a par disto, existe um sistema de informação, ou estrutura de informação (Lash, 2000), que baliza o tipo de educação/formação a realizar. Quer dizer, a filosofia das acções a desenvolver, ou de grande parte delas, está já definida à partida por essas estruturas (estruturas a que Bernstein, 1993, 1998, chama campos de recontextualização do discurso pedagógico), o que se materializa, por exemplo, na predefinição da concepção dos cursos (cargas horárias, programas, etc.), no fornecimento de instrumentos de acção, a que Apple (1989; 1996; 1997) chama de textos, etc.

Este aspecto da acção daqueles que foram observados faz levantar algumas questões às quais será realizada uma aproximação parcial na secção 5.3. do capítulo.

Sendo a sua acção caracterizada pela normatividade acima descrita, há espaço para a acção que não seja apenas reprodutora dessa normatividade? Mais precisamente, existe espaço para o uso do conhecimento abstracto que não seja apenas aplicativo e reprodutor do sistema de informação que orienta o tipo de educação/formação de adultos desenvolvido? Até que ponto esses sistemas de informação são eles próprios potenciadores de uso do conhecimento abstracto? De que é feito o conhecimento dos técnicos e como o usam? Um contexto de trabalho onde a acção é assim orientada é um contexto educativo para esses técnicos?

5.3. Saberes e aprendizagens profissionais em contexto

Esta parte é dedicada à apresentação de alguns dos aspectos mais característicos do saber e do aprender deste local de trabalho. Começa-se por realizar um apanhado geral desses principais aspectos para depois se apresentarem os tipos de usos do conhecimento abstracto identificados.

O saber profissional em contexto é feito de várias dimensões que se cruzam umas com as outras, que por sua vez se cruzam também com saberes-fazer e conhecimentos de outros contextos. Deste saber, segundo Caria (2004), fazem parte o saber-fazer, ou o sentido procedimental do saber, que nos remete para o como fazer, para o saber desenvolver uma actividade e para o saber introduzir pequenas modificações e adaptações nas rotinas de trabalho. Segundo o mesmo autor, haverá que tomar em consideração também a especificidade da linguagem usada pelos técnicos, a partir da qual todos se entendiam, bastando para tal o uso de uma palavra, ou de uma sigla; o que nos leva a outra das dimensões identificadas: o saber categorial, ou sentido categorial-classificatório do saber.

O apelo ao passado, a acontecimentos passados, à memória colectiva local, ao *"nós"* feito de experiências individuais que se colectivizam, ou de experiências colectivas desde logo, enfim, o apelo a um repertório colectivo que se mobiliza como forma de pensar o presente, como recurso para agir, diz respeito a outra das dimensões identificada do saber: o sentido narrativo-normativo do saber (Caria, 2003a; 2005). Associado a este sentido do saber pode estar outro também registado, o saber conjecturar, ou seja, o ser-se capaz de prever situações futuras, recorrendo-se a experiências passadas que permitem realizar comparações pertinentes para a efectivação desse saber conjectural (Cornu, 2003)[4].

O saber contextual é feito ainda de saber relacional, isto é, de se saber procurar quem sabe, de se saber procurar quem detém a informação necessária para agir (Lundvall, 2000), quer essas procuras se efectuem internamente, entre pares portanto, o que nos remete de imediato para a dimensão relacional do saber de que nos fala Charlot (2000) e para a heteroformação, quer essas procuras sejam efectuadas externamente ao local de trabalho, por exemplo, junto de técnicos das entidades que regulam os cursos de educação e formação de adultos.

Esse saber contextual, é naturalmente feito de saber implícito, mas também de saber explícito, ou, se se preferir, de saber na acção e de saber sobre a acção (Terssac, 1996) e dos processos que permitem passar de uma forma para outra de saber.

Estes foram, grosso modo, os tipos, os sentidos, do saber profissional identificados.

5.3.1. Transferências de saberes e explicitação do implícito

De seguida, apresentam-se alguns episódios e conversas tidas com os técnicos que contextualizam estes conceitos e nos chamam à atenção para um conjunto de outras características a eles associadas, como seja a transferência de saberes, a construção do saber, o tatonear, a circulação e colectivização do saber, a aprendizagem situada.

---

[4] Provavelmente, este tipo de saber, apresenta muitas semelhanças com aquilo que Fernando Pereira designa, no capítulo 4 deste livro, por sentido contextual-prudencial do uso do conhecimento.

2º episódio – Conflitos entre formandos

A Sílvia e a Cristina falam acerca de problemas surgidos entre formandos. Este tipo de conversa é comum.
Sílvia – *Sabes, os de Geriatria já se andam a meter com os de Acção Educativa por causa do jantar de Natal*
Cristina – *Outra vez...*
As duas mantêm o diálogo durante mais algum tempo. Essa conversa fez-me recordar uma outra do mesmo género a que assisti logo de início. Procurei nos meus registos o seu teor e após terem terminado o diálogo que vinham mantendo dirigi-me à Sílvia.
Eu – *Sílvia, estás muito ocupada?*
Sílvia – *Não, não estou.*
Eu – *Então se não te importas podíamos falar um bocadinho?*
Sílvia – *Está bem.*
Eu – *No dia 25 de Setembro, tu e a Joana falaram das rivalidades entre as formandas. Lembras-te?*
Sílvia – *Sim, sim, já sei. Isso teve a ver com uma situação que surgiu no cursos de costura, onde há uma formanda que se sobrepõe às outras, tem um nível muito mais avançado que as outras e as outras, em especial algumas delas não encaram essa situação muito bem e sempre que ela tentava ajudar alguém, ou responder, havia algumas que reagiam muito mal (...). Bom, criou-se um clima um bocado pesado entre elas, foi isso.*
Eu – *Sim. E como soubeste dessa situação?*
Sílvia – *Foram os formadores que me alertaram. Foram eles que pediram para intervir naquela situação de conflito e eu conversei com elas. Portanto, conversei com a tal formanda que sobressai e com as outras que reagiam pior e fiz-lhes ver que essa situação as prejudicava a todas (...). Portanto, tive essa conversa com elas e resultou, o clima melhorou entre elas (...).*
Eu – *Sim. Mas, não te importas de dizer como fizeste exactamente? Quer dizer, como as abordaste, como resolveste essa questão?*
Sílvia – *Bem, eu comecei por falar com a tal formanda que sobressai e comecei por lhe perguntar como estava a correr o curso. Portanto, não fui logo ao ponto que queria. Ela foi-me falando do curso e eu fui pegando no que ela dizia e depois disse-lhe que tinha ouvido dizer que as colegas não estariam a reagir bem ao facto de ela sobressair e que ela, por sua vez, tinha deixado de tentar ajudar as colegas e ela confirmou-me a situação. Portanto, foi indo de coisas mais gerais até chegar onde queria e ela também me foi contando e depois confirmou-me o que se estava a passar e eu aí, nessa altura, disse-lhe que era uma pena deixar de ajudar as colegas, portanto, nessa altura fui-lhe dando sugestões. E fiz o mesmo, portanto, usei a mesma estratégia para falar com as colegas e como disse as coisas melhoraram.*
Eu – *Ok. E porque resolveste usar essa estratégia?*

Sílvia – *Bem, não sei. Quer dizer, isso não é nada assim pensado, não é nada planeado, é no momento que decido, é que vou decidindo como as abordar e isso também depende de como a conversa vai decorrendo. Portanto, foi na altura e isso também tem a ver com a experiência que se tem de outras situações, até de trabalhar com este tipo de público e de situações na Segurança Social, onde trabalhei antes. Mas, quer dizer, não é nada planeado, assim pensado, vou fazer desta ou daquela forma, isso não.*
Eu – *E já te aconteceu mais vezes esse tipo de situação?*
Sílvia – *Não, igual não. Há alguns conflitos entre elas e nesses casos mais graves falo com as mais destabilizadoras e uso a mesma estratégia e tem resultado, normalmente as coisas melhoram.*
Eu – *Obrigada.*

Da parte da tarde retomei este assunto com a Sílvia.

Eu – *Sílvia podemos falar um bocadinho mais sobre aquele assuntos das formandas que falámos de manhã?*
Sílvia – *Sim, claro.*
Eu – *É que tu a determinada altura disseste que a maneira como fazias, portanto, a estratégia que usavas não era nada planeada, nada pensado, mas referiste-te à experiência.*
Sílvia – *Sim, é verdade. Não é nada que seja planeado. Quer dizer quando vou conversar com elas não penso "primeiro faço assim", etc., não é dessa forma, é no momento. Mas é claro que a experiência nos ajuda a saber lidar com estas situações.*
Eu – *Sim, claro. E falaste também da tua experiência na Segurança Social e...*

Aqui a Sílvia interrompe e diz:

Sílvia – *Sim, foi e isso também me ajuda muito. Portanto, o conhecimento que tenho, o saber como abordar as questões com este tipo de públicos vem muito daí, desse conhecimento que adquiri na Segurança Social, quando lá trabalhei, porque, são os mesmos públicos (...) e essa experiência que tive ajuda-me agora muito isso sem dúvida. Aliás foi por causa desse meu conhecimento que a Isabel me pôs nos cursos EFA*[5]....

O exemplo dado é um caso claro de saber implícito, de saber na acção, dum saber que foi adquirido noutro contexto de trabalho e que vai sendo mobilizado para se agir num outro. Está-se, portanto, perante um

---

[5] EFA – Educação e Formação de Adultos. Esta é a designação de um tipo de cursos que desenvolvem.

caso de transferência dum saber entre contextos, saber esse que, depois, vai sendo accionado, já dentro do novo contexto de actuação, entre situações que o permitem fazer. Assim, há, apesar de poder não haver uma consciência reflexiva sobre a actuação, uma mobilização dum repertório feito de saber experiencial que permite a quem actua "improvisar" com base nesse saber.

As transferências de saberes não ocorrem apenas nos sentidos acabados de enunciar, ocorrem também entre os técnicos, e é nestas alturas que muitas vezes o implícito se torna explícito, pois quem procura saber faz com que quem sabe explicite o seu saber através do dizer, do mostrar, do explicar e, dessa forma, vai-se transmitindo e circulando o saber e aprende-se neste local. Isto não quer dizer que esse processo de explicitação e aprendizagem seja fácil de se realizar. Como disse uma das técnicas numa conversa que mantivemos:

> *(...) quando vim para aqui li tudo o que aí havia sobre as orientações da ANEFA[6] e aprendi, mas aquilo não responde a tudo, nem nada que se pareça e portanto tudo o resto que aprendi, que foi a maior parte e o mais importante, foi vendo como as minhas colegas faziam, ouvindo-as, perguntado (...). Eu tenho aprendido com as minhas colegas, sobretudo com a Joana que é quem mais experiência tem destes cursos e, às vezes, até é engraçado porque ela fala das coisas como se eu já soubesse. Aquilo é tão natural para ela, já tem os procedimentos tão interiorizados, que eu tenho de lhe perguntar várias vezes para ela conseguir explicar como se faz determinada coisa, ou o que é aquilo (...), mas tenho aprendido muito com ela e com os meus colegas, isso sem dúvida...*

Este excerto remete também, para além da explicitação do implícito, para o saber relacional no sentido definido acima e, no caso concreto, para a procura da aprendizagem da actividade – saber procedimental, que foi o principal tipo de procura detectado – através dos outros. É o caso da relação com o saber que passa pela relação com os outros (Charlot, 2000). O que se acabou de referir está intimamente ligado à principal forma de circulação e generalização do saber identificada, que está, por sua vez, relacionada com a generalização do fazer, que já foi anteriormente explicitada. Assim, a principal fonte de saber para quem vai começar a realizar uma tarefa é o colega, ou colegas, que já a realizaram. É,

---

[6] ANEFA – Agência Nacional de Educação e Formação de Adultos. Trata-se do organismo regulador da filosofia dos cursos EFA. Entretanto a designação actual deste organismo foi modificado para DGFV (Direcção Geral de Formação Vocacional).

sobretudo, desta forma que o saber circula e se colectiviza. Tal não quer dizer que saibam todos o mesmo, existem saberes específicos. O episódio seguinte remete para diversos dos aspectos acabados de enunciar.

a) Aprender em situação

3º episódio – As procuras da Margarida

A Margarida encontra-se a realizar o "*acompanhamento*" dos cursos EFA pela primeira vez. Está a preparar uma reunião que vai ter em breve com os formadores do curso pelo qual é responsável.

Margarida – *Joana, eu precisava de falar contigo aí uns cinco minutos, é sobre a reunião que vou ter com os formadores de Acção Educativa.*
Joana – *Está bem.*
Margarida – *Queria saber como costumas fazer em relação aos temas de vida. São os formadores que os definem?*
Joana – *Não, não é assim. Os temas de vida e algumas questões geradoras são definidas nas aulas pelos alunos e pelos formadores. Eles em conjunto é que decidem (...). Depois, na reunião que tens com os formadores discutes com eles o que eles decidiram, portanto o tema e sobretudo as questões geradoras, porque muitas vezes não vêm ainda trabalhadas e então é nas reuniões que as questões são acertadas.*
Margarida – *Ah! Está bem, já percebi. Então vou fazer assim.*

Após isto ambas voltam para o que estavam a fazer. Passados uns minutos, a Margarida torna a expor uma dúvida às colegas.

Margarida – *Digam-me outra coisa. Dou-lhes já o cronograma todo?*
Sílvia – *Eu não costumo fazer assim.*
Joana – *Eu também não.*
Sílvia – *Eu, normalmente faço isso mensalmente com eles.*
Margarida – *Está bem, então dou-lhes o cronograma até Dezembro.*
Sílvia – *É melhor. Funciona melhor assim, mês a mês, porque sabes que eles às vezes assumem outros compromissos e assim mensalmente é mais fácil fazer os acertos.*
Margarida – *Pois, realmente é. Vou fazer assim.*

Este episódio leva também a outra característica do saber profissional em contexto, que tem a ver com a altura em que se sabe e se aprende. O saber e o aprender está intimamente relacionado com a dimensão temporal do fazer, isto é, é na altura do fazer, ou muito próximo do fazer, que se procura aprender o saber, o saber – fazer, normalmente, como foi dito. A Margarida estava a preparar uma reunião que ia ter naquele dia com os formadores e perante a dúvida, a zona indeterminada da prática (Shön,1992), foi recorrendo, na altura, aos seus colegas. A confirmação desta característica foi sendo dada, diversas vezes, pelos técnicos quando interrogados sobre algo, davam respostas do género: *"sinceramente não sei, ainda não fiz nenhum relatório"*, *"não, não conheço esses materiais, ainda não fiz nenhum RVC[7]"*, *"não sei, ainda não cheguei a essa fase, por isso não sei o que isso é. É melhor perguntar à Cristina ou à Joana porque elas já fizeram isso"*, *"não sei, nunca fiz nenhum EFA até ao fim e ainda não passei por essa fase. Sei que aquela caderneta é para entregar aos formandos, agora esses documentos, não sei, não sei como esse registo se faz"*. Assim, uma das características deste local de trabalho é a aprendizagem situada (Lave e Wenger, 1999) do fazer e do saber, que os técnicos vão realizando entre eles em cada momento.

b) O sentido categorial do saber

No diálogo acima transcrito pode-se ainda encontrar outro dos sentidos do saber contextual, o sentido categorial. Quando a Margarida fala do cronograma, por exemplo, as suas colegas sabem exactamente ao que ela se estava a referir. Esta situação verificou-se por diversas vezes, por exemplo quando um deles dizia aos outros que estava a *"lançar o mês"*, ou a fazer *"os acumulados"*, todos sabiam a que procedimento o colega se estava a referir, a que saber procedimental. Acontece que, por vezes, há a necessidade de se negociarem os significados e saberes associados, isto é, sempre que a linguagem colectiva é "abalada" por algum motivo, assiste-se a um processo de renegociação dessa linguagem e dos respectivos saberes. A conversa seguinte ilustra esta situação.

4º episódio – As grelhas

Eu – *Cristina, eu tenho notado que vocês usam muitas siglas e também certos termos para falarem uns com os outros.*
Cristina – *É, é verdade. Nós falamos muito por siglas, é mais fácil, facilita-nos, já sabemos do que estamos a falar. É o SA, que é o Sistema Aprendizagem (...)*
Eu – *Pois, e também termos, palavras que resumem certos procedimentos.*

---

[7] RVC – Reconhecimento e Validação de Competências. O RVC é um processo que diz respeitos aos cursos EFA, que pretende realizar um balanço das competências, e possível reconhecimento e validação das mesmas, adquiridas pelos formandos.

Cristina – *Sim, também usamos algumas palavras. Por exemplo, ontem eu estava a falar nas grelhas, lembra-se, com a Sílvia.*
Eu – *Sim, sim.*
Cristina – *Pronto, eu disse grelhas e ela perguntou, "mas que grelhas?". E isto porquê? Porque eu ainda uso o termo grelhas para me referir aos instrumentos da planificação dos temas de vida que era os termos que usávamos antes. Ela, como já veio mais tarde, já usa os termos novos vindos da ANEFA, por exemplo, construção currícular (...). Isto é mais ou menos como nós os adultos e as crianças com o euro e o escudo. Nós como usámos o escudo durante muito tempo temos mais dificuldades que elas, porque elas não usaram nunca o escudo, não o conhecem e entram logo no euro, nós temos tendência para comparar ainda com o escudo. É mais ou menos o que se passou.*
Eu – *Pois. Eu acho que quando falaste nas grelhas ela pensou nas grelhas de análise do dossier pessoal do RVC.*
Cristina – *Pois foi, porque esse é outro instrumento novo que veio com esse nome, é por isso. Mas é assim, nestas situações quando há uma dúvida perguntamos uns aos outros "do que estás a falar?", e depressa nos tornamos a entender. Isto acontece em situações destas, quando há a introdução de novas palavras, mas pouco tempo depois já sabemos todos do que estamos a falar e isso facilita muito, quer as siglas, quer as palavras. Mas nesse caso concreto das grelhas e da construção curricular isso ficou a dever-se a eu ter estado de licença de parto...*

c) Construção e reconstrução do saber

Outra característica deste contexto é a forma dinâmica como o saber vai sendo construído e reconstruído. Neste processo assume papel fundamental o tatonear, o experimentar, a realização de adaptações e alterações da acção, procurando ver se dessa nova forma de fazer resulta uma melhoria da própria actividade, ou procedimento. Esta forma de actuar, o tatonear, é indicado como fonte de criação de saber e de aprendizagem (AAVV, 2000). Este processo não é apenas cumulativo e feito em linha recta, faz-se também de recuos, de retornos a partes do fazer anterior, é, enfim, um processo complexo e multidimensional. A conversa seguinte mostra parte do referido.

5º episódio – O RVC

Consultei um dossier de um dos cursos EFA, reparei num dos instrumentos do processo de RVC que não havia visto em consultas anteriormente realizadas relativas a outros cursos. Resolvi perguntar à Joana, a responsável pelo curso em questão, o que era aquele instrumento.

Eu – *Joana, estou aqui a ver este dossier do teu curso de Geriatria e está aqui um material de RVC que não vi nos outros cursos. Este que se refere às expectativas e receios dos formandos...*
Joana – Bom, isso foi feito numa das sessões colectiva, já no fim, onde estiveram presentes todos os formadores das áreas da educação de base. Aí é que se fez uma espécie de debate à volta desse tema (...). Foi feito assim, porque se pretendia avaliar questões ligadas com a oralidade (...). Foi uma forma de tentar obter mais informação que ajudasse no RVC. Os formadores também já tinham lido o dossier do RVC e com esse debate procurou-se tirar algumas dúvidas que os formadores tinham em relação aos formandos.
Eu – *Ah, está bem.*
Joana – É foi isso. Nesse curso e nestes deste ano fizemos o RVC de forma diferente. Portanto, antes fazíamos todo o RVC e no fim aplicávamos testes, mas verificámos que os formandos ficavam muito constrangidos. Então resolvemos fazer este ano de forma diferente para ver se resultava melhor e portanto não aplicámos os testes (...) e fizemos nesta sessão colectiva esse debate com todos os formadores por forma a completarem a informação que já tinham, porque tinham estado noutras sessões colectivas individualmente e também já tinham lido o dossier. Portanto, tentamos desta forma e penso que resultou melhor.
Eu – *Então vocês viram que...*
Joana – Foi, ficavam muito aflitos. E também há outra diferença, é que os formadores nos RVC anteriores só estavam presentes na aplicação desses testes. Mas vimos que isso era insuficiente e, portanto, passaram a estar presentes nas sessões colectivas, porque dessa forma se consegue fazer a avaliação de muitas competências. Portanto, foi isso, resolvemos fazer de forma diferente porque vimos que aqueles testes os punha muito aflitos e para vermos se resultava melhor resolvemos fazer de outra forma e acho que correu.
Eu – *Então, as diferenças relativamente aos anos anteriores foi a presença dos formadores e a não aplicação dos testes?*
Joana – Os formadores no projecto piloto, no início, estiveram presentes em sessões colectivas e no fim aplicou-se uma prova aos formandos, onde eles também estiveram presentes. Depois, nos RVC seguintes eles apenas estiveram presentes na altura da aplicação dos testes e agora passaram a estar presentes em sessões colectivas de forma individual e nessa última sessão colectiva estiveram todos, onde fizeram também o acompanhamento individual dos formandos. A outra grande diferença foi a não aplicação dos testes. O processo foi este, a razão foi experimentar para ver se resultava melhor...

Este tipo de situação foi presenciado directamente em diversas ocasiões. Foi o caso do comentário feito pela Margarida para os colegas acerca da forma como este ano resolveram organizar as actividades extracurriculares: "*...este ano pusemos os formadores e os formandos a participar mais (...). Vamos ver como corre, vamos experimentando e vamos vendo, se não correr bem para o ano ensaiamos outra forma...*".

Muitas destas alterações, muito deste sentido procedimental do saber (Caria, 2003a; 2005), é posto em prática com base num repertório de saber colectivo. Mas essa não é a única forma de pôr em prática este sentido do saber, foram identificadas pelo menos mais duas: (1) a alteração do procedimento com base na criatividade de um ou mais de um dos técnicos, sem que haja recurso ao repertório colectivo; (2) a alteração do procedimento feita a partir da adaptação de formas de fazer (instrumentos de trabalho) exteriores àquele local de trabalho. De todas, a forma menos comum, é esta última. Este processo dá simultaneamente conta da forma como o próprio saber colectivo se vai formando e reformando. Está também presente, nesta forma de actuação, um sentido pragmático-crítico relativamente ao que se faz e ao como se faz, podendo-se ver nele a existência de uma estratégia implícita, de um saber estratégico implícito.

Esta forma de actuar é efectivamente fonte de construção de saber e de aprendizagem. Essa é uma das formas pela qual este contexto de trabalho é educativo para os seus actores, que demonstram, por vezes, ter consciência desse mesmo processo, como mostra o excerto daquilo que a Isabel disse um dia acerca de problemas que estavam a ter com os espaços para a realização da formação e da forma como procuraram resolver o assunto:

> Isabel – *Nós não podemos ficar bloqueados. Se a solução um não resultou como pensávamos, avançamos para a dois e por aí fora. Neste trabalho muito administrativo e burocrático temos que ter flexibilidade, imaginação e poder de inventar e pensar coisas novas. Nós estamos sempre a aprender, sempre. Tudo isto, esta procura de alternativas para algo que pensávamos que ia dar certo mas que afinal não deu, toda as alterações do que fazemos para fazermos melhor, toda esta forma de actuar é formação em exercício e nós estamos sempre a fazê-la. Esse tipo de situação é comum...*

5.3.2. Usos do conhecimento abstracto

Feito este apanhado geral sobre as características mais salientes do saber profissional em contexto, apresentam-se, agora, as formas mais comuns de uso do conhecimento abstracto, que, aliás, se misturam frequentemente com as dimensões desse saber. O uso do conhecimento abstracto é feito para diferentes fins e de diferentes formas.

Ele assume a forma escrita (por exemplo, nas candidaturas aos planos de formação), a forma oral (quando entre eles se discute, por exemplo, um conceito), é posto em prática para a realização de diversas tarefas (por exemplo, para o desenvolvimento do processo RVC), verificando-se, nestes casos, a presença do sentido técnico-estratégico do saber (Caria, 2003a; 2005), ou seja, o saber que permite tomar várias opções no uso dos recursos. Verifica-se também a sua utilização para se pensar a acção, para se reflectir sobre a acção, encontrando-nos, nestes casos, perante o sentido interpretativo e justificativo do saber (Caria, 2003a; 2005).

A abordagem a esta questão será feita dando relevo aos usos directamente relacionados com a acção decorrente da normatividade da mesma e das estruturas de informação que a enformam. Apresentam-se dois casos diferentes. O primeiro refere-se a uma tarefa que é feita apenas de três em três anos e o segundo caso diz respeito à sua actuação diária.

A primeira tarefa refere-se à formalização da candidatura do pedido de renovação da acreditação da formação, à qual já foi sendo feita alusão. A realização desta tarefa estava totalmente predeterminada, inclusive a estrutura e o conteúdo do documento a apresentar estavam predefinidos. Existiam ainda uma série de requisitos que deveriam ser cumpridos. Toda essa formatação da acção estava consubstanciada num documento, um guia de apoio ao utilizador, fornecido pela entidade que iria avaliar a realização da tarefa. Este documento, para além das orientações referentes ao fazer, tinha ainda uma série de conceitos, apresentados sob a forma de glossário, de apoio à realização da tarefa. Tratou-se, portanto, de uma acção totalmente enquadrada.

Mas, esta tarefa tinha uma novidade relativamente às feitas em anos anteriores e essa novidade era precisamente o carácter tão normativo e o tipo de exigências contidas no actual processo de candidatura. Em processos anteriores havia sido dada muito maior liberdade aos técnicos para realizarem as candidaturas. Este factor tornou a efectuação da acção numa verdadeira situação complexa (Perrenoud,1999), numa actividade com uma zona de indeterminação (Schön,1992) colectiva elevada. Tratou-se, portanto duma tarefa com esta dupla característica: totalmente estruturada e altamente indeterminada para os técnicos.

Assistiu-se, durante o tempo de realização desta tarefa, a um trabalho técnico-intelectual (Caria, 2003a; 2005) de grau elevado. Ela exigiu a interpretação e reinterpretação do documento orientador da acção, que como dissemos estava enformado por teoria; levou a diversos momentos de reflexão conjunta sobre a acção, na acção e sobre a reflexão na acção (Schön, 1992); o trabalho em equipa foi muito forte; a partilha de saberes entre os técnicos também; a explicitação de um repertório feito de conhecimento teórico foi evidente por diversas vezes nas discussões que mantinham durante a realização da tarefa, o que lhes permitiu falar e classificar factos com base nesse repertório, bem como definir e discutir determinados conceitos; para além disto testemunhou-se ainda a procura e uso efectivo de conhecimento abstracto (livros, por exemplo, o recurso a documentos vindos de outras estruturas de informação que orientam a sua acção, ANEFA, etc.) para a realização da tarefa, o que nos mostra outra dimensão do carácter educativo do trabalho (a actividade que "obriga" à procura e uso de conhecimento abstracto).

Foi possível, nas alturas de observação dos episódios referentes aos dois últimos aspectos acabados de enunciar, verificar uma aproximação dos técnicos àquilo que Charlot (2000: 68-69) designa por «relação com um saber-objecto», no caso, por uma relação prática com um saber teórico, porque a mobilização de enunciados é feita com base numa «relação finalizada e contextualizada», ou seja, faz-se uso de enunciados teóricos para a realização da tarefa e, desta forma articula-se «uma relação científica e uma relação prática com o mundo» (ibidem: 62,75), com a actividade.

De seguida damos alguns exemplos de observações efectuadas que ilustram alguns dos aspectos referidos.

6º episódio – Discussões teóricas – práticas/usos de um repertório

Está-se numa fase de planificação da tarefa. Os técnicos, reunidos especificamente para tratar do assunto, vão interpretando o Guia orientador da tarefa e, ao mesmo tempo que o fazem, vão usando um conhecimento teórico prévio (repertório), para delinearem a acção.

Joana – *Pronto, agora temos a concepção.*
Margarida – *E o que é afinal a concepção?*

Isabel – *É o desenho concreto. É o resultado da planificação. É o desenho geral da acção: os públicos, os conteúdos, os horários, etc., tudo isso que fazemos.*
Margarida – *Exacto, é isso.*
Isabel – *Pronto, aqui não há dúvida...*
Um pouco adiante, e agora a propósito de se deverem ou não candidatar à acreditação no domínio "outras intervenções", clarificam o que são acções formativas e acções não formativas.
Jaime – *Neste domínio entrarão aquelas acções não formais, ou informais.*
Margarida – *Pois, mas eles fazem a distinção entre acções formativas e acções não formativas.*
Isabel – *Pois fazem. Mas, a grande diferença é umas terem certificado e outras não, é a mesma coisa que o ensino recorrente e o extra-escolar. As acções formativas são aquelas que têm um certificado, as não formativas são as informais, é a educação informal, é isso, não é bem a mesma coisa que não formal...*
As discussões deste género prolongaram-se, por exemplo, quando discutiram o que era a avaliação externa e a avaliação interna.

7º episódio – Os livros (procuras e usos de conhecimento abstracto)

A Joana, que tinha saído do gabinete, regressa trazendo consigo alguns livros. Quando entra diz:
Joana – *Fui ali buscar isto.*
Margarida – *Pois, sobre avaliação há mais coisas.*
A Joana senta-se e diz à Sílvia, que é a colega que fica na secretária em frente:
Joana – *Trouxe-os porque aqui fala das várias fases da concepção, também da avaliação, etc. Vou ver se tiro daqui algumas ideias.*
Sílvia – *Pois, fazes bem...*
Passado algum tempo a Joana consulta um dos livros que trouxe, abre-o e começa a lê-lo. Pouco depois pergunta à Sílvia, pousando o livro:
Joana – *Já viste alguma coisa na NET*
Sílvia – *Já...*
A Joana torna a pegar no mesmo livro e marca-o numa página com uma daquelas folhinhas cuja parte superior tem autocolante. Pousa-o e começa a ler outro dos livros que trouxe (...).
Passados dois dias, vi a Joana a fazer uso efectivo do conhecimento abstracto a partir de um dos livros que tinha na sua secretária. Tal foi observado a partir de um diálogo estabelecido entre ela e a Sílvia.
Joana – *Olha já não tenho mais nada para acrescentar em relação à avaliação.*
Sílvia – *Ainda bem (...).*

Joana – *Aqui é que não sei. Esta parte da observação..., quer dizer, nós fazemos observação contínua através da reuniões, por exemplo.*
Sílvia – *Sim, claro, e isso também é avaliação.*
Joana – *Pois é, mas não sei bem como dizer isto...*
A Joana pega num dos livros que tem na secretária, vai-o consultando. Passados uns momentos diz:
Joana – *Ah, está aqui, descobri, é técnicas de avaliação, cá está, a observação é nas técnicas de avaliação. É assim, que vou pôr.*
E de seguida começa a escrever no seu computador.

Poderiam ser multiplicados os exemplos de situações semelhantes às acima transcritas. Mas, mais que isso interessa realçar que foi a normatividade da tarefa (e suas exigências "teóricas") associada ao seu elevado grau de incerteza que provocou os factos presenciados. Este facto não deve fazer crer que em casos em que a tarefa é também estruturada, mas à qual não anda associado um nível tão elevado de incerteza, não possam ocorrer fenómenos semelhantes, por exemplo de procura e uso de conhecimento abstracto para a realização da tarefa.

Esta observação leva-nos ao segundo caso a partir do qual se pretende realizar uma aproximação aos usos do conhecimento abstracto identificados: a actividade dos técnicos no que toca aos cursos EFA.

Este tipo de cursos tem um filosofia própria que é enquadrada pelo organismo que regula esta tipologia de educação de adultos (ANEFA, actual DGFV, como já foi dito). Tal filosofia chega aos técnicos através de acções de formação e de uma série de documentos orientadores e instrumentos de trabalho específicos, fornecidos por aquele organismo. Trata-se, portanto, de um tipo de actividade também estruturada por um discurso pedagógico oficial (Bernstein, 1993; 1998).

Apesar disto, para além do esperado uso reprodutor, ou aplicativo, do conhecimento abstracto que orienta a acção, por exemplo visível através do uso de alguns dos instrumentos de RVC fornecidos pelo organismo regulador, sem que ocorra qualquer tipo de modificação nos referidos instrumentos, foi possível verificar outros tipos de uso não aplicativo.

Refira-se o uso recontextualizador, que assume diferentes formas. Por exemplo, o uso parcial dos instrumentos fornecidos para a realização da planificação deste tipo de educação de adultos, que é feita com base em "temas de vida", e a ordem invertida pela qual se faz uso desses mesmos instrumentos. A modificação (alteração de perguntas contidas em instrumentos de RVC, ou o acrescentar de outras no mesmo tipo de materiais, por exemplo) dos "textos" (Apple, 1989; 1996; 1997) fornecidos pelo sistema de informação estruturante, é outro caso deste tipo de uso.

Para além disso, faz-se ainda a produção de saber, ou um tipo de recontextualização de segundo nível, para a execução da actividade ligada àqueles cursos. Isto é, os técnicos criam eles próprios instrumentos de trabalho, através da recontextualização de conhecimento abstracto não oriundo do sistema de informação que regula os cursos em causa e através do conhecimento experiencial que lhes permite, por si, realizarem a produção dos referidos materiais de apoio a execução desta sua actividade.

As justificações que os técnicos foram dando para este tipo de trabalho técnico-intelectual (Caria, 2003a; 2005) levam-nos para a ideia da existência de espaços, ou brechas (Bernstein, 1992; 1998), que o sistema dá, ou eles próprios criam no desenrolar da sua actividade, leva-nos também para a ideia de que, em contexto, o conhecimento abstracto é, muitas vezes, submetido à epistemologia prática de sentido contrário ao da racionalidade técnica (Schön, 1998):

> *"As reconstruções e adaptações que fazemos resultam da nossa experiência, ou seja, vamos dando conta que, por vezes, os materiais não se adaptam e, quando isso acontece fazem-se as adaptações...".*
>
> *"...portanto, há um modelo relativo ao processo e também aos instrumentos a usar, mas depois também é verdade que vamos introduzindo pequenas alterações nesses instrumentos (...), porque vamos vendo (...) que é necessário...".*
>
> *"...nós nunca fazemos exactamente como eles querem (...), porque aqui, ao fazer, é que se vê a aplicabilidade daquilo...".*

Por fim, realce-se o papel de intermediação que os técnicos realizam entre o modelo deste tipo de educação de adultos e os seus principais interlocutores, os formandos e os formadores. Foi possível observar esse tipo de intermediação do conhecimento (Caria, 2001a), quando, por exemplo, realizavam explicações aos formadores de tipo conceptual e/ou instrumental (procedimental) acerca do quê e do como do referido modelo, por exemplo, do que era a avaliação qualitativa e de como se deveriam usar os materiais de planificação. Neste tipo de trabalho de intermediação do conhecimento, ou do saber, foi visível o uso do conhecimento nos três sentidos indicados antes: reprodutor, ou aplicativo; recontextualizador; e produtivo.

5.4. Recontextualizadores e produtores de saber

Termina-se chamando à atenção para alguns dos aspectos mais salientes da investigação realizada. A normatividade do contexto de trabalho não é, por si, impeditiva do uso do conhecimento abstracto para além do da mera aplicação. Em certo sentido, pode-se dizer que neste contexto foi possível encontrar os três campos do discurso pedagógico identificados por Bernstein (1992; 1998): produtor, recontextualizador e reprodutor. Assim, estes técnicos não são meros reprodutores de conhecimento abstracto, são também recontextualizadores e produtores de conhecimento e saber. Desta forma, os actores podem ser reprodutores da estrutura, mas não são obrigatoriamente reprodutores apenas, antes interagem, através da sua acção, com ela, podendo usar de forma alternativa os recursos e regras postos à sua disposição para actuar.

O seu saber é feito de saber contextual e de conhecimento abstracto, que, através dos processos de trabalho intelectual referidos antes, e processos reflexivos associados, vai sendo construído e reconstruído de forma complexa. É desse processo de construção e reconstrução que resulta a existência de um repertório de saber colectivo, não uniforme, entenda-se.

O contexto de trabalho analisado revelou-se educativo para os seus actores de diversas formas, que se podem resumir em processos informais e não formais de educação.

Enfim, os técnicos estudados e correspondente actividade enquadram-se dentro do conceito de comunidade de prática (Wenger, 2001), duma comunidade de fazer, de saber e de aprender em contexto.

CAPÍTULO 6

Uso do conhecimento, incerteza e interacção no trabalho clínico dos veterinários

Telmo H. Caria

Este capítulo trata do trabalho clínico dos médicos veterinários. Trata-se da análise de uma actividade que está no centro da discussão sobre as formas sociais de profissionalismo, dado referir-se a um grupo e a um contexto de trabalho, que, historicamente, emergem como uma especialização da medicina, uma das ocupações mais utilizadas pela sociologia como ideal-tipo do profissionalismo. Esta análise é desenvolvida a partir de três tópicos, a saber, por ordem de apresentação: como é que os veterinários recontextualizam o conhecimento abstracto adquirido nos seus cursos universitários? Como é que os veterinários entendem e lidam com a incerteza no trabalho clínico? Como é que a interacção com clientes medeia o uso do conhecimento?

6.1. Problemática e hipóteses

No primeiro e segundo capítulos deste livro, clarificámos que o nosso entendimento sobre o trabalho técnico-intelectual não o reduzia a uma lógica técnico-instrumental. Na argumentação desenvolvida, tanto teórica como empírica, referimos que: (1) na acção profissional estavam inscritos valores e orientações morais que faziam com que os contextos de interacção com "o outro" (decisor ou cliente) não pudessem ser desvalorizados ou inibidos; (2) os conhecimentos mobilizados estavam longe de serem uma mera aplicação da ciência adquirida na educação formal, obrigando a operações sócio-cognitivas de recontextualização profissional do conhecimento; (3) a autonomia em contexto de trabalho implicava o desenvolvimento de uma reflexividade profissional própria, que soubesse lidar com a incerteza no/do uso do conhecimento, isto é, o conhecimento pericial do profissional-técnico sobre regras e recursos implica que a interpretação e explicação do real não pressuponha que este é sempre estável e que os resultados da intervenção serão sempre os esperados e os certos.

No que se refere à recontextualização do conhecimento, argumentámos, baseados principalmente em Basil Bernstein (1990) e Donald Shon (1998), que a reflexividade profissional não se traduz num mero exercício de aplicação do conhecimento produzido nos campos científicos e universitários. A reflexividade profissional exige operações de tradução do conhecimento abstracto e científico, produzido institucionalmente, associadas à espistemologia prática do profissional que tem que lidar, de modo autónomo e não determinado pela hierarquia académica, com as exigências de contextos de interacção heterogéneos.

Argumentámos, ainda, no que se refere à autonomia profissional e à interacção social profissional-leigo, que o uso do conhecimento abstracto nas nossas sociedades tem uma historicidade própria que implica uma pluralidade de identificações e culturas profissionais que não excluem a racionalidade técnico-instrumental como realidade actual e que podem, ainda, assumir várias formas de uso do conhecimento, designadamente a referida por Giddens (com Beck e Lash, 1994) de (1) relação social de conhecimento pós-tradicional, na qual a ciência assume formas e usos dogmáticos e desenvolve crenças míticas sobre as suas virtualidades sociais, implicando os leigos em relações de confiança-fé. Existirão, ainda, outras formas de uso do conhecimento, as que detalhamos no capítulo 1: (2) as formas de uso estritamente instrumental, que desvalorizam os contextos e as condições em que o conhecimento e ciência são utilizados, dado pressupor-se que estes são gerais e neutrais; (3) as formas de uso do conhecimento e da ciência, embrionárias, abertas à reflexividade social dos leigos e à decisão política em interacção com os não profissionais, envolvendo relações de co-responsabilização e/ou de aprendizagem mútua (confiança-partilha, v. Caria, 2002a: 824-826).

Poderemos afirmar, por um lado, que existem, em termos hipotéticos, três formas de uso do conhecimento (três tipos de relação social com o conhecimento), a saber[1]: a *forma pós-tradicional* (FPT), a *forma moderna-intrumental* (FMI) e a *forma moderna-reflexiva* (FMR). Estes formatos de uso do conhecimento são considerados por nós como equiva-

---

[1] Não referimos uma eventual "forma tradicional", porque esta tende a não usar a ciência como recurso simbólico.

lentes ou aproximados às formas de uso da cultura que encontrámos na investigação etnográfica com professores e a que nos referimos no capítulo 2. Por outro lado, poderemos ainda afirmar que estes três formatos podem ter, em termos hipotéticos, relações significativas com as formas de actualização destas relações sociais na interacção entre profissionais e leigos. São estes dois tipos de hipóteses que procuraremos documentar e esclarecer no ponto 6.3. deste capítulo.

6.2. Metodologia e amostra

6.2.1. Uma investigação como processo educativo

O conteúdo deste capítulo tem por base os dados recolhidos em entrevistas semi-estruturadas, os quais consubstanciam os resultados de um dos estudos do projecto de investigação *Reprofor*[2].

Será importante destacar o facto dos entrevistadores seleccionados para a realização deste estudo terem características bem particulares: tratava-se de alunos finalistas de um Curso de Medicina Veterinária que frequentavam uma disciplina de Sociologia e Deontologia da Medicina Veterinária. No modo como esta disciplina estava organizada era possível aos alunos, que desejassem, realizarem e analisarem entrevistas a futuros colegas de profissão, sendo para isso convidados a elaborarem um guião de entrevista que fosse ao encontro dos objectivos do programa da disciplina. O guião não era por nós fornecido à partida, apenas indicávamos os temas que considerávamos necessários e que resultavam directamente dos conhecimentos que eram leccionados.

Em consequência, por um lado, os alunos sentiam-se convidados a darem contribuições originais (pelo conhecimento que já tinham sobre o meio profissional) para encontrar "boas perguntas" que servissem cada um dos temas em estudo. Por outro lado, este modo de organizar os guiões fez com que estes não fossem completamente iguais de ano para ano lectivo e de aluno para aluno. No entanto, os guiões de entrevista utilizados tiveram sempre questões comuns e algumas exactamente iguais em três aspectos: (1) dificuldades de formação sentidas no início da profissão – problema teórico relativo à recontextualização profissional da ciência; (2) dúvidas e dilemas na formulação de diagnósticos e tera-

---

[2] Em anexo VI.1 são descritas as características dos entrevistados.

pias – problema teórico relativo à incerteza no uso do conhecimento/ /ciência; (3) modalidades de interacção com a heterogeneidade de clientes – problema da contextualização da reflexividade profissional com não profissionais.

Mas os propósitos educativos não estiveram só do nosso lado, como responsáveis pela disciplina do curso. Estiveram também do lado dos veterinários entrevistados porque, para além de serem voluntários, eram convidados a falar, a relatar e a apreciar situações-problema do seu quotidiano para pessoas que viriam a ser profissionais como eles. O relato que a maioria dos alunos nos fez do ambiente da entrevista leva-nos a crer que os entrevistados se sentiam, indirectamente, convocados a "ensinar" aos mais novos o que tinham aprendido no terreno da profissão. Desta forma, os veterinários mais velhos acabavam por estar a antecipar a educação não formal dos seus pares mais novos, embora através de uma relação que era mediada pela Universidade e que portanto seleccionava, implicitamente, o universo da informação mobilizável para o escrito (relativo ao relatório realizado pelos alunos para a disciplina) às interrogações e respostas consideradas legítimas do exercício da profissão.

Em conclusão, este enquadramento legitimador e educativo decorrente das condições de entrevista leva-nos a considerar que: (1) o conhecimento mobilizado para as entrevistas está centrado nos processos de recontextualização profissional do conhecimento abstracto e científico transmitido pela Universidade (e não tanto nos processos de transferência e explicitação de saberes tácitos aprendidos pela experiência colectiva inter-contextual[3]) (2) e em consequência são explicitadas identificações e culturas profissionais na medicina veterinária, dado estarmos em presença de discursos que resultam de relações sociais entre pares da mesma profissão.

6.2.2. Trajectórias e contextos de trabalho clínico

Para as finalidades deste livro, utilizamos como dados o conteúdo de dezoito entrevistas com médicos veterinários, todos com pelo menos três anos de experiência profissional clínica. O anexo VI.2 resume a

---

[3] Como mostrámos noutro trabalho, a reflexividade profissional desenvolve-se em dois movimentos mais ou menos articulados: a recontextualização do conhecimento abstracto na interacção social; a transferência dos saberes experienciais entre vários contextos de acção. V. Caria, 2003a.

informação disponível relativa às trajectórias profissionais dos inquiridos. Verificámos que: (1) a amostra seleccionada é equilibrada, porque, nas variáveis sexo e antiguidade na profissão, as duas categorias consideradas para cada variável têm frequências de 45% a 55%; (2) a frequência de inquiridos do sexo feminino apresenta uma maior concentração junto dos mais novos na profissão, junto daqueles que trabalham no sector clínico dos pequenos animais e junto dos profissionais que trabalham em meios sociais urbanos no litoral do país, enquanto que nos inquiridos do sexo masculino ocorre o inverso; (3) a frequência de inquiridos mais novos na profissão apresenta uma maior concentração junto daqueles que têm uma menor diversidade de sectores em que trabalham e junto daqueles que trabalham na clínica de pequenos animais, enquanto que nos inquiridos mais velhos na profissão ocorre o inverso.

Estas tendências são coerentes com o processo histórico de desenvolvimento desta profissão na última década em Portugal, a saber: uma progressiva, embora lenta, feminização, acompanhada por uma concentração da procura de serviços veterinários clínicos nos pequenos animais de companhia (típica dos meios urbanos) e em consequência uma menor polivalência de papeis institucionais. Este novo tipo de procura social da veterinária médica (contrariamente ao que existia por tradição, no meio rural e relativa a grandes animais e a explorações pecuárias) tende a ser muito mais escolarizada e a conter uma maior heterogeneidade social e animal. Factos que admitimos poderão ter um efeito relevante nas formas de uso do conhecimento e da ciência, atrás formuladas.

6.3. O contexto de trabalho clínico em veterinária

6.3.1. Da insegurança inicial à recontextualização profissional do conhecimento

Colocar questões sobre a incerteza clínica a veterinários com experiência profissional quando os seus interlocutores são finalistas do seu próprio curso, teve uma consequência muito evidente: a incerteza clínica, enquanto questionamento do conhecimento aplicável, é rapidamente confundida com a insegurança psicológica do principiante. Aliás, quando iniciámos há 8 anos atrás o trabalho pedagógico com alunos finalistas de veterinária ficou desde logo para nós muito claro que para estes a noção de "incerteza", no seu futuro trabalho a curto prazo, era confundida com insegurança pessoal no desempenho do papel.

A minha primeira consulta foi uma vacina. Estava muito, muito nervosa. A minha voz tremia muito. Mas não correu mal. Consegui dar a vacina ao animal. No início é principalmente uma questão de auto-confiança de principiante e mais que tudo na conversação com os clientes, nem tanto na parte veterinária. Tive algumas dificuldades óbvias no início da carreira, mas mais que tudo na maneira de abordar o cliente. (...)- O à-vontade, o à-vontade nas consultas mudou muito; e é isso que nos dá auto-confiança.. [Entrevista nº 6]

É um bocado angustiante a primeira consulta. Lembro-me que foi um cãozito, por acaso. Já não me lembro do que é que ele tinha. Mas sei que na altura não fazia a mínima ideia, realmente, do que é que se poderia passar com ele. E foi mesmo assim por tentativa e erro. Não foi nada de especial mas foi complicado. E estava super nervosa. (...) Parece que sais da Universidade e não sabes nada. E pensas, afinal o que andámos nós ali a fazer? Porque não sabemos? [Entrevista nº 8]

Lembro-me que a minha dificuldade foi em assumir a responsabilidade perante a situação. Já tinha visto aquele caso montes de vezes e aquelas situações. Quando estava com o orientador, eu pensava: "outra vez uma vaca com a mesma coisa!"; nem ligávamos. Pensava que quando fosse eu, já sabia o que fazer. E depois na altura é completamente diferente. Nós temos a responsabilidade e temos que saber se estamos ou não preparados para a situação. (...) No início, lembro-me perfeitamente, de pensar: "E se me chamam para fazer alguma coisa que eu não sei, que não sei fazer". Agora estou à vontade, chamam-me para o que chamarem, não estou a pensar "se calhar vão-me chamar para uma coisa que eu não sei fazer". Agora sinto confiança para todas as situações. (...) Já não há medo!. [Entrevista nº 7]

Apesar desta relativa sobreposição de sentidos, algumas entrevistas foram particularmente clarificadoras quanto aos vários aspectos que estarão em causa no início da carreira.

(...) incertezas no início da profissão... Incertezas não era bem, não lhe chamaria assim. Havia naturalmente algumas, porque, é claro, que quando se acaba um curso não se tem uma prática objectiva e por isso temos sempre algumas dúvidas que a pouco e pouco vão sendo dissipadas (...) eu chamar-lhe-ia alguma insegurança, não incerteza. Reconheço e lembro-me de alguma insegurança no momento de decidir qual era eventualmente o diagnóstico ou qual era o diagnóstico certo. Insegurança portanto, porque as incertezas não me parece que me tivessem assolado muito no início. [Entrevista nº 4]

O medo é uma das incertezas grandes. É o medo de uma pessoa fazer mal ou não fazer tão bem nos actos clínicos... isso não devido ao facto de uma pessoa não saber o que está a fazer mas há falta de pratica e há falta de à-vontade com que qualquer profissional se depara quando começa a vida prática. E o outro grande problema, que faz com que haja incerteza na nossa atitude inicial, é sentirmos uma certa falta de confiança por parte do cliente... pensando que ele está a achar que somos somos muito novinhos e que se calhar não sabemos o que estamos a fazer. São estes os três grandes factores que geram a incerteza: o medo de falhar, a necessidade de haver uma relação do conhecimento prático com o conhecimento teórico e falta de confiança com que muitas vezes uma pessoa se depara. [Entrevista nº 1]

O modo como cada iniciante se vê e se posiciona no desempenho do papel, em especial na interacção com os clientes e com os animais, não parece que lhe dê muito "espaço" para pensar os processos de recontextualização do conhecimento, de um modo independente dos factores relacionais em presença. No entanto, quando os alunos entrevistadores pediam para comparar as diferenças entre o início da carreira e o momento actual e quando questionavam o facto do desempenho profissional poder ser apenas uma questão de auto-confiança, as respostas foram claras:

Não é só auto-confiança. É também aquela sensação de que a formação prática que temos, quando estamos a estudar, falha um bocado. Aquela prática não é a que nos aparece todos os dias. Fomos aprendendo, mais ou menos, mas há algo em falha. Ficamos com a sensação que saímos da Universidade mas... e agora, perguntas-te, o que é que eu faço?. [Entrevista nº 8]

(...) à medida que se vai avançando na carreira, as incertezas básicas, digamos assim, desaparecem. Não saber quando se devia repetir uma vacina e com que periodicidade se devia fazer uma desparasitação, são coisas corriqueiras e básicas que surgiam como dúvidas do início. Essas incertezas desapareceram, mas entretanto surgem outras que tem que ver com situações muito complicadas. [Entrevista nº 18]

No início comecei a ganhar experiência com os animais, indo para clínicas antes mesmo de estar com o curso terminado. Ia a clínicas como estagiária no fundo. E havia imensas dúvidas, quer dizer, olhava para um RX, não conseguia interpretar um RX. Não sabia segurar um animal, não sabia fazer limpeza dos ouvidos de um animal. E tudo isso se vai adquirindo. E à medida que os anos passam é claro, que se chega a um ponto que é dado, já conseguimos fazer isto de olhos fechados. [Entrevista nº 16]

> As incertezas de início de carreira incidiam em coisas muito simples e muito básicas, e mesmo aquelas incertezas de como nos comportarmos frente a um proprietário, ou aquelas coisas quase ilógicas de acharmos que estamos a ver avaliadas por sermos muito inexperientes. Agora não, as incertezas são um bocadinho mais profundas, já vamos chegar mais ao cerne da questão: ao diagnóstico em si. [Entrevista n° 13]
>
> Claro que as incertezas são menores hoje em dia porque no início da carreira há falta de experiência e estamos pouco sensibilizados na forma de nos aproximarmos do animal e sabermos aquilo que devemos procurar perante os sintomas que são apresentados. Por outro lado a maneira como nos apresentamos ao animal e a maneira como fazemos a colheita dos sintomas é muito mais fácil do que no início da carreira. [Entrevista n° 17]

As respostas dos inquiridos mais experientes indicam-nos que, a pouco e pouco, as questões do uso do conhecimento científico em contexto de trabalho clínico tornam-se cada vez mais prementes à medida que a carreira se vai desenvolvendo. A procura de um diagnóstico válido e de uma terapia fiável emergem como as questões centrais, ainda que as dimensões relacionais continuem a coexistir.

> (...) as incertezas eram muitas e foram quase todos os dias mas para isso a melhor maneira de as ultrapassar era fazer o tratamento do animal, em casa estudar o caso e depois ir lá um ou dois dias depois ver se o animal estava melhor ou pior. Muitas vezes era com os erros, que ia cometendo, que ia aprendendo. [Entrevista n° 2]
>
> Lembro-me de uma vez, logo no início. Entrou um animal que tinha sido atropelado e o maior problema naquele animal era não conseguir pô-lo a soro. Para mim o soro era vital para o animal e não conseguia desenvolver mais nada. O meu factor de incerteza era o que é que tinha que fazer a seguir. Se não o conseguisse meter o soro... e será que ia resolver se lhe desse antes o soro subcutâneo. Para mim o soro era o mais importante, porque estava em choque e eu tinha que fazer aquela coisa. Depois aprendi que mais vale ter calma e que há mais coisas para pensar, que são tão ou mais importantes, para conseguir arranjar outras alternativas. Se calhar, agora, a minha incerteza deixou de ser se tenho ou não de pôr a soro, para ser a parte mais final do tratamento: se calhar a coisa mais complicadas agora é saber quando é que devemos parar com o tratamento ou devemos optar por outro ou, se calhar, ter prioridades diferentes. [Entrevista n° 13]

[Comparando o início com o que se passa hoje posso dizer que] Muda a maneira de estar, a maneira de ser, a maneira de encarar os clientes. A gente também vai conhecendo melhor os clientes, vamos conhecendo melhor certos problemas, certas doenças e ficamos mais à vontade. Não há nada como a experiência! [Entrevista nº 11]

Mais especificamente, no que se refere à avaliação que fazem da educação formal que tiveram, os inquirido põem em evidência o contínuo vai-vem entre a prática e os livros.

[o balanço que se pode fazer da formação inicial que tivemos] depende muito de como a aproveitamos. Para mim, ajudou-me. Não vou dizer que foram os conhecimentos que eu tive que fizeram com que eu conseguisse encarar determinadas situações. Agora, o que é lógico é que temos muita informação. Há aquelas coisas que ficam, aquelas coisas básicas que nos martelam tantas vezes que acabam por entrar, mas o que aprendes é aonde vais buscar e que essa informação existe. Há como que um ecozinho cá dentro que diz, quando aparece algo que te diz, "eu sei que havia uma coisa mais específica", e então tu vais procurar e ver realmente aqueles sintomas que têm a ver com aquela patologia. Tu sabes que tens onde procurar e aprendes o sítio onde tens de procurar. E tens a formação base: a fisiologia, a citologia, aquilo que parece que não serve no início e que é a base de tudo. Com aquilo conseguimos ler os livros e desenvolver raciocínios em muitas direcções. [Entrevista nº 13]

(…) sempre estudar, sempre ir ver. Nós não saímos de lá [Universidade] a saber tudo. Damos uma consulta ou estamos em qualquer acto e o que não sabemos na altura temos que ir consultar livros. Principalmente aprendemos a consultar livros e a saber onde as coisas estão e é mais fácil depois. [Entrevista nº 8]

O curso, basicamente, não nos ensina a ser Veterinários. Dá-te as bases, ou melhor, diz-te como é que tu deves estudar para tu praticares a tua pro-fissão. (…) Ensina-te a estudar [e isso permite que te informes]. Eu se tenho um determinado caso, em que tenho dúvidas, informo-me em livros, revistas, com colegas com mais experiência. Depois de ler tudo isto vou tentar aplicar o que vem lá, por exemplo determinados tipos de meios de diagnóstico que possa fazer para me ajudar. [Entrevista nº 14)

A nossa formação académica dá-nos só as bases para a gente ter os conhecimentos científicos, saber explicar as situações, saber porque é que ocorrem, saber porque é que aquele sintoma apareceu. Depois esse conhecimento que é transmitido na faculdade é consolidado ao longo do tempo com a actividade no campo, no dia-a-dia, com a aplicação de determinadas terapêuticas, vendo se resultam ou não... Tem que se estudar, porque quando aparecem os casos clínicos um indivíduo faz um tratamento que nos parece correcto. Mas depois temos de procurar não ficar por aí, saber se realmente esse tratamento foi o correcto e se faltou alguma coisa, o que podes melhorar nas tuas atitudes perante outros casos. Assim, tens que estar sempre a estudar, a arranjar novos conhecimentos, actualização, novas terapêuticas que vão surgindo diariamente. [Entrevista nº 18]

Nas várias respostas relativas às comparações entre o início da carreira e o hoje ou relativas à avaliação que fazem sobre a educação formal que tiveram, os inquiridos destacam operações cognitivas e comportamentos que dão conta dos processos de recontextualização do conhecimento científico.

Há um livro muito abrangente que é o manual de [...] e eu na altura, como não tinha hipótese de levar todos os livros no carro, levava sempre pelo menos este manual [...] e depois de um caso clínico ia sempre ver ao livro se tinha feito bem; pelo menos se os tratamentos os tinha feito bem ou não.[Entrevista nº 2)

Quando saímos da faculdade acho que temos muito pouca prática; pouca prática de conclusão de diagnósticos. Temos uma boa bagagem de elementos teóricos (...) mas é tanta matéria que é natural que a informação não esteja completamente definida. E eu acho que esse foi o problema maior quando comecei a trabalhar. Era necessário abstrair de todo aquele potencial de informação que tínhamos adquirido nas outras coisas todas e focar só na clinica, [...] e agora só vamos trabalhar com uma ou duas coisas. No início resolvia os casos mas ao mesmo tempo ia fazendo revisões sobre a matéria: fazia restrições, voltava a estudar, voltava a programar, voltava a fazer os mesmos resumos. Procurava ficar a perceber o que era mais importante e o que era secundário, conforme os casos me iam surgindo.. [Entrevista nº 4)

Hoje, mudou principalmente a maneira de abordar os casos. Ou seja, no inicio nós temos uma tendência um pouco atabalhoada de fazer o diagnóstico ou de procurar os indícios clínicos da doença. Não sabemos muito bem, apesar de nos terem ensinado, não sabemos muito bem qual a importância a dar a cada sinal. Com o tempo aprende-se a determinar o que é realmente importante e o que não é. E para além disso, o que mudou foi também, claro, a própria auto-estima, a facilidade de comunicação com os clientes e a facilidade de obter informação dos clientes e a não duvidar dos nossos próprios diagnósticos; coisa que no início temos sempre um pouco tendência a fazer e a ter que recorrer a colegas mais velhos e com mais experiência a perguntar, se fosse aquele caso com eles, se eles fariam o mesmo que nós fizemos, etc. [Entrevista nº 10]

Quando a gente tem falta de experiência e aparece um caso mais complicado, quase nunca se consegue no início (se não se teve uma situação daquelas) ver todo o quadro global; todo o tipo de diagnósticos possíveis. Então vai-se para aquele que nos parece mais evidente (...) Aplica-se um tratamento restrito e acaba, se calhar, por não se atingir o objectivo terapêutico, pois não se tratou o que de facto o animal tinha. [Entrevista nº 18]

Em conclusão, à medida que o processo de profissionalização se desenvolve, através da experiência no terreno, o médico veterinário deixa de estar centrado apenas nas questões comportamentais e relacionais para passar a preocupar-se cada vez mais com as operações e usos que dará ao conhecimento científico. Assim, a incerteza no trabalho clínico começa por ser uma questão de insegurança para encontrar um "bom interagir" e para se conseguir lembrar, no momento certo e oportuno, da informação básica e elementar que se pode aplicar às solicitações que vão sendo apresentadas. Trata-se de um saber-estar implícito e intuitivo, apto a lidar com o contexto da consulta médica nos seus próprios termos, e que está ainda numa situação de reacção face ao que acontece, sem que o veterinário tome iniciativas próprias. É uma nova aprendizagem, completamente exterior à universitária, que procura o *sentido contextual* da profissionalidade clínica.

Só quando este saber-estar deixa de ser tão premente[4], e a insegurança pessoal está mais controlada, é que se começa, verdadeiramente, a desenvolver o saber-pensar profissional, isto é, começa-se a entender o *sentido estratégico* (terapias) e o *sentido explicativo* (diagnósticos) do conhecimento científico utilizado, sem que este seja apenas uma questão de deter mais informação ou de mera aplicação[5]. Então põe-se mãos à obra para "rever a matéria": não só relembrá-la, como já se ia fazendo,

---

[4] No capítulo 4, Fernando Pereira designa este saber-estar como sentido contextual-relacional do uso do conhecimento.

[5] Sobre os conceitos de sentidos contextual, técnico-estratégico e interpretativo-justificativo, aplicados em geral aos grupos profissionais, v. Caria, 2003a: 2004; 2005.

mas principalmente reorganizá-la para necessidades de uso que já não são estritamente académicas. O conhecimento adquirido em contexto universitário é reorientado e selecccionado para o contexto da consulta médica, sempre filtrado pelo domínio que entretanto já se conseguiu sobre a interacção social na consulta médica. Só neste momento é que os dois contextos de aprendizagem são postos em diálogo bilateral e, portanto, só então poderemos dizer que estamos em presença de processos de *recontextualização profissional do conhecimento*.

> Inicialmente as principais incertezas eram se algum dia conseguiria chegar lá; se conseguiria resolver os casos. Neste momento, as incertezas que possa ter, são incertezas que tentam determinar quais são os nossos limites e até que ponto é que eu consigo fazer algo mais, que não se faça ou que se faça pouco na nossa profissão. [Entrevista n° 15]

> (...) é obvio que há uma coisa que fazia e que agora não faço. Eu antigamente era capaz de estar dez minutos na conversa com eles, antes de ver qualquer coisa lá na vaca (...) Actualmente incluo muito mais essa conversa durante o exame clínico: estou a fazer o exame clínico e pergunto-lhe, então e isto, então e aquilo e então mais aquilo e mais aquele outro. Ou seja, para não perder muito tempo e para enquadrar tudo junto, enquanto faço exame clínico vou-lhe perguntando, então não come há quantos dias, então e o que é que come e o que é que não come, está a dar leite ou não está, baixou a produção ou não baixou....; enquanto estás a ver a febre, estás a ver os movimentos respiratórios; enquanto vês tudo, as mucosas e essa coisa toda, pões a vaca de patas para o ar e vais-lhe perguntando mais isto, mais aquilo. E assim é muito mais fácil. [Entrevista n° 2][6]

Mas as procuras e as interrogações relativas ao uso do conhecimento podem ser de vários tipos, nem sempre extensivas de igual modo a todos os veterinários. É esta heterogeneidade dentro da profissão, relativa a identificações e culturas variadas, que procuraremos dar conta a seguir nas próximas secções.

6.3.2. Formatos de recontextualização profissional do conhecimento

No início deste capítulo colocámos algumas hipóteses sobre as formas de uso do conhecimento. Este olhar para os usos do conhecimento implica que existirão modalidades diferenciadas de recontextualização

---

[6] No capítulo 4, Fernando Pereira identifica o mesmo tipo de saber profissional junto dos engenheiros agrários.

profissional do mesmo. Assim, poderemos interrogar-nos sobre o que acorre, de acordo com os nossos inquiridos, quando se atinge um certo nível de auto-confiança na profissão. Depois de deixarem de ser principiantes no trabalho clínico veterinário, do pânico e da ansiedade terem desaparecido, como é que se caracterizaria o quotidiano dos médicos veterinários?

> (…) reforça-se a autoconfiança ao longo do tempo. Mas a clínica é um pouco rotineira, depois. Os casos no dia-a-dia repetem-se muitas vezes e nós começamos a conseguir dominá-los totalmente, embora haja sempre um ou outro que exija maior estudo. Agora as situações de pânico já são pouco frequentes [Entrevista n° 9]

> Eu, hoje, normalmente já parto com a segurança e com a certeza que conseguirei resolver os casos e para as dificuldades que possam aparecer tenho, entretanto, outra postura. Quer dizer, já não fico tão nervoso e já não penso que poderei pôr a carreira em jogo por ter de corrigir uma ou outra anomalia. [Entrevista n° 4]

Rotinas e certezas são algumas das respostas que os inquiridos nos dão. Estes discursos levam-nos a pensar que, para uma parte dos veterinários, quando a insegurança desaparece, ela implica o fim da incerteza na prática clínica. Mas verificámos que há outros, pelo contrário, que continuam a falar-nos da incerteza em novos termos. Assim, importa clarificar os diferentes princípios discursivos em que se baseiam as identificações profissionais dos veterinários experientes quando estão em condições de centrar a sua reflexividade profissional na recontextualização do conhecimento. Vejamos, em primeiro lugar, os que consideram que a incerteza clínica tende a desaparecer com a segurança profissional.

> (…) todos nós possuímos uma capacidade maior ou menor para ser clínicos, ou para ser outra coisa qualquer. Há uma intuição primária quando se faz diagnósticos clínicos; é uma intuição que cada um de nós possui sempre assente na capacidade e na informação que nós adquirimos não só na faculdade como também na prática recorrente (…). A minha primeira impressão normalmente é a mais certa e se eu rebuscar muito em torno de informação, se calhar vou ter cada vez mais dúvidas e posso optar por um diagnóstico que não é o mais correcto. Em toda esta minha prática clínica eu tenho dito que a minha intuição, o primeiro olhar sobre o animal, mesmo sem ter grandes observações acaba por ser aquele que me conduz ao diagnóstico mais correcto (…) posso pedir pareceres, posso pedir a

opinião de imensas pessoas, mas o meu primeiro diagnóstico é sempre aquele que me dá mais força e normalmente é aquele que está mais certo. [Entrevista nº 4]

Eu acho que há pessoas que nascem já com olho clínico. Há coisas que passam despercebidas, mas há alguém que tem este chamado "olho clínico", ou vocação ou orientação, que nasce consigo, e que é natural nas pessoas. Acho que isso está presente no início e que nunca morre e é isso que nos resolve as incertezas (...) as pessoas talvez possam relaxar mais um bocado e deixar-se levar pela rotina de trabalho; aquilo a que estão habituados a fazer. E afinal, não é, porque há qualquer coisa que é diferente e a pessoa, na altura não notou, relaxou um bocado mas o seu olho clínico, se o tiver, fá-la despertar e não cometer o erro. [Entrevista nº 8]

Mas uma coisa que eu digo e que ouvi de um professor nosso, por quem tenho muita consideração, "é melhor o maior erro com convicção do que a maior certeza sem ela". Ou seja, eu posso muitas vezes não ter a certeza do que estou a fazer mas é preferível eu no momento agir e fazer o que julgo que está certo, mesmo que mais tarde venha a saber que aquilo está mal, do que, ter a certeza daquilo que havia de fazer, e não ter coragem para o fazer (...). No entanto, como em tudo na vida é preciso muita humildade, não ser arrogante. Mas eu julgo que na nossa profissão é preciso ser humilde connosco próprios e cuidar da forma como mostramos essas fraquezas. Chamar-lhe-ia não tanto assim incertezas, porque muitas vezes nós sabemos o que havemos de fazer mas fraquejamos e temos dúvidas. Acaba por não ser propriamente uma incerteza (...) é sempre necessário optar e agir. Julgo que é preciso guiar-nos pelos nossos instintos e ter coragem. [Entrevista nº 1]

Vocação, instinto natural e coragem, são três princípios de organização do discurso que caracterizariam o bom e experiente profissional. Características que lhe dariam certezas, ou pelo menos fortes convicções, para enfrentar as situações-problema mais difíceis e urgentes, mesmo quando pelos hábitos e rotinas se possa estar menos atento aos pormenores. Assim, a habilidade profissional, designada no jargão da profissão como "olho clínico", é apenas função da personalidade de cada um. Para estes veterinários a incerteza no uso do conhecimento, em função do caso e do contexto social e físico em que se insere o animal, tende a tornar-se irrelevante para entender o quotidiano do dia-a-dia profissional, desde que se tenha o olho clínico suficientemente apurado. Inversamente, a lógica do raciocínio pode levar-nos a pensar que, para estes, a incerteza clínica é apanágio dos que não têm suficiente instinto e auto-confiança profissionais. Vejamos, de seguida, os discursos dos inquiridos nos quais a incerteza se mantém para todo o sempre, mesmo quando há já uma grande segurança profissional.

As incertezas nunca são ultrapassadas porque há doenças e medicamentos novos. Ficamos com dúvidas, se não teríamos uma resposta mais rápida se tivéssemos aplicado outro tratamento. Às vezes fazemos os mesmos tratamentos e uma vaca não reage. Cada animal é um animal, cada organismo é um organismo, pelo que não podemos dizer que para tratar uma mamite por [...] se faz sempre de certa maneira. Nem todas as vacas reagem da mesma maneira ao medicamento. [Entrevista nº 12]

No diagnóstico, e principalmente no diagnóstico, os meus motivos mais frequentes de incerteza são uma difícil anamnese. Quer dizer, o facto de eu não ter informação por parte dos proprietários dos animais faz com que eu não consiga definir um diagnóstico como queria. [...] É raro o dia, em que se faça várias consultas, que não apareça pelo menos um cliente que nos diga só que o cão está a vomitar, ou o cão tem diarreia, ou o cão hoje não comeu; e não nos consiga dizer mais nada. Às vezes nem diz se vomita, ou se tem diarreia; não diz nada, só diz que acha que o cão está triste e não come e a partir daí temos que tentar chegar a um diagnóstico. É claro que se ultrapassada esta fase, já depois de termos feito o exame clínico e de termos conseguido recolher alguma coisa da parte do proprietário, passamos à fase dos diagnósticos diferenciais. Aí voltam as incertezas, porque existem muitas causas para um ou dois sintomas. E nós, às vezes, também nos questionamos se realmente não haverá outro diagnóstico, alguma coisa que nos esteja a falhar e que nós não estamos a pensar. Acaba por ser o conhecimento que nos faz ter muitas incertezas. O facto de estarmos alertados para muitas possibilidades. [Entrevista nº 13]

[...] nós sentimos sempre que por muito pouco que a gente saiba, sabemos sempre mais que o cliente e que ele, à partida, vai confiar naquilo que nós fizermos. Agora aquilo que eu acho importante é, independentemente de nós por vezes termos alguma dúvida, que tentemos chegar a uma conclusão relativamente correcta no início e logo a seguir comprovar esse diagnóstico, estudando e seguindo o animal de perto. Nem que se tenha que falar com o dono, telefonar e perguntar como é que o animal evoluiu para, se for necessário, alterar a medicação ou fazer novos exames. [Entrevista nº 10]

[...] hoje em dia já me passou a ambição do conhecimento clínico ou está muito atenuado face ao exercício algo rotineiro da minha clínica. Mas, incertezas existem sempre. Às vezes deparo-me com situações que, à partida, faço-lhes um diagnostico e no minuto seguinte estou-me a interrogar se não devia ter pensado noutra hipótese (...) [Entrevista n° 3]

Outra causa da incerteza clínica, às vezes, é a própria maneira de ser das pessoas que têm incerteza em tudo. (...) O grande problema da Veterinária é a falta de especializações e de investigação, que nos permita ter uma base mais ampla de conhecimentos. (...) Hoje, contrariamente ao que pensava que me pudesse acontecer, tenho mais incertezas do que quando comecei. Tinha uma certa ilusão de que com o conhecimento que possuía tudo se resolvia. Mas não, como dizia, falta muita investigação especializada. [Entrevista n° 15]

Os discursos parecem ser bem claros quanto à sequência das operações cognitivas que se seguem ao ganho de auto-confiança: obter informação fidedigna e pormenorizada do cliente sobre o animal; realizar diagnósticos diferenciais face à complexidade das patologias e estar atento à singularidade de cada animal nas reacções às terapias. Mas para além disto, há dois aspectos que concorrem para o efeito desejado: saber se existe conhecimento científico disponível para o caso e, principalmente, ter uma atitude de procura e de investigação clínica continuada.

A ideia central parece ser a de que a educação formal científico-técnica em veterinária não chega para o desempenho profissional experiente, porque a complexidade do trabalho clínico faz com que o conhecimento científico esteja aquém do necessário. Face a este desfasamento a "maneira de ser" do médico veterinário conta, porque uma atitude de investigação clínica (serão os que têm incerteza em tudo?) pode ser determinante para não se cair na rotina do banal, do típico e do já conhecido.

Para mim a rotina não me mata o "olho clínico", porque quando estou a entrar em rotina, eu preciso de quebrá-la. E para a quebrar eu tenho de inovar qualquer coisa. E para inovar o que é que podemos fazer numa consulta? É pesquisar um bocadinho mais e não nos deixarmos cair na rotina em determinadas coisas (...) Uma pessoa que gosta do que faz tem necessidade de quebrar a rotina e de estar mais atenta. Porque se nós temos a rotina de ver não sei quantos animais por dia com uma determinada sintomatologia também temos alguma probabilidade de encontrar casos não rotineiros. Então o nosso "olho clínico" aí vai funcionar, porque estamos à procura exactamente do que é diferente nestes animais. [Entrevista n° 13]

Às vezes nós trabalhamos todos os dias, vemos animais todos os dias, e ganhamos certos vícios em certas terapêuticas. E muitas vezes também nos falta tempo para estudar, para lermos artigos novos. E eu falo por mim, não quero cair no erro de daqui por cinco anos estar a trabalhar exactamente da mesma maneira que estou a trabalhar agora, como muitos que conheço fazem. Mas tenho a sensação que pode acontecer isso, mesmo que não queira. [Entrevista nº 6]

Portanto, ter e persistir numa atitude de investigação clínica (uma outra forma de falar do "olho clínico") é algo que parece nem sempre acontecer, especialmente se se conota a incerteza clínica com uma questão de erro ou falha e se tende a imputar ao cliente a quase exclusiva responsabilidade da situação. Os extractos discursivos que se seguem põem em evidência o modo como se entende a continuação das incertezas; afirmam que elas diminuem, remetendo-as para a falta de meios, para as falhas dos clientes e para os vícios provocados pelas rotinas de procedimento clínico, e não tanto para a complexidade do acto clínico face ao conhecimento científico produzido.

A incerteza... muitas vezes não tem a ver com a incerteza clínica. Tem a ver com a falta de oportunidade de fazermos os testes que devíamos; tem a ver com a própria pessoa que não está disposta a fazer os exames que são necessários, seja a nível sanguíneo, endoscopias ou ecografias, seja o que for. Portanto, às vezes não é uma questão de incerteza clínica, é uma questão de não podermos ir até ao fim num diagnóstico duma doença. A incerteza fica muitas vezes por não ser feito o diagnóstico. Haver suspeitas e diagnósticos prováveis mas não se seguir até ao fim. Fora isto, não vejo realmente outras razões para ter incertezas. [Entrevista nº 16]

Existem vários diagnósticos diferenciais que por falta de meios, ou porque o cliente não os quer pagar, pode levar-te a essa incerteza. Da mesma forma pode levar a uma incerteza na medicação. [Entrevista nº 14]

Não, eu acho que as incertezas de hoje não são semelhantes às incertezas do início da carreira. Mas a aprendizagem do Médico Veterinário é progressiva porque estamos sempre a ter novas experiências, novas situações. (...) Ou seja, durante uma carreira há coisas que eram incertezas que depois passam a ser completamente banais. (...)Mas vão aparecendo sempre novas situações que a gente nunca tinha visto e tem que encará-las como situações novas. Portanto, não acho que as incertezas se mantenham. Nós vamos aprendendo e habituamo-nos a elas de tal modo que é como se elas já não existissem. [Entrevista nº 18]

> Nós deparamo-nos com algumas situações típicas, que nos levam sempre a suspeitar. Quando nos aparecem aquelas evidências, levam-nos sempre a suspeitar de um determinado diagnóstico. Se calhar, muitas vezes, se a gente fosse mais além, éramos capazes de encontrar outro, outras evidências que nos levasse a outro tipo de diagnóstico. Portanto, os principais sintomas podem-nos levar ao erro. [Entrevista nº 11]
>
> [...] como eu estava a dizer no princípio, a clínica é um pouco rotineira. Muitas vezes nós estamos na secretária, enquanto o dono está a falar, e já fizemos o diagnóstico. Caímos na tentação de nem nos levantarmos da secretária para olhar para o animal e às vezes podemos cair em erro (...) a pessoa começa a deixar de lado alguns dos procedimentos essenciais que devia ter. [Entrevista nº 9]

Em conclusão, entendemos que os processos de recontextualização do conhecimento estão implicados, de modo desigual, na forma como os médicos veterinários entendem a incerteza no trabalho clínico. Detectámos três princípios discursivos diferenciados, a saber: (1) os que quase estabelecem uma equivalência entre incerteza clínica e insegurança profissional, e que admitem a certeza e a previsibilidade como parte da sua actividade profissional (recontextualização incerteza/insegurança); (2) os que afirmam a tendencial diminuição da incerteza ao longo da carreira e que a conotam com erros e falhas de vários tipos, dando a entender a quase inevitabilidade da sua acorrência. (recontextualização incerteza/erro (3) os que afirmam a manutenção da incerteza clínica e a associam à complexidade do acto clínico, podendo ser atenuada com uma atitude adequada de investigação clínica (recontextualização incerteza//investigação).

Poderemos perguntar por fim: dentro destes diferentes entendimentos da incerteza clínica, quais as consequências que deles se retiram para a interacção com o cliente?

> [Mostrar a incerteza] varia, principalmente com aqueles clientes que fazem tudo e que julgam que é tudo fácil, e que já fizeram um bocadinho de tudo. Esses não confiam muito no nosso trabalho. Estes quando nos chamam sabem que nos tiveram de chamar. Mas quando nos chamam a taxa de sucesso dos nossos casos já é baixa, porque eles como tentam fazer tudo, muitas vezes fazem asneiras ou muitas vezes já é tarde. Então eu julgo que é diferente a interpretação da falta de certeza porque, neste caso, não convém mostrar as nossas dúvidas. Mas, por exemplo, um cliente humilde, simples, tem muito mais confiança e transmite-nos essa confiança [...]

o acto que nós pretendemos fazer parece que se torna mais simples e mais óbvio. Aqui a dúvida, quando há, já não é problema. Digo-lhe mesmo que colocá-la é completamente escusado. [Entrevista nº 1]

Nunca senti que ninguém me chamasse com uma certa preocupação que não lhes resolvesse a situação. Chamam-me muitas vezes mesmo. Eles tentam tratar e não conseguem, e quando me chamam é porque sabem que eu vou resolver a situação e por isso as certezas têm que ser evidentes para eles. [Entrevista nº 7]

(...) é um bocado complicado estar a dizer às pessoas que não se percebe um caso. Ou seja, muitas das vezes tem que ser "peito para a frente e fé em Deus" porque normalmente é assim que a coisa corre bem. De contrário, se a gente vai para ali um bocado indecisos, a mostrar dúvidas, se as coisas correm bem as pessoas dizem que foi obra do acaso, se a coisa corre mal é porque o doutor não sabia o que fazia. De modo que um indivíduo tem que entrar com uma certa confiança, a mostrar que sabe, senão corre o risco do seu trabalho ser posto em causa. [Entrevista nº 2]

Fé e certeza são as expressões mais típicas para descrever o modo de lidar com os clientes, de forma a garantir uma autoridade quase carismática, especialmente entre aqueles veterinários que entendem a incerteza como uma questão de insegurança. Bem contrastante com esta orientação são aqueles que falam da honestidade gerar confiança, desde que se saiba apresentar a incerteza em moldes profissionais. Neste segundo caso, trata-se daqueles veterinários que entendem que a incerteza está relacionada com a complexidade do acto clínico e que por isso é necessário uma atitude investigativa.

Eu explico tudo, as causas todas, tudo o que pode ser, os diferentes diagnósticos que podem ser feitos e quando não sei digo mesmo que não sei. Não vale a pena andar a inventar e a enganar ninguém. Acho que desta forma é meio caminho andado para ganhar a confiança do cliente porque se começamos a inventar a pessoa percebe. Se se está seguro daquilo que se está a dizer as pessoas também percebem. É preferível a gente falar daquilo que tem segurança e assumir a incerteza que temos noutras situações. Normalmente reagem muito bem. [Entrevista nº 5]

Eu acho que, pelas experiências que eu tenho, desde que nós sejamos honestos, o facto de nós dizermos "eu não sei muito bem o que é que o seu animal tem" e explicarmos exactamente, não nos diminui. Até agora a receptividade tem sido muito boa. [Entrevista nº 6]

Geralmente, o que se costuma fazer para ter a participação do proprietário e para lhe dar a noção da minha situação naquela patologia, é expor as incertezas que existem. É quase do género: "ele está com diarreia, mas ele tem esta idade, por isso pode ser "isto, isto e isto", ele come ossos, por isso pode ser "aquilo, aquilo e aquilo"; ele mudou de alimentação ... Quer dizer: mostrar que tens incertezas, mas que essas incertezas são fundadas de uma forma técnica. Acho que quando mostramos incertezas, segundo a minha forma de ver é que, se eu mostro incertezas, tenho sempre que mostrar que as minhas incertezas são as de alguém que tem conhecimentos científicos, porque as outras incertezas o cliente também as tem. [...] Ter sempre a consciência de que não estamos a enganar ninguém. Estamos a fazer aquilo que nos compete e temos que fazer sempre o melhor, principalmente para o animal e, claro, para o proprietário. [Entrevista nº 13]

Para além deste contraste, os restantes inquiridos oscilam: não tomam posição e fazem depender a relação, da incerteza clínica com a interacção social, da heterogeneidade dos clientes. Assim, põem em evidência o facto de considerarem que, afinal, a relação com o cliente no plano das trocas de informação e saberes pode ser irrelevante para um acto clínico bem resolvido.

É relativo, pois depende do proprietário. Existem proprietários compreensivos, com uma certa cultura, e já sabem fazer alguns tratamentos. Assim, é preferível uma pessoa ser honesta, porque se não sabemos e se começamos o trabalho enterramo-nos cada vez mais e ficamos muito queimados. Existem outros proprietários que são tão estúpidos que uma pessoa bem pode dizer que é uma coisa completamente diferente que eles aceitam. Existem outros que se mostram mais agressivos e até mal educados, pelo que temos de lidar conforme as situações. [Entrevista nº 12]

Depende do proprietário. Há proprietários que podem aceitar este tipo de afirmações, mas há outros que reagem mal. Quer dizer, depende da forma como é transmitida esta incerteza. Quando nós olhámos para um animal e dizemos isto deve ser este quadro, pode ser este, pode ser aquele. Eu nunca vou dizer, que não tenho solução para cada uma destas hipóteses. Eu tento sempre dizer, posso usar este meio de diagnóstico para conseguir chegar a este diagnóstico; ou posso utilizar outros meios de análise, seja o que for. Há uma incerteza, mas não uma incerteza do diagnóstico, há uma incerteza dos possíveis diagnósticos que podem ser. Tento transmitir uma ideia se... se fizermos outros exames, outras análises vamos chegar a um diagnóstico definitivo de certeza. [Entrevista nº 16]

Como conclusão complementar desta secção, poderemos colocar as seguintes hipóteses: (1) "a recontextualização incerteza/insegurança" tende a considerar que as interrogações sobre os diagnósticos e terapias a aplicar são para esquecer ou ocultar perante o cliente porque, elas, ao confundirem-se com a insegurança profissional, podem facilmente ser entendidas, por este, como sinónimo de incompetência profissional; (2) a recontextualização incerteza/erro" tende a considerar como pouco relevante a interacção com o cliente, pois todo o problema estará no défice de conhecimentos, de meios e de técnicas aplicadas; daí que opte por uma atitude defensiva (que fica na expectativa face ao tipo de cliente), porque se parte do pressuposto que o cliente quer certezas, mesmo quando sabe que elas não existem e que, por isso, desconfiará sempre da explicitação de dúvidas; (3) a "recontextualização incerteza/investigação" tende a considerar que é no factor relacional que poderá estar parte da superação da incerteza clínica, dada a complexidade do acto clínico poder ser parcialmente superada pela educação do cliente, com o fim de estimular uma partilha de saberes em que o cliente é, em parte, co-responsável pelos resultados obtidos.

O Quadro 6.1. resume estas conclusões, identificando o modo como se distribuem os inquiridos nas duas dimensões de recontextualização profissional do conhecimento que analisámos. Os dados indicam que as hipóteses enunciadas parecem ter alguma pertinência empírica face à amostra que inquirimos, a saber: (1) 75% da "recontextualização incerteza/insegurança" manifesta "incerteza ocultada" e nenhuma "incerteza partilhada; (2) quase 80% da "recontextualização incerteza/erro" manifesta "incerteza defendida" e nenhuma "incerteza partilhada"; (3) 60% da "recontextualização incerteza/investigação" manifesta "incerteza partilhada" e nenhuma "incerteza ocultada". Mostra-nos, ainda, que existem situações sociais de transição entre as formas de recontextualização, designadamente: entre a "recontextualização incerteza/insegurança" e a "recontextualização incerteza/erro" temos três casos (1+2, em cinzento claro); entre a "recontextualização incerteza/erro" e a "recontextualização incerteza/investigação" temos dois casos (em cinzento escuro).

*Quadro 6.1. – Incerteza/ recontextualização * Incerteza/ interacção*

	Incerteza/interacção			
Incerteza/recontextualização	ocultada	defendida	partilhada	Total
incerteza-insegurança	3 75.0%	1 25.0%	0 .0%	4 100.0%
incerteza-erro	2 22.2%	7 77.8%	0 .0%	9 100.0%
incerteza-investigação	0 .0%	2 40.0%	3 60.0%	5 100.0%
Total	5 27.8%	10 55.6%	3 16.7%	18 100.0%

Nas conclusões retomaremos este quadro agregando por defeito as situações de transição. Assim, os três casos (1+2) indicados em primeiro lugar serão contabilizados como "recontextualização incerteza/insegurança" e os dois casos indicados em segundo lugar serão contabilizados como "recontextualização incerteza/erro".

6.3.3. Institucionalização da interacção com clientes

Mas será que as diferentes modalidades de identificação profissional apenas podem ser descritas com base em relação sociais de conhecimento, de cunho fortemente estrutural? Será que as diferentes formas de uso do conhecimento não terão também relações próximas com diferentes formas de institucionalização da interacção profissional-cliente? Iremos nesta secção responder à primeira pergunta e deixaremos a resposta à segunda pergunta para as conclusões finais.

A importância que todos os inquiridos davam à aprendizagem do sentido contextual do trabalho clínico na consulta médica e o facto da expressão "educação do cliente" ser recorrente no discurso da profissão, fizeram-nos crer que poderíamos colocar a hipótese da existência de formatos na interacção com o cliente (formas de institucionalização) que actualizariam, em contexto, as recontextualizações e identificações profissionais identificadas. Assim, nos guiões de entrevista utilizados começaram a ser colocadas questões específicas sobre a relação com os clientes, relativas a expectativas e tipificações de interacção social e a interpretações do desempenho recíproco de papeis sociais.

Os limites deste texto não nos permitem, como fizemos para os processos de recontextualização do conhecimento, entrar num grande detalhe sobre a interacção profissional-cliente. Assim, a informação disponível sobre as tipificações dos clientes (que dão conta da sua heterogeneidade social) e as idealizações de papeis (que dão conta das interacções preferenciais existentes) não serão referidas. Iremos apenas mencionar, de modo resumido, os discursos que abordam as expectativas mútuas, interpretadas na versão dos veterinários: o que pensam, os veterinários, que os clientes esperam deles? O que os veterinários esperam dos clientes?

Uma parte dos inquiridos reduz as expectativas do cliente face ao veterinário quase só a aspectos instrumentais: rapidez, baixo custo e, principalmente, a cura. Este tipo de discurso é mais enfatizado na clínica de grande animais e em meio rural, embora também haja inquiridos que são capazes de distinguir diferentes tipos de criadores.

> (…) esperam que resolvam todos os casos, todos sem excepção, com uma única abordagem ao animal, de preferência pelo telefone, que cobre barato e que não o chateie muito. É isso que o cliente…, é isso que eles querem! Isto numa forma de brincadeira, mas obviamente que o cliente, o que espera do veterinário, é que para além de educado ele seja extremamente competente e que lhe resolva os problemas, todos sem excepção pelo mais baixo custo possível. [Entrevista nº 4]

> Bem, no que toca aos grandes animais e de uma forma geral – porque eu sei que a filosofia muda um bocado relativamente ao pequenos – o cliente quando nos chama deseja que sejamos o mais breves possíveis, tanto a chegar como a atender as suas necessidades. Pretendem que nós alcancemos a sua expectativa no que toca ao objectivo da chamada; ou seja, pretende que nós curemos o animal no mais curto espaço de tempo. Além disso pretende – e eu volto a referir que trabalho com animais de interesse pecuário – ele pretende, que o nosso acto clínico seja o mais barato possível. (…) Eu julgo que será principalmente isto: a expectativa do cliente perante nós, independentemente se levamos caro ou barato. É atingir a expectativa dele que é a cura do animal, ou a resolução de uma situação qualquer, ou, por exemplo, que atinjamos o melhor rendimento da exploração a nível reprodutivo e depois de preferência o mais barato possível. [Entrevista nº 1]

Os das vacas leiteiras são indivíduos mais conhecedores daquilo que fazem, mais conscenciosos, mais educados. Tens que ter ideias e saber explicá-las (...) tentam-se instruir porque quase todos eles têm cursos de jovens agricultores. Depois tens aquela senhora que tem dois porcos em casa, que é mais para o lado sentimental, "ai o meu porquinho", parecido com os donos de animais de companhia da cidade. Por fim, tens aqueles indivíduos que têm uma instrução mais baixa que são os das cabras e ovelhas, os pastores, que são de trato mais difícil. Aí tens de descer ao nível deles sempre numa lógica de cura se possível. [Entrevista nº 2]

Em contraste com esta orientação instrumental está outra, mais centrada na simpatia e empatia, tanto com o cliente como com o animal. Pode mesmo acontecer um interesse mais evidente em conhecer, em ser informado e em informar, factos que tendem a pressupor uma maior capacidade do veterinário para se saber adaptar ao meio social em que trabalha.

Esperam primeiro que tudo que o Médico Veterinário aprecie o animal quase como eles. É muito difícil o veterinário ter uma relação com o animal como tem o próprio dono [...] Ou seja, as pessoas gostam que o médico veterinário, quando atende o seu animal, lhes dedique alguma atenção, algum carinho, que seja simpático para o animal que tenha uma boa relação com o animal. Isso penso que é bastante importante (...) Existe um ou outro cliente que são realmente mais difíceis de lidar, nomeadamente aqueles que vão frequentemente à clínica sem necessidade, só para sociabilidade com o veterinário e às vezes uma pessoa tem muito trabalho e torna-se complicado gerir o tempo para fazer, digamos, "conversa de salão" e fazer o nosso trabalho; mas muitas vezes tem que ser. [Entrevista nº 10]

Esperam essencialmente esclarecimentos. Há muita gente que é a primeira vez que tem cães, que tem animais de estimação, e que essencialmente esperam que os esclareças, e que lhes dêem as informações todas. [...] São atentos, tentam captar as informações que a gente lhe vai dando e as indicações e normalmente as coisas correm bem. Não tenho, assim nada que... algum tenha ficado descontente. Algumas vezes quando são situações, casos mais complicados, as pessoas reagem mais emotivamente e mais emocionalmente. Mas compreendem sempre a situação, desde que a gente saiba explicar como deve ser o que é, o que se passa e o que se poderá vir a passar. Acho que as pessoas estão preparadas e também acho que um dos nossos papéis é em casos complicados, muitas vezes sem resolução, nós temos que apoiar a parte emocional do cliente. [Entrevista nº 11][7]

(...) o cliente não tem que se adaptar a mim, eu é que tenho de ter a noção de que não estamos em sintonia. Eu é que tenho que me adaptar a eles, custe mais ou menos, o esforço tem de ser meu, porque o cliente coitado é como é. Nós é que estamos a prestar um serviço e temos que o fazer da melhor maneira possível [...] pelo menos há que conhecê-los e respeitá--los e isso é muito importante para as pessoas de uma determinada região saber que nós nos interessamos (...) qualquer pessoa fica satisfeita de saber que a outra pessoa conhece os costumes da região, que se interessa, que respeita, não é preciso praticar, mas o facto de respeitar e de conhecer já é muito importante e ajuda na integração, ou então ficas completamente desligado do meio em que estás. [Entrevista nº 5]

A relação inversa é do mesmo tipo. O que os veterinários esperam dos clientes também se desdobra em duas orientações e princípios discursivos diferenciados: a orientação normativa, dos que valorizam o comportamento dos humildes, mais passivos, silenciosos e cumpridores, que portanto reconhecem mais facilmente o seu papel mas não deixam de tentar fugir à norma; a orientação responsabilizadora, dos que valorizam os clientes mais cooperantes e que, podendo tomar iniciativas exageradas, sabem actuar na prevenção e sabem melhor informar sobre o que se passa.

O bom cliente não fala muito porque sabe responder ao que lhe é perguntado e não se põe a inventar histórias, nem esconde as coisas que fez. É humilde e simples e tem vontade de entender o que estou a fazer e porque estou a fazer. Segue escrupulosamente as indicações que lhe damos. (...) Mas é difícil mudar mentalidades e as pessoas procuram desenrrascar a situação, erram e querem curas, mas não reconhecem os seus erros e por isso escondem o que fizeram. [Entrevista nº 1]

Eu espero que o cliente respeite o animal, que tenha atenção às profilaxias necessárias e saiba interpretar os sinais de alarme de doença do seu animal (...) são os que cooperam, mas nestes há os que exageram, que são demasiado ansiosos e que ao primeiro problemazinho vêm logo a correr ou administram medicamentos por iniciativa própria. Devem ser cooperantes mas equilibrados, sem exageros. [Entrevista nº 8]

---

[7] No capítulo 4, Fernando Pereira refere um sentido contextual-prudencial do uso do conhecimento, que pode também estar aqui presente.

É bom que o cliente coopere, saiba dizer o que se passa e explicar os sinais que teve, mas também tem que saber o que é urgente ou não, porque há situações que podem esperar para o dia seguinte. [Entrevista n° 9]

As respostas às questões colocadas, relativas a esta temática, mostraram, ainda, que a orientação responsabilizadora face aos clientes tende a considerar a necessidade de ser o veterinário a adaptar-se ao meio e ao cliente, mais do que o inverso. Isto porque desta forma entende-se que se consegue mais facilmente exigir do cliente uma conduta mais adequada às necessidade do trabalho clínico. A orientação normativa face ao cliente tende a ser mais unilateral e menos adaptativa esperando-se que, à partida, o cliente perceba e compreenda rapidamente o que se pretende dele. Em consequência a chamada "educação do cliente", no primeiro caso, tende a ser mais explicita, mais verbalizada e mais pensada, procurando--se a antecipação das situações. Já no segundo caso, é implícita, esperando-se que o cliente veja o que pode, ou não pode, fazer pelas consequência da sua acção junto do veterinário.

A conjugação das expectativas mútuas enunciadas permite colocar algumas hipóteses sobre as formas de institucionalização da interacção profissional-cliente, a saber: (1) a forma em que existe reciprocidade de expectativas relativa a uma expectativa instrumental por parte dos clientes conjugada com uma expectativa normativa por parte dos veterinários; (2) a forma em que existe reciprocidade de expectativas relativa a uma expectativa empática por parte dos clientes conjugada com uma expectativa responsabilizadora por parte dos veterinários; (3 e 4) as formas de menor reciprocidade (assinaladas a cinzento), quando existe uma descoincidência entre clientes e veterinários relativamente às duas reciprocidades indicadas. Estas situações de menor reciprocidade na interacção tenderão a criar insatisfações no desempenho da profissão, resultantes de um quadro de expectativas desadequado para o qual não se encontra forma de resolução.

O Quadro 6.2. mostra-nos a distribuição dos inquiridos nas quatro hipóteses de formas de institucionalização indicadas. Como seria de esperar as situações de reciprocidade ocorrem junto da maioria dos inquiridos (2/3 dos veterinários) e as situações de potencial insatisfação ocorrem igualmente nas duas formas possíveis de menor reciprocidade (em ambas representam apenas metade de 1/3 dos veterinários).

Quadro 6.2. – Expectativas do cliente por expectativas do veterinário

	Expectativas do veterinário		
Expectativas do cliente	normativa	responsabilidade	Total
instrumental	6 66.7%	3 33.3%	9 100.0%
empática	3 33.3%	6 66.7%	9 100.0%
Total	9 50.0%	9 50.0%	18 100.0%

6.4. Identificações ancoradas em conhecimento

Mas será que existe alguma relação entre as formas de recontextualização profissional do conhecimento e as formas de institucionalização da interacção?

Quadro 6.3. – Recontextualização profissional do conhecimento por tipos e níveis de reciprocidade

	Tipos e níveis de reciprocidade			
Recontextualização profissional	instrumental- normativa	empático- responsável	menor reciprocidade	Total
incerteza/insegurança	3 50.0%	0 .0%	3 50.0%	6 100.0%
incerteza/erro	3 33.3%	3 33.3%	3 33.3%	9 100.0%
incerteza/investigação	0 .0%	3 100.0%	0 .0%	3 100.0%
Total	6 33.3%	6 33.3%	6 33.3%	18 100.0%

O Quadro 6.3. dá-nos uma resposta empírica plausível que nos permite afirmar que esta relação existe. Mais, a consistência dos dados permite-nos colocar a hipótese da associação entre estes dois tipos de formas sociais no exercício da medicina veterinária dar conta de diferentes modalidades de identificação e cultura profissional, a saber:

- as identificações e culturas profissionais que estão baseadas em processos de "recontextualização incerteza/insegurança" tanto estão ligadas a processos de reciprocidade instrumental-normativa como estão ligadas a um grande potencial de insatisfação profissional (relativa a processos de fraca reciprocidade na interacção social); estes últimos são fruto de expectativas sociais mútuas pouco ajustadas a uma sociedade modernizada, mais escolarizada e mais heterogénea;

- as identificações e culturas profissionais que estão baseadas em processos de "recontextualização incerteza/erro" não determinam nem estão associadas a formas de institucionalização da interacção social que lhes sejam específicas, havendo por isso uma igual dispersão dos inquiridos pelas possibilidades existentes; esta dispersão, para além de conter bastantes situações de potencial insatisfação profissional (menor reciprocidade), parece-nos ser consequência da heterogeneidade estrutural de Portugal, como país semi-periférico, designadamente no modo muito diferenciado de como se (des)valoriza o conhecimento (de bem de distinção da elite intelectual a força produtiva estratégica essencial à modernização social);

- as identificações e culturas profissionais que estão baseadas em processos de "recontextualização incerteza/investigação" estão totalmente centradas em processos de "reciprocidade empático--responsável", dado que os dois procedimentos têm que ocorrer simultaneamente, pois, de contrário, não seria garantido um uso partilhado e contextualizado do conhecimento.

Face a estas hipóteses explicativas, podemos concluir que as identificações e culturas profissionais na medicina veterinária estão intimamente ligadas e ancoradas a processos de uso profissional do conhecimento.

Esta conclusão permite-nos retomar o quadro teórico que expusemos no início deste capítulo, afirmando que:

- a "recontextualização incerteza/insegurança" aproxima-se da *forma pós-tradicional* (FPT) de uso do conhecimento, porque o conhecimento é dado como certo e dependente apenas da autoridade e das garantias pessoais dadas pelo profissional, no quadro de uma interacção social que espera confiança-fé do cliente e uma adequação dos actores sociais a um sistema de papéis tendencialmente fixo e rígido;

- a recontextualização incerteza/erro" aproxima-se da *forma moderna-instrumental* (FMI) de uso do conhecimento, porque, nada parece depender da interacção social; tudo depende do sistema de conhecimento instituído e do seu adequado uso pelo profissional, daí que o sistema de papéis sociais desenvolvido entre profissional-cliente não tenha uma relação privilegiada com nenhuma das modalidades de interacção social;

- a "recontextualização incerteza/investigação" aproxima-se da *forma moderna-reflexiva* (FMR) de uso do conhecimento, porque a interacção social e as garantias de bom uso de um sistema de conhecimento instituído não são vistas como independentes uma da outra, cabendo ao profissional actuar de forma a intermediar as duas dimensões do uso do conhecimento, através de uma atitude investigativa em contexto clínico e de um sistema de papéis negociado e flexível face à heterogeneidade social.

Como consideração final, diríamos que a abordagem da problemática teórica da subjectividade, da identidade e do posicionamento dos actores sociais num campo de actividade profissional, por via dos usos do conhecimento, permite centrar a análise da reflexividade social no quadro de relações sociais de conhecimento, evitando as perspectivas mais subjectivistas que sobrevalorizam uma conceptualização da reflexividade como representação social de trajectórias sociais individuais, desprezando a dimensão sócio-cognitiva da reflexividade como mediação e relação social central das construções identitárias das sociedades de hoje.

ANEXOS

CAPÍTULO 6

Anexo VI 1. – Descrição dos entrevistados

Entrevista nº	sexo	anos experiência	Clínica	área geográfica
1	masculino	10	Ga	periferia
2	masculino	3	Ga	periferia
3	masculino	15	Ga+Pa	urbana litoral
4	masculino	19	Ga	periferia
5	feminino	10	Pa	urbana litoral
6	feminino	4	Pa	urbana litoral
7	masculino	4	Ga	periferia
8	feminino	7	Ga+Pa	periferia
9	feminino	15	Ga+Pa	periferia
10	feminino	3	Pa	urbana litoral
11	masculino	8	Ga	urbana litoral
12	feminino	16	Ga	periferia
13	feminino	5	Ga+Pa	urbana litoral
14	feminino	3	Pa	periferia
15	masculino	5	Pa	periferia
16	feminino	5	Pa	urbana litoral
17	masculino	15	Ga+Pa	periferia
18	masculino	3	Pa	periferia

Legenda: Ga- Grandes animais; Pa- Pequenos animais

Anexo VI 2(a) – Sexo * AntiguidadeProfissão Crosstabulation

Sexo	<=7 anos	>7 anos	Total
	AntiguidadeProfissão		
Masculino	4 / 44.4%	5 / 55.6%	9 / 100.0%
Feminino	6 / 66.7%	3 / 33.3%	9 / 100.0%
Total	10 / 55.6%	8 / 44.4%	18 / 100.0%

Anexo VI 2(b) – Sexo * SectorClínico Crosstabulation

Sexo	Clínica			Total
	Pequenos Animais	Grandes Animais	Peq.+Gran. Animais	
masculino	2 22.2%	5 55.6%	2 22.2%	9 100.0%
feminino	5 55.6%	1 11.1%	3 33.3%	9 100.0%
Total	7 38.9%	6 33.3%	5 27.8%	18 100.0%

Anexo VI 2(c) – Sexo * RegiãoTrabalho Crosstabulation

Sexo	Área geográfica		Total
	Periferia ou interior	Urbana litoral	
masculino	7 77.8%	2 22.2%	9 100.0%
feminino	4 44.4%	5 55.6%	9 100.0%
Total	11 61.1%	7 38.9%	18 100.0%

Anexo VI 2(d) – AntiguidadeProfissão * SectoresTrabalho Crosstabulation

AntiguidadeProfissão	Quantidade de sectores de trabalho (a)			Total
	1 sector	2 sectores	3 sectores	
<=7 anos	7 70.0%	2 20.0%	1 10.0%	10 100.0%
>7 anos	1 12.5%	5 62.5%	2 25.0%	8 100.0%
Total	8 44.4%	7 38.9%	3 16.7%	18 100.0%

(a) Os sectores mais referidos são a clínica privada, os serviços do Ministério da Agricultura e os serviços das Autarquias Locais

Anexo VI 2(e) – AntiguidadeProfissão * SectorClínico Crosstabulation

AntiguidadeProfissão	SectorClínico			Total
	Pequenos Animais	Grandes Animais	Peq.+Gran. Animais	
<=7 anos	6 60.0%	2 20.0%	2 20.0%	10 100.0%
>7 anos	1 12.5%	4 50.0%	3 37.5%	8 100.0%
Total	7 38.9%	6 33.3%	5 27.8%	18 100.0%

Anexo VI 2(f) – AntiguidadeProfissão * RegiãoTrabalho Crosstabulation

AntiguidadeProfissão	Área geográfica		Total
	Periferia	Urbana litoral	
<=7 anos	6 60.0%	4 40.0%	10 100.0%
>7 anos	5 62.5%	3 37.5%	8 100.0%
Total	11 61.1%	7 38.9%	18 100.0%

CAPÍTULO 7

Da educação à profissionalização em Serviço Social: o caso da escola do Porto (1960-1974)

Margarida Silva

O trabalho que apresentamos constitui-se num estudo exploratório do processo de profissionalização do serviço social. A ênfase colocada na reflexão sobre a questão social remete para a tentativa de uma explicação da profissão a partir das condições externas em que esta se institucionaliza. Reconhecemos que a colocação da questão social antecede o Estado Novo, mas dadas as limitações colocadas por este trabalho em termos de periodização da análise (1960/1974), não teceremos considerações acerca da mesma para períodos que não o da abrangência do Estado Novo[1]. Tentaremos, tanto quanto possível, enquadrar a profissão a partir do ambiente sócio-político da sua institucionalização, para a compreensão da mesma a partir das suas condições internas, nomeadamente dos pressupostos teórico-ideológicos e empíricos que presidem à educação formal dos assistentes sociais. O período seleccionado para a realização deste trabalho justifica-se por ser aquele que enquadra a consolidação da formação a norte (em 1960, os primeiros assistentes sociais concluíam a sua formação na escola do Porto), estabelecendo-se como limite o ano de 1974, uma vez que as mudanças políticas que se efectuam a partir desta data vão imprimir à formação uma configuração de tal forma peculiar, que não é possível estabelecer qualquer paralelismo em termos de profissionalização com o período em análise. O material empírico no qual se baseou este trabalho respeita aos planos de estudos e sumários disponíveis na biblioteca do Instituto Superior de Serviço Social do Porto para o período de 1960 a 1974.

---

[1] A abordagem da questão social no âmbito deste trabalho tem como único propósito enquadrar o projecto de formação e profissionalização do Serviço Social, daí que não seja nossa pretensão uma reflexão profunda da mesma.

7.1. A emergência da questão social no Estado Novo

7.1.1. Os anos 30 e 40 em Portugal

Saldando-se numa tensão efectiva entre capital e trabalho, a questão social desenvolve-se por referência aos contextos económicos, sociais e políticos que a enquadram. Deste modo, consideramos que a sua configuração em Portugal obedece a um projecto político e social específico, ao qual não será indiferente a forma como esta tensão se desenvolve; daí que o Estado Novo, apesar do seu carácter autoritário, não tenha sido um regime avesso a preocupações de índole social, nas quais se enquadra o próprio serviço social.

As manifestações da tensão que dá forma à questão social evidenciam-se logo no período de instauração do Estado Novo, pela contestação levantada em torno dos primeiros documentos de legislação corporativa (Constituição de 1933 e Estatuto do Trabalho Nacional) e da criação dos Sindicatos Nacionais. Contudo, apesar da mobilização dos sectores da oposição, os instrumentos de "prevenção" e repressão do regime vão funcionar como um factor dissuasor às manifestações oposicionistas. A par desta política repressiva, o Estado vai enunciar algumas medidas de carácter social que funcionam como um elemento apaziguador das tensões sociais, mais pela expectativa que fomentam do que pelos resultados que anunciam. Falamos em concreto das primeiras orientações em termos de protecção social, nomeadamente a lei 1884/35 de 16 de Março, onde se regulamenta a estrutura organizacional das instituições de previdência. O objectivo de instituir um sistema de previdência apoiado nos princípios da obrigatoriedade, da generalidade e de estrutura administrativa diferenciada e não unitária apresentou limites vários à sua concretização (Maia, 1984: 36), como poderemos confirmar, entre outros factores, pela insuficiente cobertura do sistema, quer em termos de riscos, quer em termos de população abrangida.[2]

---

[2] Em 1950 a população abrangida pelo sistema representava cerca de 37,3% dos trabalhadores do comércio, indústria e serviços, assegurando a protecção social na doença, invalidez, velhice e morte, alcançando, em 1960, 50% da população dos mesmos sectores. No que respeita aos trabalhadores agrícolas, mais de 80% da população activa teoricamente abrangida pelos esquemas de previdência estava efectivamente fora do sistema; cobrindo ainda menos eventualidades: prestações de assistência médica, subsídios pecuniários na doença e subsídio de morte. Fora do sistema de previdência ficava a protecção em caso de desemprego, sobrevivência, acidentes de trabalho e doenças profissionais (Medina Carreira, 1996).

A fase de maior evidência da contestação e reivindicação operária começa a sentir-se logo no início da década de 40, ao que não serão alheias as consequências resultantes de uma economia de guerra. Mesmo enfraquecidos e desorganizados pela acção dos instrumentos do regime (abolição dos sindicatos livres, instauração da censura e da polícia política, criação de tribunais especiais) os movimentos operários e oposicionistas vão viver um período de grande actividade reivindicativa. A política restritiva a nível salarial, que se instaurou a partir de 1939, a par com o aumento do custo de vida e a escassez de géneros, inaugurou uma série de movimentos reivindicativos, incentivados em parte pela esperança que na época se podia alimentar em torno da queda do regime, dados os indícios de "agonia" em que viviam os regimes fascistas na Europa. Assim, ao longo desta década, vai aumentado uma escalada de conflitualidade social sem precedentes. A grande questão que se coloca é a de saber, efectivamente, o que é que movia esta onda de contestação operária. Pacheco Pereira (1999) defende que as manifestações e greves que decorreram ao longo deste período, não se centraram tanto nas reivindicações das condições de trabalho, mas fundamentalmente na deterioração que pesava sobre as condições de vida das classes populares. O principal motor da revolta social era a penúria generalizada, associada a um aumento flagrante das desigualdades. No que respeita à contestação operária, a afluência aos meios urbanos de uma massa de gente fugida à miséria do campo, tirava-lhe força e expressão, uma vez que a mão-de--obra, mais abundante do que nunca, estava pronta a trabalhar não importava a que preço e sob que condições (Patriarca, 1995: 648-649). A classe patronal também não teria razão para grandes preocupações, dado que, a par deste excedente de mão-de-obra, tinha garantido por parte do Estado a proibição da greve e a manutenção da paz pública.[3] Deste modo, apesar da relutância que sempre manifestou em colaborar nas investidas em prol dos mais fracos, nomeadamente a sua comparticipação para o sistema de previdência, vai aceitando pagar este preço irrisório da colaboração entre classes, ao qual parece facilmente escapar, dada a incipiente cobertura do sistema registada. Alguns patrões, sobretudo ao nível das grandes empresas, desenvolvem mesmo algumas acções beneméritas para com os seus

---

[3] Uma das normas de acesso à atribuição do abono de família expressa pelo D.L. 31192/42 fazia depender a prestação do "bom comportamento moral e profissional" do requerente, pelo que se pode antever os riscos a que ficava sujeito o trabalhador na consecução da mesma.

trabalhadores e patrocinam obras sociais, mais no sentido de manterem e reforçarem o seu prestígio e poder do que de empreenderem medidas de cariz social, rejeitando sempre a possibilidade de estas práticas esporádicas se enquadrarem em relações e regras de tipo contratual, prolongando assim o paternalismo do Estado. Esta atitude paternalista expressa--se na relação que o Estado mantém com o sistema de protecção social face ao qual manifesta a presença como entidade fiscalizadora e disciplinadora do seu funcionamento interno, entre outros factores, pelo controle que exerce na nomeação dos dirigentes das instituições. Implícita está uma ideologia conservadora, que entende ser a previdência um favor dos grupos sociais favorecidos, que em troca obriga a uma atitude de submissão e de "bom comportamento" moral e político. No que respeita à assistência social, a acção do Estado é ainda mais marginal. A crescente visibilidade da pobreza, manifesta pela deslocação das populações pobres do campo para a cidade, não desencadeou a necessidade de estatização das medidas de assistência, mas perpetuou o modelo de privatização da mesma, que serviu para manter o tradicional papel da igreja na provisão, neste domínio. A opção do Estado Novo relativamente à assistência social foi a de a remeter para a responsabilidade familiar, em paralelo com um controle rigoroso das incipientes medidas que se iam mantendo ao nível da esfera privada. A representação da pobreza para os poderes públicos apresentava uma leitura dual, que oscilava entre o vício e a virtude. Encarada como um fenómeno de causas morais e educacionais, em consonância com o ideal filantrópico que presidia às escassas medidas destinadas ao seu combate, a mendicidade e toda uma série de comportamentos "atípicos" que lhe estavam associados eram encarados pelos poderes públicos e pelos organismos assistenciais como um vício, cujos contornos só poderiam ser prevenidos e combatidos com base numa educação moral bem conduzida.

Paralelamente, a pobreza rural era exortada como o corolário da virtude da humildade e da resignação. A ruralidade do fenómeno pode justificar a ausência de medidas de combate à pobreza. Portugal era um país rural, 77% da população vivia no campo e constituía-se no grosso do contingente de pobres. As populações rurais não representavam perigo à ordem e estabilidade públicas, pela ausência de condições que lhes permitissem contestar o regime. Não havia qualquer tipo de participação política no campo, o povo ocupava-se no trabalho "de sol a sol", tendo como "ócios" as noites passadas na taberna, as festas e procissões no Verão e as feiras semanais. "Os camponeses, analfabetos, morriam onde tinham nascido. O mundo exterior não existia" (Mónica, 1996: 220). A presença do Estado só se fazia sentir pelos editais de mobilização para o serviço militar e pela cobrança de impostos. A aspiração a algum tipo de mobilidade social estava, à partida, cerceada. Privando com esta massa de camponeses analfabetos, só o Pároco, essencialmente, sabia ler e escrever. O interior rural permanecia imutável e assolado pela solidão e pela pobreza. Face a este cenário de isolamento e analfabetismo, não seria de temer grande contestação às condições de precariedade e miséria generalizada, talvez por isso, Salazar tanto exortasse as virtudes e as bem aventuranças da vida no campo.

Em 1941, no sentido de controlar o acesso à assistência, é criado o Centro de Inquérito Assistencial (Decreto Lei 31666 de 22 de Novembro de 1941) que dá corpo à acção fiscalizadora do Estado, numa área em que a suspeição pública está tradicionalmente presente. A acção do Centro de Inquérito Assistencial consiste, basicamente, no "(...) estudo das condições e grau de indigência das famílias que reclamam assistência pública e do estudo das formas mais convenientes de lhe ser prestada, a par da fiscalização da eficiência dos subsídios ou benefícios atribuídos pela assistência oficial ou actividades filantrópicas e caritativas de iniciativa particular (as quais se pretende desenvolver), factores que elucidam sobre a relutância face às medidas em direcção à pobreza" (Rodrigues, 1999: 154). Para a concretização deste projecto de assistência, a Igreja vai desempenhar um papel fundamental, quer ao nível da prestação directa da mesma, quer ao nível da formação de profissionais para intervir na área.

7.1.2. O período de institucionalização do Serviço Social

Este é o enquadramento social e político em que o serviço social inicia o seu processo de consolidação profissional. As primeiras escolas, de Lisboa e Coimbra, tinham aberto respectivamente em 1936 e 1939. O Porto esperaria ainda cerca de duas décadas (1956) pela institucionalização da profissão. A consolidação deste projecto coincide com a própria consolidação do regime e da nova ordem económica e social que este se propôs inaugurar, sob a égide da regulação corporativa, a par da "restauração dos tradicionais papéis da família e da igreja, na reprodução moral e social dos portugueses. O serviço social emerge, deste modo, como uma proposta de "restauração moral e educativa da família", como um "instrumental ideológico e doutrinário", como um veículo privilegiado de reprodução dos padrões morais e materiais dos portugueses, através da intervenção de elites formadas nas escolas e portadoras desta ideologia junto dos sectores populares" (Monteiro, 1995: 46). A profissão asseguraria o próprio modelo paternalista de política social veiculado pelo regime, resguardado de uma lógica de garantia de direitos, concretamente ao nível da protecção social, defensor de uma intervenção mais humana e individualizada que a assistência pública e mais eficaz do que a esmola. Tendo como recurso quase exclusivo o indivíduo e as suas potencialidades endógenas, as propostas para a intervenção social oscilam entre uma matriz integradora e moralizadora e uma matriz de sanitarização dos problemas sociais, considerados como problemas de ordem individual e de raiz patológica. Estas propostas expressam-se na forte componente moral e doutrinária presente na formação dos assistentes sociais, assim como de um peso muito significativo de disciplinas da área da medicina social. As expectativas políticas e sociais em torno da profissão expressam-se claramente nas propostas apresentadas para a sua institucionalização ao II Congresso da União Nacional, em 1934.

A primeira, apresentada pela Condessa de Rilvas, denominada "Assistência Técnica", coloca a ênfase na necessidade de racionalização da assistência, concebendo-a como "toda a assistência que luta com meios científicos para o melhoramento ou cura de várias taras físicas, psíquicas e sociais" (Martins, 1999: 233). Para tal realização urge consolidar o entendimento entre assistência pública e particular, repensar a sua organização, trabalhar a formação moral dos assistidos e a formação técnica e moral de dirigentes e pessoal. Era basicamente esta a tarefa que incumbia ao Serviço Social, preconizando uma formação com vista à operacionalização de uma assistência preventiva, de maior alcance, para o qual a formação moral dos assistidos se deveria orientar. A esta posição não são alheios os princípios da Doutrina Social da Igreja, reivindicando a tese apresentada "a plena liberdade de consciência em todos os estabelecimentos de assistência pública e particular e a assistência religiosa", o que revela que, na emergência da profissão, não se demitia a Igreja de lutar por velhas reivindicações de liberdade religiosa e que a formação não poderia deixar de incluir os valores religiosos, exercendo-se pautada pelos "princípios de caridade cristã." O Serviço Social foi mais um campo a partir do qual a Igreja tentou reforçar o seu poder numa aliança com o Estado, assegurando que a formação das novas profissionais conferiria uma "formação moral dos assistidos", contribuindo para "reintegrar os infelizes", e que à frente dos serviços sociais seriam colocadas pessoas com formação técnica para os diferentes ramos.

Bissaya Barreto apresenta, no mesmo Congresso, a tese denominada "Medicina Social – necessidade de urgência da sua organização em Portugal", concluindo com a sua proposta a necessidade de criação do Serviço Social, para cuja concretização era imprescindível o papel da mulher portuguesa. Bissaya Barreto atribui à organização dos serviços de Medicina Social, não só uma função de prevenção da doença mas, paralelamente, a introdução de uma perspectiva moralizante na acção de educar para a prática de princípios básicos de higiene e "aperfeiçoamento moral dos indivíduos." Esta tese defende a vinculação da medicina social à acção educativa que se identificava com a assistência, no sentido de conferir um cariz moralizante à medicina social, e a escolha das mulheres para concretizar este apostolado higienista, justifica-a o autor pelo "seu espírito e qualidades" que lhe permitem "reunir vontades, congregar valores, sistematizar esforços, angariar donativos e organizar instituições que vivem do seu método, da sua tenacidade, do seu desinteresse, do seu coração" (Martins, 1999: 224).

Desta forma, a profissão institucionaliza-se como um projecto sem autonomia simbólica, dependente do pensamento social da igreja, enquadrado por uma política de protecção social retórica e paternalista, resguardada de uma lógica de garantia de direitos e de responsabilização social. Este recorte da protecção social justifica-se pelo carácter amorfo da questão social, consequência em parte da ruralidade que ainda caracterizava o país e da ausência de participação e contestação que esta facultava.

7.2. A premência da questão social no Estado Novo

7.2.1. Os anos 50 e 60 em Portugal

O país repousa nesta suposta harmonia, que o serviço social ajuda a manter, quando a partir da década de 50, se inicia o processo de incremento da indústria, apesar das reservas colocadas por parte da burguesia agrária e de alguns sectores ligados à importação, e da desconfiança do próprio Salazar. A década de 50 anuncia-se, do ponto de vista social e político, como um período de continuidade, onde parecia possível fazer parar o tempo, não fossem os perigos enunciados da proletarização e da ameaça comunista. Contudo, o final da década começa a revelar sinais efectivos de mudança que vão marcar inexoravelmente o ambiente social e político da década seguinte e que não podem ser isolados dos efeitos do processo de industrialização em curso. "O mesmo regime que se desruraliza a partir de 1953, por via da industrialização e da penetração controlada de capitais estrangeiros, é confrontado, nesta década, com acontecimentos social e políticamente perturbadores" (Fernandes, 1985: 130).

Em 1959, a adesão de Portugal à EFTA constitui-se num dos primeiros sinais de abertura do regime ao exterior e de quebra do isolamento nacional. O intercâmbio de produtos que proporciona vai desencadear, por arrastamento, um intercâmbio de ideias e tecnologias e possibilitar a emergência de uma nova classe de tecnocratas, cujo papel social se vai mostrar relevante para o anúncio da mudança. No mesmo ano, como resposta à expansão industrial que se verificava, o II Plano de Fomento anuncia o seu carácter inovador, apontando para uma necessidade de intervenção do Estado em sectores chave da economia (água, electricidade,...) e para a premência da reforma agrária, chamada de "reorganização agrária", capaz de conduzir à modernização da agricultura e, desta forma, melhor servir o processo de industrialização em curso, assim como melhorar as condições de vida e de trabalho no campo. Do ponto de vista político e social, o final da década vai também inaugurar um período de tomada de consciência que os anos 60 vão sedimentar. A oposição personalizada publicamente por Humberto Delgado, candidato às eleições presidenciais de 1958, desperta no movimento oposicionista alguma esperança de mudança e de democratização, a que o país de uma forma geral não fica indiferente. Simultaneamente, as hostes mais ligadas ao regime, nomeadamente os católicos, começam a apresentar sinais de descontentamento face à política em curso, visíveis na interpelação de D. António Ferreira Gomes, Bispo do Porto, ao Presidente do Conselho, reclamando liberdade para a divulgação do ensino da doutrina social da Igreja, assim como espaço para uma intervenção social e política capaz de provocar a alteração das estruturas e da sociedade portuguesa. Esta posição é o corolário de uma divisão que se vinha operando no seio do movimento católico português, e que ganha expressão no final da década de 50, com a emergência de um segmento da igreja expressamente crítico em relação ao regime e empenhado na questão social, segmento este que mais tarde vai estar na origem de um movimento social organizado, os denominados Católicos Progressistas.

Os anos 60 começam marcados por estes acontecimentos, constituindo-se num período de anúncio de grandes mudanças e de "agonia" do regime. A tomada de consciência de que o projecto político salazarista não se constituía numa resposta às novas necessidades económicas e sociais desenvolve-se atravessada por uma série de acontecimentos, cuja génese e consequências escapam por completo ao controlo do Estado. Falamos, em concreto, da guerra colonial, da emigração massiva para a Europa e da abertura ao capital estrangeiro.

A insurreição armada em Angola, em Fevereiro de 1961, apanhou o regime de surpresa e provocou grande divergência interna quanto à resposta a desencadear. A posição de Salazar venceu e os primeiros contingentes armados partiram "rapidamente e em força" para Angola. Em Dezembro do mesmo ano, Goa é invadida perante a discreta "ignorância" dos tradicionais aliados de Portugal (britânicos e norte americanos), imprimindo um golpe brutal no orgulho imperialista do regime. Em 1964 a guerra alastra a Moçambique e Guiné e rapidamente se torna "devoradora" da economia, fazendo disparar a despesa pública com a defesa e a segurança. A guerra marcou os destinos individuais e colectivos da nação e os seus efeitos no sistema foram incontroláveis e contribuíram para o despertar da consciência política nacional. Ao mesmo tempo que serve para empregar mão-de-obra desocupada, principalmente rural, vai desencadear um processo de alfabetização "acelerado", provocar um êxodo rural sem precedentes, a quebra do isolamento das populações do campo e o seu confronto com outras realidades. Este processo vai retirar a esta população o seu carácter homogéneo e de tradicional ausência de participação política. O conflito vai servir ainda para introduzir alterações irreversíveis no papel da mulher, que começa a ter uma função ainda maior na produção nacional, a exigir mais escolarização e a fazer parte dos meios operários (Branco e outros, 1992). O aumento da escolarização feminina, a integração no mercado de trabalho e a oportunidade que as mulheres encontram de se socializarem a outros níveis que não a esfera privada, vão introduzir alterações na estrutura familiar, que podem questionar o modelo tradicional de família em que o regime ancorou parte da sua doutrina social e que tinha dado forma ao modelo de intervenção veiculado pelo serviço social.

Outro factor determinante para o despertar da consciência social e política foi a emigração em massa para a Europa. O fenómeno não era novo em Portugal, mas o que o particularizou foi o aumento dos seus contingentes e o facto de, ao contrário da emigração para a América e África, ser uma população que regressa regularmente ao país. Este regresso periódico permitiu um maior confronto entre os costumes do país de origem e dos de emigração, países mais ricos, mas também com um colectivo mais democrático e mais activo, com direitos sociais e em fase de concretização plena do Estado Providência. Esta emigração vai alterar a pouco e pouco a face física e moral da nação.

A abertura ao capital estrangeiro foi outro dos factores que contribuiu para a alteração do nosso panorama social e político. O investimento estrangeiro, considerado perigoso e moralmente degradante durante muitos anos, permite a penetração do liberalismo, com as devidas consequências a nível económico e social. A burguesia industrial sentia-se espartilhada pelo regime e reclamava uma aproximação às economias capitalistas, favorecida por esta abertura. A mão-de-obra barata e a legislação laboral favorável vão permitir que rapidamente se instalem no país empresas multinacionais. Em consequência, baixa a percentagem de população agrícola, aceleram-se as diferenças entre o litoral e o interior e desponta definitivamente o proletariado urbano que se vinha constituindo desde a década de 50.

7.2.2. Novos sinais na questão social

Perante este cenário vão desencadear-se uma série de movimentações de contestação ao regime, iniciadas com a tentativa abortada de golpe de estado, protagonizada pelo assalto ao paquete Santa Maria em 1961, que conquista grande audição internacional para as forças oposicionistas. Segue-se uma sucessão de lutas proletárias por melhores condições de vida e de trabalho, diferentes na forma e no conteúdo das que se tinham desencadeado na década de 40. As reivindicações centram-se agora em torno do direito à liberdade sindical e de reunião, à alteração dos horários de trabalho e melhoria dos salários. Formam-se, paralelamente, uma série de movimentos organizados de contestação que mobilizam mesmo os mais fiéis aliados do regime, como os católicos. No final da década destacam-se os movimentos estudantis que, inspirados pelo Maio de 68, ganham força, expressão e, sobretudo, visibilidade. Já não é possível escamotear e ignorar estas ondas de contestação. Perante este ambiente de desagrado que se estende a todos os sectores sociais, os instrumentos de repressão do regime vão intensificar-se: aumentam a repressão policial e as prisões e deportações e a gravidade da situação conduz mesmo ao assassinato de uma das figuras públicas mais destacadas da oposição, Humberto Delgado.

A par destas medidas mais extremadas, alguns indícios de modernização e abertura expressam-se nos instrumentos de regulação social. Ao nível da previdência social, o Estado assume-se em 1962 (Lei 21215) como responsável pela implantação do sistema. A evolução verificada vai manifestar-se no aumento dos beneficiários abrangidos e na viragem operada no sistema de financiamento.[4] "Passa a existir uma atenuação do regime de capitalização até aí vigente e inicia-se o sistema de redistribuição que se imporá a partir das reformas do Estado Social em 1968" (Branco et al., 1992: 52).

No que respeita à atenção votada aos segmentos que se encontram fora do sistema de previdência social, a situação começa a manifestar alguns indícios de alteração a partir de 1965, quando se enunciam, no domínio da assistência, acções de promoção comunitária que anunciam novas formas de intervenção social. O quadro legal que se vai instituindo tem uma dimensão verdadeiramente inovadora, expressa numa tendência para uma terminologia modernizadora e actualizada da assistência social, tendente a inverter a filosofia paternalista de protecção social presente nos anteriores diplomas, o que se reflecte nos objectivos de participação dos interessados na vida da comunidade e na integração e promoção social. Para além da característica função curativa da assistência, anunciavam-se intenções promocionais e de desenvolvimento da acção social. Continuando a valorizar e a apoiar as iniciativas particulares, o Estado não rejeita tão ostensivamente as suas responsabilidades em termos de protecção social.

Contudo, a análise dos resultados da aplicação desta legislação não permite um balanço tão positivo quanto seria previsto, verificando-se, pelo contrário, "uma incompleta e deficiente tradução prática dos objectivos legalmente previstos" (Maia, 1984: 10, 11). Persistiu a indefinição de uma política social global, mantendo-se medidas dispersas e residuais, assim como uma grande desproporção entre as necessidades sociais e os recursos materiais do sector. As condições exigidas para pôr em prática um conjunto definido de direitos sociais nunca foram realizadas, assim como nunca foram proporcionados os recursos para a implementação de equipamentos sociais destinados a apoiar as iniciativas no âmbito do apoio à infância, juventude, deficiência e terceira idade. Os limites do sistema expressam-se nos números da pobreza. Num estudo realizado para a OIT, em 1971, Manuela Silva apresenta um número de famílias a viver abaixo do limiar da pobreza de 31,4%. Bruto da Costa apura, para o mesmo período, um total de 34,5% de famílias e 41% de indivíduos na mesma situação.

---

[4] Em 1965 o aumento do número de beneficiários da previdência por relação a 1960 foi de 57%. No mesmo período verifica-se um aumento da despesa no sector de 129% (Branco e outros, 1992).

Apesar das insuficiências e lacunas decorrentes da deficiente cobertura material dos regimes e da exclusão dos mesmos de largos sectores da população, a articulação estabelecida entre os sistemas de previdência, assistência e saúde faz prever a intenção de integração destes sistemas num quadro mais lato de política social. Esta tendência ganha força no final da década através da tentativa de instauração do "Estado Social" de Marcelo Caetano, que se constitui na promessa de um Estado Providencia "à portuguesa" (Branco et al., 1992).

Paralelamente, anunciam-se promessas de um governo mais activo e liberal, de atenuação do controlo social e de renovados impulsos económicos. Apesar da sua confirmação pública de fidelidade ao corporativismo, Marcelo Caetano promete uma lei sindical menos rígida, o impulso à contratação colectiva, a tolerância face a alguns movimentos reivindicativos e o incitamento ao patronato a ceder, em algumas circunstâncias, às exigências dos trabalhadores. A censura abranda a sua actividade e a polícia política, além de alterar a sua designação de PIDE para DGS (Direcção Geral de Segurança), deixa de estar na dependência directa do primeiro ministro e passa a depender do ministro do interior, numa aparente perda de poder institucional. Em 1969, quando das eleições para a Assembleia Nacional, o partido do governo apresenta-se com uma nova designação, Acção Nacional Popular, e com um programa que integra a ala mais liberal e tecnocrata. A lei eleitoral é alterada, permitindo o voto "às mulheres e aos pobres" (Idem, 63). Terminadas as eleições, terminou a esperança que o Estado Social tinha anunciado de "renovação na continuidade", de democratização sem ruptura. A repressão voltou em força e o regime endureceu a sua posição. A "Primavera Marcelista" pode, deste modo, ser interpretada mais como uma manobra eleitoralista, do que como uma real intenção de mudança.

7.3. A educação formal em Serviço Social

7.3.1. A presença da ideologia conservadora

O enquadramento que definimos, desde finais da década de 50 até ao início da década de 70, é o período em que baseamos a análise que prétendemos efectuar relativamente ao processo de profissionalização do Serviço Social, tendo por base o estudo empírico efectuado aos planos de estudos do Instituto de Serviço Social do Porto. Tal como o país, a formação começa a sentir a necessidade de incorporar um projecto modernizador, que vá de encontro às alterações que se anunciam. Por volta da década de 50, o discurso em torno da mesma começa a focalizar-se nas alterações a introduzir no projecto de formação para o cumprimento deste propósito, o que se expressa, desde logo, na proposta de alterações legislativas (D.L. 40678/56) que vêm revogar o enquadramento legal de 1939[5]. Demonstrando o carácter residual do ensino dos métodos, Fernando Correia, médico higienista e Director do Instituto Superior de Higiene Dr. Ricardo Jorge, ao escrever, em 1950, sobre o Serviço Social, deixa expressa uma posição inequívoca relativamente à necessidade de conhecimento específico para a intervenção, em oposição às práticas assistencialistas: "Mal dos necessitados (...) se uma visitadora sanitária ignorar a sociologia e a psicologia, (...) às senhoras bem intencionadas e até notavelmente generosas (...) que grandes serviços lhes poderiam prestar os livros de Mary Richmond, especialmente o *Diagnóstico Social*" (Correia, 1950: 49). Do mesmo modo, o parecer da Câmara Corporativa relativamente aos conteúdos da formação a incorporar no novo plano de estudos de 1956, refere a importância da utilização de técnica própria no tratamento dos problemas sociais, submetendo-a contudo ao carácter humanista da intervenção. Afirma o parecer referido: "A sua missão (da assistente social) é sem dúvida utilizar o maquinismo social (entenda-se recursos técnicos e sociais), mas ser dentro dele uma alma que humanize a rodagem." Expressa-se efectivamente no novo projecto de formação uma tentativa modernizadora, mas a ambivalência característica da profissão e o seu compromisso com o modelo tradicional veiculado pela legislação de 1939 ainda se fazem sentir de uma forma inequívoca. Por um lado, mantém-se a formação na área da medicina social e da cultura religiosa, numa atitude de continuidade com o modelo anterior, por outro lado, mantêm-se e reforçam-se as áreas de psicologia, economia e direito e introduzem-se conteúdos de sociologia, numa afirmação de um modelo mais inovador, focado nos problemas sociais, como se comprova pela leitura do anexo VII.1, onde se apresenta a comparação entre os dois documentos legais.[6]

---

[5] As alterações anunciadas são introduzidas pela Portaria 15972/56, que define os planos de estudos e currículos das escolas de Serviço Social. Apesar do carácter modernizador do projecto anunciado, o enquadramento legal da sua concretização fica além das iniciais intenções.

[6] A portaria 15972/56 remete o estudo da Sociologia para a área de estágios sob a forma de "Esboço de trabalho sociológico", o que demonstra ainda alguma hesitação na integração destes conhecimentos. Contudo, abre-se um espaço que, a partir do ano lectivo de 1967/68, se institui como disciplina autónoma.

A formação desenvolve-se num quadro tensional resultante do ambiente social e político em que se inscreve, mas também das próprias condicionantes que este impõe ao desenvolvimento do conhecimento no contexto das ciências sociais. O conhecimento da realidade social em Portugal, sendo atravessado pelos contributos da ciência moderna e pela corrente positivista, não tem condições sociais e políticas para incorporar estes contributos na sua versão mais "pura", mas sim através de uma matriz que sirva os propósitos de veiculação de uma doutrina e de uma ideologia características do pensamento social da igreja.[7] Não cremos que seja possível afirmar, com segurança, que o serviço social tenha tido uma orientação absolutamente praticista e desligada de qualquer contributo teórico, ao nível das ciências sociais, que enquadrasse o seu projecto de intervenção profissional. Consideramos que o modelo instrumental e mecanicista da ciência moderna não foi capaz de servir um projecto de intervenção social despojado de recursos técnicos (medidas de política social) para além daqueles que podia colher na esfera da subjectividade dos seus clientes, daí que a intervenção tenha sido ancorada numa alternativa à instrumentalidade que valorizasse o suficiente estes recursos. Esta alternativa foi encontrada nos contributos do pensamento conservador, que apesar de ser considerado, por muitos autores, como um projecto "ideológico-doutrinário" mais do que uma teoria social, não deixou de marcar o seu lugar na história do pensamento sociológico. Deste modo, o Serviço Social vai constituir-se num arranjo teórico-doutrinário e técnico que, ao mesmo tempo que concede à profissão um cunho científico, lhe preserva o seu carácter especial voltado para os "elevados ideais ao serviço do Homem". A este projecto profissional vão responder os contributos teóricos resgatados do pensamento conservador, que em Portugal se expressa na Escola da Ciência Social de Le Play, cujos pressupostos teóricos não eram desconhecidos no contexto de formação dos assistentes sociais sendo, inclusive, explicitamente referenciados nos ensinamentos veiculados nas cadeiras de sociologia e, implicitamente, no conjunto da formação ao nível de outros contributos disciplinares, entre eles, o serviço social.

A profissão emerge e institucionaliza-se como uma iniciativa dos grupos sociais dominantes, que se expressam através da Igreja, o que é

---

[7] Para uma reflexão mais profunda deste assunto, aconselhamos a leitura do trabalho do Professor Manuel Braga da Cruz, "História da Sociologia Académica em Portugal" (v. Cruz, 1983).

notório na personalidade jurídica das escolas.[8] A formação e profissionalização deste "apostolado laico" (Iamamoto, 2002) vai permitir a difusão de uma ideologia de recristianização, de cariz conservador, junto da classe operária e, dentro desta, preferencialmente das mulheres e crianças, devido provavelmente à sua maior ligação à esfera doméstica. Esta acção assistencial individualizada e de carácter educativo e moralizante tem uma dupla vertente: por um lado, contraria a lógica da assistência pública que desconhece e oculta a singularidade dos casos e dos indivíduos produzindo respostas indiferenciadas aos problemas sociais e, por outro, serve para ocultar os antagonismos de classe, através de um tratamento sócio-educativo e de cunho doutrinário e moralizante, que conjuga uma linha curativa com uma linha preventiva dos problemas sociais (Iamamoto, 2002). O carácter sócio-educativo de que se reclama a profissão está muito presente nos contributos que vai colher da medicina social e da ideologia e doutrina social da igreja, que combinam princípios de educação básicos de higiene com princípios de aperfeiçoamento moral dos indivíduos. Trata-se do que podemos designar de "sanitarização dos problemas sociais", no sentido de prevenir a emergência de doenças de convivialidade urbana (tuberculose, sífilis...), mas também de combater a "promiscuidade" moral e social a que estas patologias estavam supostamente associadas, ao mesmo tempo que se socializam as classes mais desfavorecidas para os princípios da moral burguesa e da doutrina cristã. Combate-se a doença e, em simultâneo, o vício, a promiscuidade e o pecado.

Esta missão que aos assistentes sociais é incumbida baseia-se nos princípios basilares do pensamento conservador: no resgate de noções do passado como a tradição, a unidade da família, a solidariedade da comunidade, recursos imprescindíveis para impedir o alastramento da desorganização e desmoralização das classes sociais mais desfavorecidas, uma vez que estes agrupamentos sociais básicos continham em si um potencial de moralidade e sociabilidade, característicos dos modos de vida tradicionais, que merecem ser resgatados. A tradição e o costume são privilegiados, uma vez que são formas de legitimação da autoridade, daí que os elementos sagrados e irracionais sejam valorizados, em detri-

---

[8] No caso da escola do Porto, a entidade de suporte jurídico foi a Associação de Cultura e Serviço Social, ligada à Igreja, e a escola contou com um grande empenhamento pessoal do Bispo do Porto, D. António Ferreira Gomes, no seu processo de abertura.

mento da razão. Quando a razão não justifica a desigualdade e a pobreza, a sua justificação pode ser encontrada na deformação moral e educativa, ou mesmo na secular tradição que sempre incorporou naturalmente esta desigualdade. A igualdade externa põe em causa a particularidade dos indivíduos e, consequentemente, a sua liberdade, que permite a cada um desenvolver-se de acordo com as suas possibilidades e com as limitações da sua personalidade. Remetida para a esfera privada e subjectiva da vida, a liberdade não se estende às relações externas e sociais que se devem subordinar aos princípios da ordem, da hierarquia e da disciplina (Iamamoto, 2002: 24).

O Serviço Social nasce e desenvolve-se envolto neste universo teórico-doutrinário, que serve o seu projecto profissional de integração moral dos indivíduos até quando o poder político consegue resguardar a sociedade portuguesa do seu confronto com a modernidade. Quando os novos acontecimentos sociais e políticos que se precipitam a partir de finais da década de 50, impedem este "resguardo" das influências externas/modernas, o projecto profissional passa a encarar a necessidade de incorporar outro tipo de contributos teóricos. Neste contexto, a profissão aprimora os seus procedimentos de intervenção, incorporando os progressos do Serviço Social norte-americano (métodos de trabalho com indivíduos, grupos e comunidades) e reforça a componente do conhecimento no âmbito das ciências sociais.

7.3.2. A evolução da formação na escola do Porto

A transição anunciada no final da década de 50, leva algum tempo a apresentar sinais efectivos de mudança ao nível da estrutura curricular. A formação continua ancorada num manancial de contributos de medicina social e de formação moral e religiosa, apoiados por ensinamentos de psicologia, muito próximos da psicologia clínica, de que resultam acções voltadas para objectivos curativos e preventivos dos "desvios" e "patologias" de que eram alvo os clientes do Serviço Social. O grande peso de ensinamentos de medicina social e de saúde mental, expresso na afectação do número de disciplinas às áreas de medicina, medicina social e psicologia clínica, dá conta da função curativa, voltada para o tratamento das patologias sociais que caracterizavam a profissão, como se pode constatar pela análise do Quadro 7.1., onde se apresentam as tendências expressas em termos de formação nos planos de estudos da escola do Porto, no período compreendido entre 1960 e 1974.

Quadro 7.1. – Peso relativo (%) dos grupos discplinares, por número de disciplinas relativamente à totalidade das disciplinas previstas nos planos de estudos entre 1960 e 1974[9]

Áreas disciplinares Ano Lectivo	Medicina, Medicina Social e Psicologia	Doutrina e Ideologia do Regime e da Igreja	Ciências Sociais	Serviço Social	Acção no Terreno
1960/61 1961/62	40%	30%	9%	10%	5%
1962/63 1963/64 1964/65 1965/66 1966/67 1967/68	21 a 27%	30 a 39%	3 a 6%	12 a 20%	12 a 22%
1968/69 1969/70 1970/71	8 a 30%	21 a 29%	12%	8 a 14%	25%
1971/72 1973/73 1973/74	18%	10%	27%	27%	16%

O processo de industrialização emergente leva à necessidade de criação de propostas de intervenção social mais consentâneas com o projecto social em curso. Deste modo é criado, em 1956, o Serviço Social Corporativo e do Trabalho, hierarquicamente subordinado à Junta de Acção Social, que integrava, para além do organismo mencionado, o Instituto de Formação Social e Corporativa e o Centro de Estudos Sociais e Corporativos. Determinava a lei 2085/56 que o Serviço Social Corporativo e do Trabalho fosse "constituído por assistentes sociais e outras pessoas tecnicamente qualificadas (...)" tendo como missão "esclarecer

---

[9] As áreas definidas para este quadro apresentam algumas alterações por relação às que são indicadas na portaria 15972/56. À área de "medicina e medicina social" (vida física e suas perturbações) foram acopladas as cadeiras de psicologia, uma vez que a análise efectuada aos sumários das mesmas dá conta de uma componente muito forte de psicopatologia, muito próxima da medicina. A área de "doutrina e ideologia do regime e da igreja" integra as disciplinas da área de "vida mental e moral", excepto a psicologia, nomeadamente filosofia, moral, cultura religiosa, doutrina social da igreja. A área de Estágios é designada por Acção no Terreno.

e orientar os trabalhadores e suas famílias, bem como fomentar o espírito de cooperação social entre os patrões e os trabalhadores e entre estes e os organismos corporativos". Face a estas novas directrizes, rapidamente os sectores profissionais e académicos se mobilizam. No mesmo ano realiza-se a III Semana de Serviço Social, subordinada ao tema "Serviço Social no Trabalho e nos Organismos Corporativos". Na década de 60 a disciplina de Serviço Social do Trabalho e da Empresa já fazia parte dos planos de estudos (1962/63) e, quando não está presente como disciplina autónoma, o papel do assistente social na empresa é abordado nos conteúdos das cadeiras de serviço social de carácter mais generalista. A sua autonomização leva a crer que as novas dinâmicas que se estão a desenvolver suscitam por parte da profissão a necessidade de introduzir alguma "especialização" em termos de formação. Este processo é reforçado pelos indícios de "tecnificação", patentes na criação de cadeiras autónomas para o ensinamento dos métodos a partir de 1964/65. A abordagem destes contributos metodológicos já vinha sendo feita no âmbito das cadeiras de Serviço Social, nomeadamente no que respeita ao ensino das etapas do método (estudo, diagnóstico e tratamento), mas o espaço que lhes era reservado era marginal por relação às aprendizagens de pendor moral e ideológico, tais como: "O Serviço Social e a pessoa humana; O respeito pela vida; O papel da autoridade na vida social; Formas desvirtuadas de conceitos religiosos essenciais" (sumários das cadeiras de Serviço Social, 1960/1962).

No início dos anos 60, concretamente nos anos lectivos de 1960/61 e 1961/62 o peso das disciplinas da área da medicina, medicina social e psicologia, ultrapassava os 40%, o que é denunciador da continuidade do projecto de individualização e patologização dos problemas sociais que caracterizou a emergência da profissão. Esta tendência apresenta uma ligeira descida entre 1962 e 1968, mantendo-se em valores que oscilam entre 21 e 27%, que em parte são compensados pelo aumento verificado na área voltada à veiculação da doutrina e ideologia do regime e da igreja, o que pode denunciar a passagem de uma abordagem individualista dos problemas para uma abordagem paternalista, tanto ou mais reguladora que a primeira. A reflexão que fizemos relativamente à instabilidade social verificada para este período pode ajudar a contextualizar estas alterações, uma vez que a abertura do regime ao exterior pode suscitar uma necessidade de maior investimento na salvaguarda dos seus valores tradicionais, pelo aumento da sua exposição à confrontação e contaminação de influências externas. Em 1971, as áreas de medicina e de doutrina e ideologia do regime e da igreja, apresentam um decréscimo significativo, denunciador de mudanças que parecem irreversíveis. Apesar da inflexão do Estado Social após as eleições de 1969, as portas que se tinham aberto em termos de intervenção social dificilmente se fecharão. A área mais ligada ao ensino das ciências sociais, que até 1968 se apresenta marginal no contexto da formação, começa a partir daqui a expressar um aumento significativo, o que vai ao encontro de uma proposta para o serviço social mais centrada no contributo das ciências sociais. Este aumento poder-se-á dever à introdução de disciplinas como a antropologia e a política e acção social, a par de um maior investimento na sociologia.

No que respeita à área de serviço social, a leitura complica-se. Até 1968 ela é sempre marginal em relação a outras áreas, quer por relação à componente médica, quer à componente ideológica e doutrinária. A insuficiência da componente profissional (Serviço Social) é denunciadora da falta de autonomia do seu projecto e da sua instrumentalização por parte do regime. Quando esta componente se destaca, entre 1968 e 1971, fá-lo na sua componente prática (acção no terreno), o que nos pode levar a questionar a transição pretendida para um modelo mais científico, embora o recupere entre 1971 e 1974, como o demonstram o aumento da percentagem afecta ao serviço social, em pé de igualdade com a que respeita às ciências sociais. Esta tendência pode ser indicativa de que a transição para um projecto alternativo não se fez sem hesitações, que desembocaram na tradicional dicotomia entre teoria e prática, valorizando-se, num momento de transição, a acção voltada para o terreno.

Constata-se, deste modo, que à medida que as áreas de medicina, medicina social e psicologia e doutrina e ideologia do regime e da igreja vão apresentando um decréscimo, as áreas de ciências sociais e serviço social vão aumentando a sua importância no conjunto dos conteúdos da formação. Este indicador pode ser interpretado como uma tentativa de viragem da matriz individualista e paternalista para uma mais centrada na análise dos problemas sociais. Os números que apresentamos podem ainda dar conta de que a alteração pretendida pelo quadro legal de 1956, de uma maior aproximação aos ensinamentos das ciências sociais, teve que se confrontar no terreno académico com algum tipo de obstrução, que se constitui num obstáculo à sua apreensão a curto prazo. Efectivamente, só a partir de finais dos anos 60, início dos anos 70, é que se verificam sinais de mudança. Esta constatação pode dever-se, não só ao facto de estas tentativas inovadoras terem que se confrontar com a "ridigificação" das práticas académicas, mas também com o facto de só no final dos anos 60 se anunciarem a nível social e político "ventos de mudança" que permitiriam um maior investimento na formação ao nível das ciências sociais. Contudo, no que toca ao serviço social estavam lançadas as bases de uma formação alternativa à que anteriormente tinha enquadrado a profissão, sem condições de retrocesso.

7.3.3. "Metodologismo" e instrumentalidade?

Como já demos conta, a partir das décadas de 60/70, as directrizes da formação vão apresentar alguns indícios de "tecnificação", com o objectivo de construir respostas diferenciadas ao agravamento da questão social. O Serviço Social vai, deste modo, encontrar colocação entre as acções assistenciais e de promoção social. Há um notório investimento na aprendizagem dos métodos (caso, grupo e comunidade) e de novas competências, como as de planificação e de estudo / investigação. É assim enfatizada, ao nível da formação, a abordagem das sistematizações metodológicas do trabalho social norte-americano e o conhecimento das ciências sociais. A partir de 1964 damos conta, pela análise dos planos de estudos, da introdução de cadeiras de Serviço Social especificamente voltadas para a aprendizagem dos métodos (serviço social de caso, de grupo e de comunidade). Apesar desta tentativa de "tecnificação" é notória ainda uma grande rejeição da instrumentalidade, uma vez que a apreensão dos contributos metodológicos se faz permeada por ensinamentos de âmbito valorativo e relacional, sobretudo no que respeita ao Serviço Social de Casos. A presença nos sumários da cadeira de contributos relacionados com a "Maturidade religiosa e perspectiva cristã, Maturidade Moral, Causas e características das dificuldades afectivas, O fanatismo e a intolerância como obstáculo ao desenvolvimento da vida religiosa", entre outros, ainda ocupam um espaço significativo no conjunto da formação especificamente metodológica. Paralelamente, é uma cadeira onde o apelo ao perfil pessoal do assistente social é muito enfatizado, nomeadamente ao nível da relação: "Relação assistente social/família; Problemas da relação...; Orientação para a ajuda."

Ao longo do período em análise a cadeira vai-se reorganizando e começa a destacar a análise dos problemas enfrentados pelo cliente em função das fases de desenvolvimento humano (crianças, adolescentes, jovens, adultos, idosos), numa tentativa de organizar o método em função de grupos-alvo, denunciando uma tentativa de instrumentalização, que se dilui pelo acento colocado na forma como se manifestam nestes grupos os desequilíbrios morais e afectivos.

O Serviço Social de Casos, corolário da individualização da assistência, definido como um "processo que desenvolve a personalidade através de um ajustamento consciente, indivíduo por indivíduo, entre os homens e o seu meio ambiente" (Richmond, 1922, cit. Vieira, 1976) é um dos contributos metodológicos que melhor denuncia o projecto tensional a que nos temos referido. Considerado como "uma ajuda que, em todos os casos leva em conta os factores psicológicos a fim de tornar eficaz todo o tipo de ajuda material, financeira, médica ou moral" (ANAS, 1967, cit. Vieira, 1976), coloca a ênfase numa adaptação do individuo ao meio sem considerar fins sociais, o que reforça uma prática de não aceitação de problemas sociais, mas de desajustamentos individuais que interferem com o meio de pertença do cliente. O Serviço Social de Caso traz no seu bojo uma marca forte das referências que a profissão vai buscar à psicologia, sobrevalorizando as potencialidades "internas" do cliente e as "habilidades relacionais" do assistente social. "O relacionamento é a alma do Serviço Social de Casos. É o princípio da vida que vivifica o processo de estudo, diagnóstico e tratamento, que o faz uma experiência humana e de calor humano" (Biestek, 1957: 9).

É uma metodologia que parte do pressuposto que o cliente do serviço social é sempre portador de uma patologia e que pode, por potencialidades pessoais, tornar-se simultaneamente sujeito e objecto do seu próprio tratamento. Esta patologia é resultado da inadaptação do indivíduo ao meio. Não negam os teóricos do Serviço Social de Caso a "hostilidade" do meio como fonte de instabilidade do cliente, rejeitam contudo a ideia de que a intervenção social possa ser direccionada para domínios mais abrangentes que o indivíduo. O método tem uma semelhança indiscutível com um procedimento clínico. O papel do assistente social consiste, basicamente, em proporcionar um clima favorável de ajuda, através do estabelecimento de uma relação/comunicação adequada ao cliente, mostrando interesse pela pessoa, garantindo sigilo e conquistando a sua confiança. Cabe-lhe ainda estimular o sujeito, para que ele seja capaz, por si só, de reconhecer o seu próprio problema, encarar a situação e fazer algo para a resolver.

A análise que empreendemos aos sumários das cadeiras de serviço social de casos demonstra a ênfase colocada na aprendizagem de capacidades relacionais, a par da identificação de situações perturbadoras do equilíbrio do indivíduo, frequentemente voltadas para o equilíbrio afectivo. Os ensinamentos veiculados centram-se muito em noções e factores de desadaptação, como a carência afectiva, moral, religiosa e económica.

Associam-se estes factores, frequentemente, aos desequilíbrios familiares e profissionais dos indivíduos. As noções de normal e patológico estão expressas nos conteúdos leccionados, a maior parte das vezes por referência a princípios a seguir para a obtenção de uma vida afectiva, moral e religiosa em harmonia com os valores cristãos e de defesa da família. O espaço reservado à aprendizagem do método é residual em relação ao espaço que é dedicado à inculcação de padrões de comportamento moral e religioso. O ensino das técnicas remete para a aplicação de técnicas de entrevista e de organização da documentação. A atitude do assistente social é enfatizada nas referências ao respeito pela interioridade e confidencialidade e aos princípios que devem informar o seu comportamento: "a individualização, a arte de saber ouvir, a arte de saber observar, a participação emocional controlada, o respeito pela autodeterminação e o respeito pelo segredo".

O Serviço Social de Grupo é importado das ciências sociais, com ênfase forte ainda na psicologia, concretamente na "dinâmica de grupos". Entre 1930 e o início da II guerra mundial o progresso da sociologia e da psicologia atingiu o trabalho com grupos. Os métodos de educação e as técnicas de recreação levam a considerar os pequenos grupos como um ambiente propício ao desenvolvimento da personalidade dos indivíduos.

O Serviço Social de Grupo "(...) é um processo de serviço social que, através de experiências propostadas, visa capacitar os indivíduos a melhorarem o seu relacionamento social e enfrentarem de modo mais efectivo seus problemas pessoais, de grupo e de comunidade" (Vieira, 1976: 105).

O Serviço Social de Grupo não opera uma transição significativa de intervenção capaz de a deslocar dos indivíduos para os problemas sociais. O seu objectivo é intervir nas dificuldades que o indivíduo encontra no seu processo de socialização, ajudando-o a investir no ajustamento a situações inesperadas e objecto de desequilíbrio individual e a "adoptar atitudes construtivas nas relações com os seus semelhantes", prevenindo situações decorrentes da falta de adaptação à sociedade ou de atitudes "erradas" dos indivíduos no seu relacionamento social. A grande diferença que opera relativamente ao Serviço Social de Caso é a dimensão das categorias para quem se dirige o atendimento e a sua atitude preventiva, educativa e promocional, expressa no investimento que faz em actividades de recreação e lazer, de educação, de reabilitação. A individualização continua a ter um papel importante no seio do serviço social, sendo um dos princípios orientadores do Serviço Social de Grupo, incorporada duplamente como individualização no grupo, reconhecendo a diferença peculiar de cada indivíduo dentro do grupo e individualização dos grupos, reconhecendo e orientando a acção em função da heterogeneidade dos diferentes grupos no contexto mais amplo (comunidade).A tipologia da relação de ajuda no seio do serviço social altera-se face à metodologia de grupo, estabelecendo-se como auxílio "tradicional" uma relação directa entre o assistente social e os indivíduos que compõem o grupo, no sentido de estimular e apoiar relações de ajuda e cooperação entre os seus membros, (Ander-Egg, 1975).

O papel do assistente social remete para a coordenação e orientação, fazendo apelo às suas capacidades procedimentais, tais como o domínio de procedimentos e técnicas grupais e às suas capacidades interaccionais, relativas às qualidades humanas do trabalhador social e à forma de agir com os outros. Talvez por este facto o ensino da metodologia enfatize a aprendizagem de competências como o registo e os relatos, a organização de planos de actividades, a preparação e condução de reuniões, a resolução de conflitos. A formação faz apelo a noções de psicologia social e de sociometria e a técnicas de coordenação de grupos. No âmbito das técnicas, são referidas com frequência nos sumários da cadeira as de formação e aceitação dos grupos, técnicas de controle social, de deliberação e de tomada de decisão, assim como uma ênfase forte no desenvolvimento de normas e valores para o bom funcionamento do grupo.

O Serviço Social de Comunidade desenvolve-se a partir da década de 60 ancorado, tal como os outros métodos, nos contributos do serviço social norte-americano. Os seus objectivos centram-se na mobilização de recursos (materiais e humanos) para resolver ou prevenir problemas sociais, proporcionar meios de interacção entre diferentes sectores da comunidade e organizar serviços de planeamento de bem-estar. Os pontos de orientação do método baseiam-se, fundamentalmente, na exploração das potencialidades da comunidade para a resolução dos problemas que as assolam, nas capacidades das populações para empreenderem processos de mudança e nas suas potencialidades endógenas para o auto-desenvolvimento. O serviço social de comunidades ganha expressão no final da década de 60 através dos Serviços de Promoção Social e Comunitária, mas a sua acção efectiva não apresenta resultados significativos, devido à falta de capital endógeno, sobretudo recursos em equipamentos e serviços sociais, e à ausência de uma política de protecção social capaz de sustentar as intervenções, como referimos na análise que empreendemos neste trabalho sobre a protecção social.

No que respeita à forma como o método é apreendido em contexto de formação, destaca-se a importância dos conteúdos relacionados com os conceitos de desenvolvimento e subdesenvolvimento, assim como a referência a factores de impedimento ao desenvolvimento, como o analfabetismo, a fraca industrialização, a ausência de infraestruturas e a situação geográfica de algumas comunidades. Apesar de não se encontrarem referências explícitas ao papel do assistente social na condução do método, destacam-se nos sumários da cadeira conteúdos relativos a tipos de liderança e características dos lideres, o que nos leva a considerar que era dada relevância às capacidades de liderança de quem poderia conduzir o processo, o que aliás é comum a outras cadeiras de serviço social, nomeadamente serviço social de grupos. Relativamente ao ensino das técnicas, este remete sobretudo para a aprendizagem das técnicas de entrevista, preparação de reuniões, elaboração de actas e relatos e realização do inquérito social (prospecção de necessidades e recursos). São ainda referidas como técnicas, o painel, o simpósio e a conferência, o que denota uma preocupação em formar grupos de discussão e de participação, ressalvando contudo a "adaptação destas técnicas à mentalidade da população". Esta adaptação pretendida denuncia a negação da instrumentalidade característica da metodologia do serviço social.

Comum às três cadeiras de metodologia, é a forte componente de aulas práticas, de apresentação e discussão de casos, o que pode ser interpretado como uma tentativa de enquadrar os métodos mais empírica do que instrumentalmente, o que dá conta da tradicional hesitação do projecto profissional entre a teoria e a prática.

A partir de 1970 é abandonado o ensino tripartido da metodologia e é introduzida uma cadeira designada "Propedêutica do Serviço Social", que anuncia uma mudança de rumo na formação. É uma cadeira que integra nos seus conteúdos referências explícitas aos problemas sociais, relacionando-os com a habitação, a educação, o emprego, os problemas raciais e a alimentação. Começam a ser referidos os direitos sociais, económicos e culturais e as indicações de "armamento social" disponível para dar resposta a alguns destes problemas e ao exercício destes direitos. Ao nível das técnicas mantém-se o grande protagonismo da entrevista e introduzem-se indicações relativas à elaboração dos processos sociais, dos relatórios, dos diários sociais e das estatísticas.

Mais uma vez se explicita que a mudança da individualização para uma apreensão social dos problemas, anunciada no final dos anos 50, leva mais de uma década a ter expressão ao nível da formação académica.

A forma e o tempo de maturação necessários para se expressar na prática profissional fica como uma questão em aberto, que este trabalho não tem a pretensão de esclarecer.

7.4. Que profissionalização no Serviço Social?

No sentido de reforçar as principais ideias que expusemos, agrupámos, a partir do Quadro 7.1., períodos históricos e áreas disciplinares no Quadro 7.2., procurando pôr em evidência as principais tendências que encontramos em termos de formação. Assim, as áreas disciplinares de "Doutrina e Ideologia do Regime e da Igreja" e de "Medicina Social" correspondem ao "núcleo duro" da "Teoria/Ideologia da formação", designando-se por isso de "componente político-normativa". Trata-se de uma área que, tendo um cunho político-ideológico muito forte, vai buscar a sua fundamentação científica aos contributos da medicina social. As áreas de Medicina Social e Serviço Social formam a "componente médico-clínica" que relaciona a profissão com uma função curativa e imprime um carácter patológico aos problemas sociais. A "componente político-social" é determinada pela conjugação das áreas disciplinares de "Ciências Sociais" e "Serviço Social", o que pode indicar um projecto profissional fundamentado teoricamente nos contributos das ciências sociais e, portanto, mais voltado para a apreensão da dimensão estrutural dos problemas sociais. A "componente profissional-prática", centrada "no Serviço Social", quer na sua componente teórica quer prática, pode ser denunciadora de um projecto de autonomização profissional ou científico-prático.

Quadro 7.2. – Peso relativo (%) das várias componentes da educação formal formação em Serviço Social entre 1960 e 1974.

Ano Lectivo	Componente Profissional-Prática (Serviço Social + Acção no Terreno)	Componente Político-Social (Ciências Sociais + Serviço Social)	Componente Médico-Clinica (Medicina Social+Serviço Social)	Componente Político Normativa (Doutrina e Ideologia+Medicina Social)
1960/1962	Irrelevante	Minoritária	Dominante	Hegemónica
1962/1968	Relevante	Minoritária	Relevante	Hegemónica
1968/1970	Relevante	Minoritária	Oscilante?	Dominante
1970/ 1974	Relevante	Dominante	Relevante	Minoritária

Legenda: Irrelevante- inferior a 15%; Minoritário- entre 15 e 30%; Relevante- entre 30 e 50%; Dominante- entre 50 e 65%; Hegemónico- Superior a 65%

Reflectindo em torno destas "componentes", verificamos que a "político-normativa" perde sempre peso relativo ao longo de todo o período em análise, sendo, em parte, compensada pela "componente político-social". Até 1968 esta componente afirma-se pela grande concentração de conhecimentos acoplados à área ideológico-doutrinária, sendo que a dimensão teórica vai apresentando indefinições, oscilando entre os tradicionais contributos da medicina e da psicologia, mas apresentando-se mais permeável aos contributos do serviço social, tanto na sua componente prática como teórica, que abandona a insignificância que tem no período anterior para se tornar relevante. Parece antever-se uma tentativa da proposta profissional se adequar às novas exigências sociais, abandonando o projecto de patologização dos problemas que a caracterizava, mas deixando por resolver a sua tradicional dicotomia entre teoria e prática, entre conhecimento e acção, dado que a afirmação da área de serviço social se faz, frequentemente, destacando a sua componente prática. É também neste período que se vai dar uma maior ênfase aos contributos metodológicos do serviço social norte-americano o que pode, em parte, explicar o lugar que o serviço social ocupa neste contexto de formação.

A "componente médico-clínica" é muito oscilante, o que pode denunciar hesitações do projecto profissional em desligar-se da sua função "patológica" e curativa. O seu reaparecimento a partir de 1970 com um cariz mais social, dado que desaparecem as disciplinas de mais forte componente médica e se mantém as disciplinas de medicina social e de psicologia, embora estas últimas apresentem um decréscimo, pode indicar que esta área se propõe servir mais um projecto de política social. Estes dados fazem crer que se trata de uma área sem autonomia própria e que está na dependência dos projectos políticos, servindo-os quer na sua vertente mais ideológica e doutrinária, quer na sua vertente mais social.

A "componente político-social" é sempre marginal no contexto da formação, só ganhando o seu espaço a partir de 1971. Esta conquista parece fazer-se à custa da subvalorização da componente médico-clinica, que perde a expressão relevante que tinha no período anterior. Contudo, devemos ressalvar que a componente político-ideológica ainda está presente, apesar da sua reduzida expressão. Do ponto de vista do discurso, observamos sinais do seu menor comprometimento com o poder político, focalizando-se na universalidade dos valores e nos direitos, mas mantendo-se humanista,[10] daí que não possamos afirmar que a profissão se tenha emancipado do seu compromisso ideológico.

A "componente profissional-prática" é a mais estável, estabelecendo a partir de 1962 compensações entre si, ou seja, entre a componente mais teórica e a componente mais prática. Entre 1969 e 1971, vai expressar--se num "modelo praticista", que se manifesta pelo aumento significativo da acção no terreno e pela grande dispersão dos contributos teórico--ideológicos, com uma ligeira subida da área das ciências sociais, mas igualmente com uma presença ainda significativa das áreas da medicina e psicologia e da área ideológico-doutrinária, o que pode indicar um processo de descontextualização teórica.

A partir de 1971 começa a afirmar-se um "modelo profissional--científico", o que se deve não só à diluição do peso que representava a "componente ideológico-doutrinária", mas ao aumento significativo dos contributos das ciências sociais e do serviço social.

O trabalho exploratório que apresentamos e as considerações que tecemos relativamente às tendências que a formação vai indiciando, de um modelo fortemente ideológico, ao qual se submete o próprio "metodologismo" a uma viragem anunciada para a apreensão dos problemas sociais de fundamentação mais ancorada nas estruturas sociais que nos indivíduos, pretendeu levantar a questão relativa às vias de profissionalização que se abrem ao Serviço Social. Deste modo, este trabalho constituiu-se mais num enunciado de questões e de desafios, sem a pretensão de encontrar um "modelo" que caracterize a profissão no período analisado. Mesmo assim, permitimo-nos afirmar que, à medida que o Serviço Social vai perdendo a sua referência conservadora e ideológico--doutrinária, vai abrindo novas possibilidades ao seu projecto académico e profissional.

Uma dessas possibilidades pode constituir-se na evolução para um projecto de autonomia profissional que terá que contar, entre outros factores, com um forte investimento na investigação e produção de conhecimento a partir de si próprio. Contudo, a busca de instrumentalização, expressa no "metodologismo", que se anunciou na década de 60, aconselha-nos a não descartar a possibilidade de a profissão encarar a via de

---

[10] Esta deslocação ideológica em termos de discurso está presente, por exemplo, numa parte dos contributos da cadeira de Propedêutica do Serviço Social, que substitui as cadeiras de metodologia a partir de 1970.

um projecto técnico-instrumental, sem sustentação valorativa, ou seja, uma instrumentalização da intervenção, que se pode traduzir na não consideração da liberdade dos actores envolvidos. Em aberto, mantém-se ainda a sua manutenção como um projecto ideológico, sem autonomia própria, oscilando em função dos contributos que colhe no exterior de si próprio, sejam de natureza científica ou sócio-política.

ANEXOS

CAPÍTULO 7

Anexo VII. 1.

ORGANIZAÇÃO CURRICULAR	1939 – D.L. 30135/39 (programa 3 anos)	1956 – Portaria n.º 15972/56 (programa 4 anos)	ORGANIZAÇÃO CURRICULAR

VIDA FÍSICA E SUAS PERTURBAÇÕES	- Anatomia, fisiologia
	- Cirurgia, socorros de urgência e práticas de enfermagem
	- Microbiologia; doenças infecciosas
	- Higiene geral e alimentar
	- Puericultura
	- Cultura Física
	- Profilaxia, higiene e assistência social:
	  - Pré-natal, natal e do recém nascido
	  - Da infância
	  - Da idade escolar
	  - Dos flagelos sociais (tuberculose, cancro, alcoolismo, doenças venéreas, moradias insalubres)
	- Elementos de higiene e urbanismo; legislação sanitária
		- Histologia, Anatomia e Fisiologia
		- Enfermagem
		- Indicações terapêuticas e farmácia
		- Microbiologia, Doenças Infecciosas e Parasitárias
		- Higiene
		- Puericultura
		- Higiene e Profilaxias Sociais
		- Higiene Social
			VIDA FÍSICA E SUAS PERTURBAÇÕES

VIDA FÍSICA E MENTAL	- Profilaxia, higiene e assistência social (infantil e adultos) - Profilaxia das doenças e intoxicações profissionais e outras: - Higiene e fisiologia do trabalho - Prevenção dos acidentes de trabalho	- Higiene Mental Infantil - Higiene Mental Adultos	
VIDA MENTAL E MORAL	- Filosofia (ideais gerais, psicologia) - Cultura religiosa - Noções de psicologia infantil - Pedagogia e educação - Moral filosófica (geral, individual e familiar); encíclicas que lhe dizem respeito - Cultura Religiosa - Moral filosófica (social e encíclicas que lhe dizem respeito, moral profissional) - Cultura Religiosa	- Psicologia - Cultura Religiosa - Moral - Cultura Religiosa - Filosofia - Encíclicas - Cultura Religiosa	VIDA MENTAL E MORAL
VIDA SOCIAL	- Direito Constitucional e Direito Civil - Economia Política e Demografia - Economia, Direito, Legislação do trabalho e previdência - Noções de direito criminal e penal - História e legislação da assistência - Acção social e corporativismo: - Sindicatos nacionais - Organização social da indústria e higiene industrial; utilização das horas de descanso dos que trabalham, centros sociais, bibliotecas, orientação profissional - Organização social agrícola: - Casas do Povo	- História da Assistência - Direito Constitucional - Direito Civil - Direito Tutelar de Menores - Direito Criminal - Orientação Profissional - Economia - Organização Corporativa, Legislação do Trabalho e Previdência - Problemas e aspectos técnicos da vida rural - Urbanismo	VIDA SOCIAL
SERVIÇO SOCIAL E SEU FUNCIONAMENTO	- Formação Técnica (compreende contabilidade e dactilografia) - Origens e evolução, serviço social individual e familiar e suas bases actuais - Serviços Sociais (protecção à maternidade e infância) - Noções de Serviço Social Colectivo e de Instituições; actividades especializadas	- Métodos de trabalho (aulas práticas) - Serviço Social - Serviço Social - Serviço Social	SERVIÇO SOCIAL
ESTÁGIOS E TRABALHOS	- Visitas Sociais, Relatórios - Serviços de Saúde e Assistência - Serviços Sociais (protecção à maternidade e infância) - Outros serviços sociais especializados - Centros Sociais - Instituições especializadas em ensino familiar e doméstico - Inquéritos	- Relatórios, Visitas - Estudo de Problemas Sociais - Serviços de Saúde e Assistência - Serviços de Protecção à Maternidade e Infância - Serviços de Higiene e Profilaxia Social - Serviços de Psiquiatria - Serviços de Menores Delinquentes - Centros Sociais - Meios de Trabalho - Serviços nos meios rurais - Centros de estudo - Esboço de trabalho sociológico / monografia social - Relatório de estágio	ESTÁGIOS

Fonte: Monteiro Alcina (1992), *A formação académica dos assistentes sociais: uma retrospectiva crítica da institucionalização do Serviço Social em Portugal*, Tese apresentada ao Programa de Estudos Pós Graduados em Serviço Social da Pontifícia Universidade Católica de S. Paulo.

Anexo VII. 2.

Distribuição das disciplinas do Plano de Estudos por área de formação e por ano lectivo

		60/1	61/2	62/63	63/4	64/5	65/6	66/7	67/8	68/9	69/0	70/1	71/2	72/3	73/4
Medicina	Anatomia,Patologia,Fisiologia	2	2			1	1								
Medicina Social	Higiene Alimentar	1	1												
e Psicologia Clínica	Higiene Social	3	3	1	1	1	1	1							
(Med/Clin)	Higiene Mental		1	1	1	1	1	1	1	3	2		1	1	1
	Enfermagem	1	1	1											
	Puericultura	1	1		1	1	1	1	1						
	Profilaxias Sociais	3	3	1	1	1			1						
	Int.Medicina/Medicina Social			2	1				1	1	1		1	1	2
	Psicologias várias	3	3	3	4	4	4	4	3	4	4	2	2	3	3
	N	**14**	**15**	**9**	**9**	**9**	**9**	**9**	**6**	**8**	**7**	**2**	**4**	**5**	**6**
	% (total geral)	**37,8%**	**44,1%**	**25,7%**	**27,3%**	**25,7%**	**27,3%**	**27,3%**	**21,4%**	**23,5%**	**30,4%**	**8,3%**	**16,7%**	**16,1%**	**20,7%**
Doutrina e Ideologia	Filosofia	2	1	2	1	1	1	1	1	1	1				
do Regime e Igreja	Moral / Moral Profissional	2	2	3	2	3	3	2	2	3	2				
(DRSI)	Cultura Religiosa	2	3	3	3	3	3	2	2	2	1	3	2	3	3
	Doutrina Social da Igreja	1	1	1	1	1	1	1	1						
	Teoria/Prática Rel. Humanas											2			1
	Org. Corporativa e afins	1	1	1	1	1	1	1	1	1		2			
	Direitos vários	3	4	3	5	3	3	3	2	1					
	N	**11**	**12**	**13**	**13**	**12**	**12**	**10**	**9**	**9**	**5**	**7**	**2**	**4**	**4**
	% (total geral)	**29,7%**	**35,3%**	**37,1%**	**39,4%**	**34,3%**	**36,4%**	**30,3%**	**32,1%**	**26,5%**	**21,7%**	**29,2%**	**8,3%**	**12,9%**	**13,8%**
Ciências Sociais	Economia	2	1	1	1	1	1	1	1	1	1	1	1	1	1
(CS)	Sociologia / Ciências Sociais	2	2		1		1	1		3	2	3	4	4	4
	Política e Acção Social											2	1	1	1
	Antropologia											1	1	2	1
	N	**4**	**3**	**1**	**2**	**1**	**2**	**2**	**1**	**4**	**3**	**7**	**7**	**8**	**7**
	% (total geral)	**10,8%**	**8,8%**	**2,9%**	**6,1%**	**2,9%**	**6,1%**	**6,1%**	**3,6%**	**11,8%**	**13,0%**	**29,2%**	**29,2%**	**25,8%**	**24,1%**

Anexo VII. 2. (continuação)

Serviço Social (SS)															
	Legislação da Assistência	1					1	1	1				2	2	2
	ServiçoSocial	3	3	3	1		1	1	1	1		1	1	1	1
	Propedêutica Serviço Social								1	1	1		1	2	1
	S. S. Caso				1	1	1	1	2				2	3	2
	S. S. Grupo	1			2	2	2	2	1		1				
	S. S. Comunidade				1	1	1	1							
	S. S. Trabalho / Empresa		1							1		1	1	1	1
	Técnicas Auxiliares		2	1		1									
	N	5	3	4	5	6	5	5	5	2	3	7	7	9	7
	% (total geral)	13,5%	8,8%	20,0%	12,1%	14,3%	18,2%	15,2%	17,9%	14,7%	8,7%	12,5%	29,2%	29,0%	24,1%
Acção no Terreno (AT)	Relatórios, Visitas						1			1			3	4	4
	Seminários e afins	1			1	1	1								
	Monografia e afins	1			1	1									
	Relatório de Estágio														
	Serviços Sociais			1	1	2	2	2	3	3	2	1	1	1	1
	Estágio	1	1	3	3	4	4	4	4	4	4	4			
	N	3	1	5	8	4	7	7	8	6	5	4	5	5
	% (total geral)	8,1%	2,9%	15,2%	22,9%	12,1%	21,2%	25,0%	23,5%	26,1%	20,8%	16,7%	16,1%	17,2%
NÚMERO TOTAL DE DISCIPLINAS		37	34	35	33	35	33	33	28	34	23	24	24	31	29
% (total geral)		100%	100%	100%	100%	100%	100%	100%	100%	100%	100%	100%	100%	100%	100%

CAPÍTULO 8

Trabalho técnico-intelectual e decisão em contexto hospitalar

Telmo H. Caria
Chris Gerry
Fernanda Nogueira

Pretendemos neste capítulo analisar as relações entre o trabalho técnico-intelectual e a decisão político/organizacional em contextos hospitalares, a partir das posições sócio-organizacionais em que existe sobreposição do trabalho profissional-técnico com a área decisional. Trata-se de uma análise predominantemente quantitativa e descritiva, que pretende entender o modo como as identificações profissionais (que se desenvolvem por referência à autonomia do trabalho técnico e à participação na tomada de decisão) se articulam com os papéis institucionais (decorrentes do poder dos grupos profissionais, dos seus cargos e lugares de administração e direcção). Por fim, pretendemos saber em que medida os processos organizacionais-decisórios tendem a valorizar as contribuições profissionais-técnicas.

8.1. Problemática teórica e metodologia

8.1.1. Figurações da relação social decisão/técnica

No capítulo 1 procurámos clarificar o nosso posicionamento relativamente ao debate sobre as relações entre a decisão política e o trabalho técnico. Afirmámos para o efeito que poderíamos considerar como objecto de análise três tipos de relações: (1) a configuração relacional que depende de uma legitimação tecnocrática da decisão, tida como racional meios/fins, sem considerações quanto às alternativas políticas e valorativas das decisões e seus potenciais conflitos sociais (figura do perito ideólogo); (2) a configuração relacional que se exprime na sobreposição da decisão política com a hierarquia técnica, inscrita no facto do lugar de decisão política ser simultaneamente um lugar de direcção técnica, podendo por isso a decisão estar directamente condicionada pela ideologia e interesses de grupos profissionais específicos (figura do decisor profissional-gestor); (3) a configuração relacional que depende de uma legitimação técnico-reflexiva da decisão, em que as considerações políticas e valorativas alternativas são equacionadas na análise meios/fins, podendo gerar, por parte do perito, considerações críticas e autónomas, baseadas na sua deontologia profissional, sobre as prioridades de meios e os efeitos não desejados das decisões a tomar (figura do perito crítico).

Na nossa abordagem sobrevalorizámos as qualidades positivas do "perito-crítico" em contraposição às restantes figuras sociais, porque considerámos que, em princípio, estes estariam em melhores condições de fazer a mediação entre o conhecimento e as opções societais, sem instrumentalizações de parte a parte: haveria o reconhecimento da implicação/ /influência do trabalho técnico-intelectual na decisão, preservando a sua autonomia de poder e, logo, a sua não subordinação burocrático-organizacional.

Como também dissemos no capítulo 1, no debate sobre as relações decisão/técnica interessa-nos explorar as construções simbólicas que os profissionais-técnicos possuem, isto é, analisar as componentes do trabalho técnico-intelectual que são mobilizadoras de conhecimento e saberes. No caso deste capítulo, limitamos a análise da actividade cognitivo-profissional apenas às representações sociais que os actores possuem sobre as relações existentes entre o seu trabalho técnico e a decisão política/ /organizacional. Entendemos, ainda, que tais representações são formas de identificação profissional, pois permitem, como dissemos, elucidar e orientar as significações sobre o trabalho técnico que estão inscritas na acção profissional na sua relação com a decisão político/organizacional. Tratam-se de identificações profissionais, porque falamos das representações sociais que estão em estreita relação com a hierarquia hospitalar, implicando, portanto, como formulámos no capítulo 2, que a construção da profissionalidade esteja, neste caso, intimamente – embora não exclusivamente – relacionada com a interiorização de normas capazes de suportar o desempenho regular de papéis institucionais.

Especificamente, a hipótese de associação entre identificações e papeis no contexto hospitalar supõe duas outras que lhe são complementares: (a) a hipótese de que aqueles que efectuam o trabalho técnico-

-intelectual detêm suficiente poder profissional para influenciar a área decisional; (b) a de que os processos políticos e regulatórios que suportam a tomada de decisão são potenciadores e valorizadores do trabalho técnico-intelectual.

Esta associação entre o trabalho técnico-intelectual e os processos decisórios tem sido objecto, nas últimas décadas do século XX, da atenção dos teóricos das ciências organizacionais. Estes têm, sucessivamente, vindo a adaptar o seu entendimento sobre os processos de decisão, numa série de afinações, no sentido de aproximar com maior precisão os modelos existentes com a realidade das organizações modernas.

A visão inicial racionalista, em que o objectivo é a decisão óptima (Neumann e Morgenstern, 1947; Churchman e outros, 1957), evolui rapidamente devido ao reconhecimento das limitações empíricas da racionalidade; daí os modelos de racionalidade limitada (*bounded rationality*) inspirados em Simon, em que a decisão final apenas satisfaz um conjunto de factores constrangedores. De realçar, para a análise em causa, que o processo de decisão cedo começou a ser encarado como um acto fundamentalmente político (Cyert e March, 1963); Lindblom, 1959). Na década de 80, o comportamentalismo mais simplista de Simon é reforçado por uma corrente analítica que privilegia o papel do dirigente na sua vertente político-comportamental (Quinn, 1980), acabando por legitimar a incorporação de outros factores no processo de tomada de decisão, tais como as aprendizagens e vivências individuais e colectivas (quer intra- quer extra-organização) dos vários actores (Elster, 1989)[1].

8.1.2. Identificações, papeis e processos decisionais

A hipotética associação entre identificação profissional e papel institucional, para poder supor influência na área decisional, implica que os profissionais não só tenham autonomia relativa no domínio técnico, mas também participem com regularidade nas decisões político-organizacionais[2]. Estas duas dimensões permitem a construção de uma tipologia

---

[1] Para uma informação mais pormenorizado da evolução das teorias sociais sobre o processo de decisão, v. Nogueira (2004).

[2] Não abordaremos aqui a problemática da "qualidade" da participação de determinados tipos de profissionais no processo de decisão. Nesta amostra relativamente limitada, não se justificou a desagregação da participação nas suas várias formas caracterizadas pela participação activa/passiva; orgânica (de pleno direito) /na qualidade de *stakeholder*; ou ainda outras formas com justificações simbólicas, legitimadoras ou "permissivas".

que retoma as figuras sociais de decisores e peritos, que atrás referimos: (1) a figura social do "decisor profissional-gestor" pressupõe um alto nível de participação e autonomia relativa na decisão, dado estar, simultaneamente, no cimo da hierarquia organizacional e da hierarquia técnica; (2) a figura social do "perito ideólogo" pressupõe um nível mais elevado de participação decisório do que de autonomia, pois o seu comprometimento com a área decisório implica escasso distanciamento desta, dado tender a legitimar acriticamente o trabalho político o enquanto exercício real de poder na instituição; (3) a figura social do "perito crítico" será o inverso, dado que para poder ter algum descomprometimento com a área político/organizacional, necessita ter mais autonomia do que participação na tomada de decisão; (4) por fim, o trabalho técnico-intelectual que, tendo simultaneamente menor autonomia e participação, corresponderá a "técnicos não-peritos" (profissionais subordinados, técnicos desprofisionalizados ou profissionais-artesãos), dado tendencialmente não estarem directamente envolvidos em processos decisórios e isso poder, em maior ou menos grau, reflectir-se na autonomia técnica.

O Quadro 8.1. tem como intuito de conciliar a tipologia das figuras sociais de decisores e peritos com a realidade da estrutura organizacional hospitalar.

Quadro 8.1. – Correspondência entre figuras sociais e decisores hospitalares

	Figuras Sociais	Grupos de Decisores Hospitalares
1	Decisor profissional-gestor	Membros (Médicos/Enfermeiros) do Conselho de Administração (CA)
2	Perito ideólogo	Gestores Hospitalares (não-peritos da saúde)
3	Perito crítico	Médicos/Enfermeiros, Chefes/ Directores de Serviços, não-membros do CA
4	Técnico não-perito	Outras chefias hospitalares (por exemplo: Directores da Farmácia, Imunologia, Acção Social, etc.)

A tipologia proposta, como veremos mais à frente, será operacionalizada de dois modos: (1) no plano objectivo dos papeis institucionais, cruzando a informação relativa a grupos profissionais com cargos/funções na estrutura da organização hospitalar; (2) no plano subjectivo das identificações profissionais, utilizando a informação relativa às construções simbólicas que os profissionais manifestam sobre o grau de participação e sobre o grau de autonomia que dizem possuir na organização hospitalar. O grau maior ou menor de sobreposição entre as duas tipologias permitirá dizer em que medida as construções simbólicas sobre a relação decisão/técnica são qualificantes, desqualificantes ou equivalentes às condições objectivas, sócio-organizacionais, da acção profissional.

Assumindo as contribuições das ciências organizacionais, atrás referidas, designadamente no que se refere às limitações contextuais da racionalidade, bem como as relativas aos estilos de liderança que suportam as articulações decisão/técnica, importa ter claro (no caso em análise) que a implicação profissional da técnica na decisão supõe que todos os actores sociais envolvidos reconhecem a existência na organização hospitalar de processos políticos menos centralizados e menos carismáticos, bem como a existência de processos regulatórios mais formais. De facto, o processo de tomada de decisão só pode, hipoteticamente, potenciar as contribuições técnicas se os profissionais reconhecerem existir processos de alguma descentralização política associados à regular consulta e aconselhamento técnicos, de modo a permitir confrontar os decisores políticos, de modo explícito e transparente, com orientações racionais meios/fins alternativas, evitando tanto a personalização da decisão como o fechamento da organização ao exterior.

A visão que os profissionais têm sobre os processos decisórios será operacionalizada na secção 8.1.5. Aí teremos oportunidade de verificar em que medida os factores políticos e regulatórios de decisão de tipo central, carismático, racional, formal, ambiental e contextual distinguem os vários grupos profissionais e respectivas identificações. No entanto, como analisaremos na secção 8.2., esta análise não deverá deixar de ter em consideração que estamos perante uma amostra constituída maioritariamente em hospitais públicos portugueses, e por isso, em organizações que estão subordinadas a orientações políticos-estratégicas que dependem do governo central (directores hospitalares nomeados pelo governo). Esta dependência é fortemente influenciada por uma conjuntura política que, desde meados dos anos 90, tende a dar sinais de desinvestimento público e/ou de maior racionalização dos instrumentos de política de saúde, estimulando processos de empresarialização dos cuidados de saúde e concedendo maior protagonismo a organizações privadas ou de gestão privada de saúde (v. Carapinheiro, 1993; Carapinheiro e Lopes, 1997; Carapinheiro e Page, 2001; Simões, 2004).

Esta conjuntura política no campo da saúde pode ter implicações directas no poder relativo que os diferentes grupos profissionais têm (papeis institucionais) e reconhecem ter (identificações). Refira-se, mais concretamente, um conjunto de "reposicionamentos", quer pró-activos, quer forçados, que têm vindo a surgir em contexto hospitalar, dos quais os mais visíveis e, de alguma forma, mais polémicos, têm sido: (a) o processo de perda de poder e influência dos médicos, não só na gestão financeira dos hospitais, mas também nas decisões estratégicas; (b) a crescente influência dos gestores na decisão sobre os recursos inerentes à função assistencial; e (c) a recomposição dos diversos poderes dos enfermeiros, nomeadamente a sua gradual "paramedicalização". Neste sentido, não se trata de uma mera redistribuição de poderes em termos maioritariamente quantitativos, mas sim de uma reestruturação, flexibilização e "permeabilização" dos diversos papeis com claras implicações ao nível da legitimidade da participação dos diversos actores em decisões--chave relativas à organização.

Em conclusão, neste capítulo pretendemos responder às seguintes hipóteses/interrogações:

- as relações entre decisão e técnica têm implicações equivalentes no plano subjectivo das identificações profissionais e no plano objectivo dos papeis institucionais?
- como é que diferentes modalidades de procedimento decisório estão inscritas no par decisão/técnica?

8.1.3. Amostra

Para clarificar e operacionalizar as relações que podem existir entre identificações profissionais e papeis institucionais, interessa-nos pormenorizar as condições ecológico-organizacionais que são específicas ao contextual hospitalar (estrutura hierárquica, principais grupos profissionais, dimensão das organizações e tipos de gestão praticada). É esta informação que passaremos de seguida a apresentar e que permite caracterizar a amostra seleccionada.

Importa começar por referir que os dados relativos ao contexto de trabalho hospitalar foram recolhidos em sete hospitais do norte e centro de Portugal (tendo dois deles um regime de gestão privada), através de inquérito presencial (administrado entre Outubro de 2002 e Setembro de 2003)[3].

---

[3] Os dados aqui apresentados e comuns a outros estudos do projecto *Reprofor*, dizem respeito à primeira parte de um inquérito presencial aplicado no âmbito do projecto de investigação realizado por Fernanda Nogueira, com vista a elaboração da sua tese de doutoramento sobre as necessidades formativas e informativas dos decisores hospitalares.

O Quadro 8.2. informa-nos sobre a distribuição da amostra por dimensão hospitalar e tipo de gestão praticada. Teria sido desejável, para tornar a amostra mais equilibrada, conseguir uma maior proporção de inquiridos localizados em grande hospitais com gestão pública e de médios hospitais com gestão privada, mas, dentro dos meios que possuíamos, não foi possível encontrar mais voluntários destes tipos para entrevistar.

Quadro 8.2. - Inquiridos por Dimensão Hospitalar e por Tipo de Gestão Praticada

Dimensão Hospitalar	Tipo de Gestão		Total
	Pública	Privada	
Grande Hospital	47% (7)	53% (8)	100% (15)
Médio Hospital	100% (22)	0% (0)	100% (22)
Pequeno Hospital	71% (10)	29% (4)	100% (14)
Total	77% (39)	23% (12)	100% (51)

Os Quadros 8.3. e 8.4. evidenciam a distribuição de frequência dos diferentes grupos profissionais inquiridos, relativamente à dimensão hospitalar[4] e à estrutura hierárquica das organizações consideradas[5].

Quadro 8.3. – Inquiridos por Grupo Profissional e Dimensão Hospitalar

Grupo Profissional	Dimensão Hospitalar			Total
	Grande Hospital	Médio Hospital	Pequeno Hospital	
Médicos	42% (9)	29% (6)	29% (6)	100% (21)
Enfermeiros	9% (1)	55% (6)	36% (4)	100% (11)
Outros Profissionais	11% (1)	56% (5)	33% (3)	100% (9)
Gestores	40% (4)	50% (5)	10% (1)	100% (10)
Total	29% (15)	43% (22)	28% (14)	100% (51)

---

[4] A diferenciação da dimensão dos hospitais foi construída do seguinte modo: grandes hospitais > 600 camas; médios hospitais <600 e >200 camas; pequenos hospitais < 200 camas.

[5] Teria sido também desejável obter uma maior proporção de "outros profissionais" em "grandes hospitais" e de "enfermeiros" "chefes de serviços", mas tal não nos foi possível.

Quadro 8.4. – Inquiridos por Grupo Profissional e Cargo/Função Organizacional

Grupo Profissional	Cargo/Função Organizacional				Total
	Membros do Conselho de Administração		Director/Chefe de Serviços Médicos	Chefes de Serviços de Apoio	
Médicos	38%	(8)	62% (13)	0% (0)	100% (21)
Enfermeiros	55%	(6)	45% (5)	0% (0)	100% (11)
Outros Profissionais	0%	(0)	0% (0)	100% (9)	100% (9)
Gestores	80%	(8)	0% (0)	20% (2)	100% (10)
Total	43%	(22)	35% (18)	22% (11)	100% (51)

O Quadro 8.4. concretiza a operacionalização dos papeis institucionais esboçada no Quadro 8.1., pois indica-nos as relações objectivas que se podem estabelecer entre os grupos profissionais com maior ou menor potencial de autonomia técnica e os lugares e cargos ocupados na estrutura de poder organizacional, a saber:

- *Decisor profissional-gestor.* A sobreposição entre hierarquia técnica e hierarquia organizacional, relativa à figura social de decisor profissional-gestor, expressa-se no número de inquiridos (n=8+6, indicado pelo sombreado mais escuro do quadro) que, simultaneamente, são membros dos conselhos de administração (cargos de "director clínico", de "enfermeiro director" e de "administrador-delegado") e pertencem aos grupos profissionais de médicos e enfermeiros;
- *Perito-ideólogo.* A descoincidência entre a hierarquia técnica e a hierarquia organizacional implica a figura social de "perito-ideólogo" quando ocorre na categoria de gestores (n=8+2, indicado pelo sombreado mais claro do quadro), porque se trata de um grupo profissional que, carecendo de alguma autonomia técnica em saúde para o exercício profissional (são licenciados em direito, em gestão, em economia e em engenharia), não deixa de participar em processos de decisão, uma vez que ocupa na maioria dos casos o cargo de administrador hospitalar ou equivalente[6];
- *Perito crítico.* A descoincidência entre a hierarquia técnica e a hierarquia organizacional implica a figura social de "perito crítico" quando ocorre na categoria de médicos e enfermeiros

---

[6] Refira-se que 80% dos gestores inquiridos realizaram o (único) curso de pós-graduação em administração hospitalar que existe a nível nacional.

(n=13+5, sem sombreado no quadro), porque se trata dos inquiridos que associam a sua autonomia técnica em saúde ao exercício de cargos intermédios na estrutura organizacional dos hospitais (tendencialmente são elementos com menor participação nas decisões e correspondem aos cargos de Director de Ser-viço e de Enfermeiro Chefe);
- *Outros profissionais*. Por fim, encontramos um conjunto de outros decisores oriundos de outras profissões, cujo papel institucional denominamos de "técnico não-peritos", e que ocupam funções técnicas que são complementares aos serviços médico-hospitalares. Apesar de ocuparem cargos de chefia na hierarquia organizacional, estão igualmente afastados, comparativamente com os peritos críticos, tanto dos principais processos de decisão como dos lugares em que se articulam, no quotidiano micro-político, as decisões gestionárias e a função técnico-assistencial.

Sintetizando, estes são os quatro tipos de papeis institucionais em contexto hospitalar que dão conta das relações sociais entre decisão e técnica.

8.1.4. Operacionalizar identificações profissionais

Como referimos atrás, a identificação profissional dos inquiridos supõe abordar a subjectividade do trabalho técnico-intelectual em duas dimensões: autonomia técnica e participação nas decisões. Neste caso, não nos referimos aos papeis institucionais no sentido formal e objectivo, tal qual fizemos na secção anterior. Referimo-nos à avaliação subjectiva que os inquiridos fazem sobre estas duas dimensões e que, por isso, mencionam possuir como poder profissional na organização hospitalar.

No que se refere à primeira dimensão, a autonomia técnica, foi perguntado aos inquiridos se reconheciam ter autonomia em vários tipos de actividades que associavam o seu trabalho técnico à administração hospitalar. Utilizou-se para o efeito seis indicadores de autonomia (autonomia de gestão, autonomia administrativa, autonomia de planificação de actividades, de planificação de estratégias, de uso de recursos materiais e de uso de recursos humanos) e pediu-se aos inquiridos para situarem o seu grau de autonomia numa escala ordinal com cinco posições (muito elevada, elevada, média, pouca e nula). Com base na informação de apenas quatro destes indicadores de autonomia, produzimos uma análise estatística de homogeneidade ("Homals"), que nos permitiu criar uma tipologia de autonomia técnica com apenas quatro categorias: autonomia alta, autonomia média alta, autonomia média baixa e autonomia baixa (v. Carvalho, 2004).

Para a construção desta tipologia utilizámos apenas quatro indicadores (e não os seis que estavam contidos no inquérito), porque apenas considerámos aqueles que tinham uma "distribuição normal" (ou aproximada à "normal", v. Hill e Hill, 2002: 265/7) e que portanto, potencialmente, poderiam ser mais facilmente agrupados num único factor de autonomia técnica (encontrado através de análise factorial por componentes principais). Em consequência, na "Homals" que a seguir produzimos para encontrar uma tipologia, verificámos que as categorias ordinais se agrupavam facilmente por diferentes níveis em cada quadrante resultante do cruzamento de eixos[7].

No que se refere à identificação profissional que decorre da participação nas decisões, foi perguntado aos inquiridos se costumavam participar com a sua opinião na tomada de decisão sobre (des)investimentos no hospital, relativamente a assuntos muito específicos e delimitados. Para este efeito estavam contidos no inquérito um total de 14 indicadores, desdobrados por três dimensões: seis indicadores de participação em decisões sobre recursos materiais (instalações, equipamentos e finanças); cinco indicadores de participação em decisões sobre recursos humanos (organização e pessoal dos serviços); três indicadores de participação em decisões sobre recursos informacionais (circulação e articulação de informação em/entre serviços).

Para as respostas foi apresentada uma escala dicotómica (sim, não), porque, como os indicadores eram bastante específicos, considerou-se que se justificava uma maior discriminação de posições. O tratamento de dados em seguida realizado[8] permitiu chegar, por um lado, a uma variá-

---

[7] No cruzamento das duas dimensões "Homals" encontrámos o seguinte: (a) em Dim.1<0/Dim.2>0 encontrámos as quatro categorias "muito elevada autonomia"; (b) em Dim.1<0/Dim.2<0 encontrámos as quatro categorias "elevada autonomia"; (c) em Dim.1>0/Dim.2>0 encontrámos três categorias "média autonomia"; (d) em Dim.1>0/Dim.2>0 encontrámos três categorias "nula autonomia" e duas "pouca autonomia". As restantes categorias tinham valores "Homals" muito próximos do zero em Dim.2 e valores em Dim. 1>0.

[8] Realizámos o somatório, por tipo de recursos, das respostas "sim" e fomos verificar quais os agrupamentos de indicadores e categorias que permitiam distribuições próximas da normal. No final, acabámos por excluir dois indicadores de recursos materiais e um indicador de recursos humanos e por construir quatro variáveis ordinais, todas elas com aproximações à distribuição normal, como descreveremos mais à frente.

vel ordinal única de "participação nas decisões sobre recursos" (alta, média e baixa) e, por outro lado, a três variáveis ordinais por tipo de recursos: (a) participação em decisões sobre recursos humanos (alta, intermédia e baixa); (b) participação em decisões sobre recursos materiais (alta, intermédia e baixa); (c) participação em decisões sobre recursos informacionais (maior, menor e nula). Esta redução de informação e o seu cruzamento relativamente à autonomia e à participação permitiu-nos chegar a uma tipologia de identificação profissional, que está evidenciada no Quadro 8.5. As tonalidades dos sombreados cinzentos permitem-nos descriminar os tipos de identificação que referimos na secção anterior, relativos às relações entre decisão e técnica: (1) os sombreados mais escuros do quadro em baixo [(+) participação e (+) autonomia] e em cima [(-) participação e (-) autonomia] correspondem, respectivamente, às figuras sociais de "decisor profissional-gestor" (n=7+2) e de "técnico não perito" (n=4+5); (2) o sombreado mais claro de cima [(+) participação e (-) autonomia] corresponde à figura social do "perito ideólogo" (n=9); (3) o sombreado mais claro de baixo [(-) participação e (+) autonomia] corresponde à figura social do "perito crítico" (n=15).

Quadro 8.5. – *Relação entre participação e autonomia técnica (identificações profissionais)*

Grau de Autonomia Técnica	Participação nas Decisões sobre Recursos			Total
	Baixa	Intermédia	Alta	
Baixa	80% (4)	20% (1)	0% (0)	100% (5)
Média baixa	39% (5)	39% (5)	22% (3)	100% (13)
Média alta	28% (5)	33% (6)	39% (7)	100% (18)
Alta	0% (0)	67% (4)	33% (2)	100% (6)
Total	33% (14)	38% (16)	29% (12)	100% (42)

8.1.5. Operacionalizar processos de decisão

Como referimos atrás, as modalidades de implicação do trabalho profissional-técnico na área decisória supõem colocarmos algumas interrogações sobre as características dos processos políticos e dos processos regulatórios que estão inscritos na tomada de decisão. Para este efeito incluímos no inquérito que administrámos um conjunto de perguntas relativas às representações sociais que os actores tinham sobre os processos decisórios que permitiam realizar (des)investimentos em recursos no seu hospital. Estas questões tinham em vista questionar duas dimensões processuais: (1) os processos decisionais-políticos, analisados a partir de perguntas que pretendiam saber qual o tipo de fundamentação da decisão e quais os órgãos, instâncias e métodos utilizados mais regularmente; (2) os processos decisonais-regulatórios, analisados a partir de perguntas que pretendiam saber qual o tipo de informação e instrumentos de formalização que eram mais comuns serem utilizados na tomada de decisão em contexto hospitalar.

No grupo de perguntas relativas aos processos decionais-políticos utilizaram-se 16 indicadores, tendo cada um deles uma escala ordinal de resposta com cinco categorias (sempre, muita, às vezes, pouca e nenhuma), que davam conta da regularidade com que determinados processos ocorriam. O grupo de perguntas relativas aos processos decionais-regulatórios tinha as mesmas características e era composto por 11 indicadores. O tratamento de dados efectuado com estes indicadores permitiu seleccionar os indicadores que se mostravam mais relevantes para as hipóteses que queríamos verificar, tendo-se identificado e quantificado ao todo, através de uma análise factorial por componentes principais, quatro factores de decisão-política e dois factores de decisão-regulatória, a saber (ver resultados em anexo VIII.1.):

(1) *O factor "decisão carismática"*, relativo à componente/dimensão da redução estatística que tinha uma maior proporção de indicadores que davam conta de uma fundamentação do processo de decisão com base em características pessoais do decisor (intuição, experiência, visão);

(2) *O factor "decisão contextual"*, relativo à redução estatística de três indicadores que sobrevalorizavam instâncias de decisão de base e órgãos hospitalares que não se circunscreviam exclusivamente aos Conselhos de Administração, e métodos de decisão centrados na negociação directa com os interessados *(stakeholders*[9]*)*;

(3) *O factor "decisão racional"*, relativo à componente/dimensão da redução estatística que tinha uma maior proporção de indica-

---

[9] A importância do conceito de *stakeholder* diz respeito não apenas aos processos internos de influência decisional, mas também aos que, indirectamente, o influenciam – muitas vezes sem a necessidade de "prestar contas" *(accountability)*, segundo os seus próprios interesses, ou em representação dos interesses de um determinado grupo profissional, comercial ou político.

dores que sobrevalorizavam a importância das decisões estarem fundamentadas em estudos e em pareceres técnicos, atempadamente realizados, de modo a garantir processos decisórios adequadamente planeados e bem informados pelo pessoal técnico;
(4) *O factor "decisão central"*, relativo à componente/dimensão da redução estatística que tinha uma maior proporção de indicadores que vincavam a existência de processos e métodos centralizados de decisão, apoiados em opiniões de personalidades de prestígio;
(5) *O factor "decisão formal"*, relativo à componente/dimensão da redução estatística que tinha uma maior proporção de indicadores que evidenciavam o uso continuado de instrumentos formais para seleccionar, recolher e tratar informação, adequada à explicitação e transparência dos factos e dos processos que podem suportar a decisão política;
(6) *O factor "decisão ambiental"*, relativo relativo à componente/ dimensão da redução estatística que tinha uma maior proporção de indicadores que sobrevalorizavam instrumentos de informação ocasional e qualitativa, vinda dos utentes e do meio social envolvente aos hospitais, para suportar a tomada de decisão.

8.2. Análise da relação decisão-técnica

8.2.1. Que relação entre identificação e papel?

No final da secção 8.1. deste capítulo sintetizámos as perguntas que orientam a nossa análise. A primeira pergunta pretende saber até que ponto os papeis institucionais existentes nos contextos hospitalares são equivalentes às identificações profissionais. Para o efeito, os Quadros 8.6. e 8.7. descrevem-nos as relações existentes nas duas dimensões consideradas: autonomia técnica e participação decisional, cruzando o plano objectivo com o plano subjectivo das relações entre decisão e técnica.

*Quadro 8.6. – Relação entre Cargo/Função Organizacional
e a Participação na Decisão sobre Recursos*

Cargo/Função Organizacional	Decisão sobre Recursos: Grau de Participação			Total
	Baixa	Intermédia	Alta	
Conselho de Administração	10% (2)	40% (8)	50% (10)	100% (20)
Director ou Chefe de Serviços	44% (7)	44% (7)	12% (2)	100% (16)
Chefe serviço de apoio	83% (5)	17% (1)	0% (0)	100% (6)
Total	33% (14)	38% (16)	29% (12)	100% (42)

Quadro 8.7. – Relação entre Grupo Profissional e a Autonomia Técnica

Grupo Profissional	Grau de Autonomia Técnica		Total
	Baixa e Média-Baixa	Alta e Média-Alta	
Médicos	67% (14)	33% (7)	100% (21)
Enfermeiros	27% (3)	73% (8)	100% (11)
Outros profissionais	56% (5)	44% (4)	100% (9)
Gestores	30% (3)	70% (7)	100% (10)
Total	49% (25)	51% (26)	100% (51)

Os resultados apresentados no Quadro 8.6. indicam-nos que, globalmente, as tendências esperadas são verificadas: (a) os membros de "conselhos de administração" têm, na sua maioria, "participação alta"; (b) os "directores ou chefes" têm uma significativa "participação intemédia"; (c) os "chefes serviços apoio" têm uma "participação baixa". Será, no entanto, de assinalar a existência de uma proporção elevada de "directores ou chefes" que, no plano subjectivo, indicam ter uma participação baixa na área decisional. Os resultados apresentados no Quadro 8.7. são menos esperados. Assim, verificamos que: (a) os "médicos" têm uma proporção elevada de "baixa e média-baixa autonomia", nível que é equivalente ao dos "outros profissionais"; (b) inversamente, os "enfermeiros" têm uma elevada proporção de "autonomia alta e média-alta", nível que é equivalente à categoria de "gestores".

A inesperada "autonomia baixa e média-baixa" dos "médicos" e a excessiva proporção de "directores ou chefes" com participação baixa, indicam que a relação entre o papel institucional e a identificação profissional neste sector apresenta um grau de complexidade maior do que o previsto. Assim, no plano subjectivo a relação entre a decisão e a técnica tende a estar abaixo do plano objectivo das condições sociais e, portanto, a dar origem a uma tendência para que as identificações profissionais desqualifiquarem os papeis institucionais. Esta conclusão parece-nos substancialmente de acordo com a apurada por Simões (2004), que, no entanto, sugere uma distinção entre a postura da classe médica e a dos enfermeiros. Tendo por base a tipologia que construímos na secção anterior, tais tendências levam a esperar que, nos nossos resultados, haja uma sobrevalorização da proporção de "peritos ideólogos" e de "técnicos não-peritos" e, inversamente, uma subvalorização da proporção de "peritos críticos" e de "decisores profissionais-gestores".

Quadro 8.8. – Relação entre Papel Institucional e a Identificação Profissional

Papel institucional (profissão/cargo) e correspondente expectativa *a priori* relativa à identificação profissional	Identificação Profissional (Grau de Autonomia/Participação)				
	Técnico não Perito Nº (%)	Perito Crítico Nº (%)	Perito Ideólogo Nº (%)	Decisor Prof. Gestor Nº (%)	Total Nº (%)
Gestor Administrador/Gestor Director expectativa *a priori*	0 (0)	4 (40)	3 (30)	3 (30)	10 (100)
	mais peritos ideólogos				
Médico Administrador expectativa *a priori*	0 (0)	1 (14)	3 (43)	3 (43)	7 (100)
	mais decisores profissionais/gestor				
Enfermeiro Administrador expectativa *a priori*	0 (0)	3 (50)	0 (0)	3 (50)	6 (100)
	mais decisores profissionais/gestor				
Médico Director expectativa *a priori*	4 (45)	2 (22)	3 (33)	0 (0)	9 (100)
	mais peritos críticos				
Enfermeiro Director expectativa *a priori*	2 (50)	2 (50)	0 (0)	0 (0)	4 (100)
	mais peritos críticos				
Outros Profissionais expectativa *a priori*	3 (50)	3 (50)	0 (0)	0 (0)	6 (100)
	mais técnicos não peritos				
Total	9 (21,4)	15 (35,8)	9 (21,4)	9 (21,4)	42 (100)

O Quadro 8.8. permite verificar estas suposições e evidenciar as situações sociais em que existe maior ou menor equivalência entre identificações profissionais e papeis institucionais. Assim, podemos verificar que alguns dos resultados vão ao encontro desta hipótese:

(1) Os papeis institucionais de "gestor-administrador" e "gestor-director" apresentam proporções relevantes num vasto leque de identificações profissionais (e não só na relativa a "perito-ideólogo"), facto que, não deixando de admitir a equivalência entre papeis e identificações, mostra uma ligeira tendência para que as identificações profissionais qualifiquem os papeis;

(2) O papel de "outros profissionais", embora apresente uma menor dispersão de resultados, também não deixa de verificar a equi-

valência entre papeis e identificações, pois as proporções mais elevadas ocorrem nas identificações profissionais de "técnicos não-peritos" e de "peritos críticos".

(3) No que se refere aos "médicos" e "enfermeiros", os resultados já não permitem confirmar tão claramente a equivalência acima mencionada. Os papeis institucionais de "médico director" e "enfer-meiro chefe" apresentam, surpreendentemente, proporções muito elevadas de "técnicos não peritos" (praticamente iguais aos níveis apresentados pelos "técnicos sem cargos"), embora no caso dos enfermeiros estes dados sejam suavizados pelas proporções elevadas e esperada de "peritos críticos" (contrariamente, nos "médicos" o que está sobrevalorizado são antes os "peritos ideólogos");

(4) Os papeis institucionais de "médico e enfermeiro administrador" apresentam frequências relativas observadas superiores às esperadas, respectivamente, nas identificações de "perito ideólogo" e de "perito crítico", embora, em ambos os casos, estes dados inesperados sejam suavizados pelas frequências relativas elevadas de "decisores profissionais-gestores".

Podemos concluir que as categorias de "médicos" e "enfermeiros" (mais os primeiros que os segundos) são aquelas que apresentam resultados mais surpreendentes e que, por isso, mais contrariam a equivalência entre papeis institucionais e identificações profissionais. Nestes casos, os resultados vão sempre no sentido dos actores sociais desenvolverem identificações profissionais que desqualificam os papeis institucionais desempenhados. Pelo contrário, os "gestores" e os "outros profissionais" tendem a confirmar a equivalência entre papeis e identificações ou mesmo, muito ligeiramente, a expressar identificações profissionais que valorizam (ou requalificam mesmo) o nível de qualificação dos papeis institucionais desempenhados.

8.2.2. Micro-políticas e grupos profissionais

Mas será que a dimensão do hospital ou o tipo de gestão têm influência relevante na distribuição dos resultados apresentados no Quadro 8.8? O anexo VIII.2. permite responder à pergunta, considerando duas subamostras: a dos inquiridos que trabalham em "grande e médio hospital" (excluídos os "pequenos hospitais") e a dos inquiridos que trabalham só

em hospitais com "gestão pública" (excluída a "gestão privada"). Verificamos, no que se refere aos hospitais com gestão pública, que:
- o peso relativo dos "peritos ideólogos" aumenta, tanto nos "gestores" como nos "médicos administradores", em prejuízo dos "decisores profissionais-gestores";
- o peso relativo dos "técnicos não-peritos" mantém-se nos "outros profissionais" e nos "enfermeiros chefes", mas aumenta significativamente nos "médicos directores", em prejuízo das duas categorias de peritos;
- as tendências inicialmente encontradas entre os "enfermeiros administradores" permanecem.

No que se refere à maior dimensão hospitalar, verificamos que:
- a tendência para diminuir o peso relativo de "decisores profissionais-gestores" volta a verificar-se na categoria de "gestores";
- os "médicos directores" e os "enfermeiros chefe", nos grandes hospitais, apresentam tendências contraditórias no que se refere ao peso relativo de "técnicos não peritos": no primeiro caso volta a aumentar e no segundo caso diminui;
- as tendências inicialmente indicadas para os "médicos e enfermeiros administradores" mantêm-se.

Quadro 8.9. – Relação tendencial das identificações profissionais nos papéis institucionais

Tipo de identificação	Papéis institucionais			
	Gestor	Médico	Enfermeiro	Outros Profissionais
Na totalidade da amostra				
Equivalente				
Equivalente ou qualificante	x			x
Equivalente ou desqualificante			x	
Desqualificante		x		
Nas sub-amostras				
Equivalente	x		aproxima-se da equivalente	
Equivalente ou qualificante				x
Equivalente ou desqualificante				
Desqualificante		x		

Em conclusão, os resultados provenientes dos hospitais com gestão pública e os grandes e médios hospitais analisados confirmam a tendência para que as identificações profissionais desqualifiquem os papéis institucionais, especialmente junto dos "médicos". A tendência inversa, ligeira, para valorizar a qualificação dos papeis institucionais, dilui-se nos "gestores" e persiste nos "técnicos não-peritos". Os enfermeiros tendem a divergir dos médicos e a conseguir frequência relativas muito próximas de uma equivalência entre identificações e papeis.

O Quadro 8.9. resume a generalidade das conclusões, permitindo retomar a hipótese relativa ao modo como os diferentes grupos profissionais se posicionam perante as mais recentes políticas de saúde. Assim, poderemos dizer que os "médicos", ao desqualificarem os papeis institucionais que desempenham, terão tendência para desenvolver uma representação social do poder nos hospitais que os coloca numa posição de desfavorecimento e desconfiança face a outros grupos, independentemente do tipo de gestão e da dimensão hospitalar. Esta representação é, em parte, acompanhada pelos "enfermeiros", mas estes parecem tender a evoluir mais rapidamente para representações sociais que estão abertas a pensar a recomposição dos poderes profissionais nos hospitais. Os "gestores" têm uma representação social do poder nos contextos hospitalares que é a inversa da dos "médicos", facto que indicia uma crescente predominância desta categoria na administração hospitalar. As representações sociais dos "outros profissionais" indicam-nos que haverá uma tendência geral, no contexto hospitalar, para a sobrevalorização do poder profissional--técnico, mesmo quando não se participa tão plena ou explicitamente nas hierarquias organizacionais.

8.2.3. Relação trabalho técnico-intelectual e processos decisionais

Mas será que esta eventual sobrevalorização do trabalho técnico na área decisória em contexto hospitalar pode ser confirmada através das representações sociais que os inquiridos têm sobre os processos decisórios?

O anexo VIII.3 permite responder a esta questão, pois através do teste estatístico de "kruskhal-wallis" podemos saber se os vários agrupamentos de identificações profissionais e papeis institucionais são significativamente diferentes uns dos outros em cada uma dos factores de decisão que operacionalizámos e descrevemos atrás. As diferenças estatisticamente mais significativas (considerando pelo menos um *p-value* associado a uma probabilidade de significância inferior a 10%) ocorrem, tanto nas identificações como nos papeis e em especial quando se trata do "factor decisório formal". O "factor decisório central" apenas é significativo nas identificações profissionais, enquanto que nos papeis institucionais é significativo o "factor decisório racional". Deste modo, poderemos afirmar, numa primeira abordagem, que as contribuições técnicas para a área decisória são relevantes. No entanto, temos que admitir que podem tender a ser marginalizadas porque, como subjectivamente os actores sociais estão, em parte, polarizados pelas políticas (des)centralizadoras de saúde, as implicações da técnica na decisão poderão tender a apenas se circunscrever aos círculos de poder que mais influência têm na política central, desvalorizando implicitamente as relações com o meio ambiente e as dinâmicas contextuais locais, onde as contribuições da generalidade do trabalho profissional-técnico existente em contexto hospitalar poderiam mais facilmente ser consideradas.

Quadro 8.10. – Comparação entre identificações profissionais e factor de decisão

Factor decisão	Nível de significância	Identificação profissional			
		Técnicos não peritos	Perito ideólogo	Perito crítico	Decisor Profissional/Gestor
Central	p< 0,1	(-)	(-0)	(+0)	(+)
Racional		(+)	(+)	(-)	(-)
Carismático		(-)	(+)	(+0)	(+0)
Contextual		(+)	(+0)	(-)	(-0)
Formal	p< 0,01	(+)	(+)	(-0)	(-)
Ambiental		(-0)	(-0)	(+)	(-0)

O anexo VIII.3 permite, ainda, comparar e ordenar os valores estatísticos das médias (*rank médio*) e, portanto, saber, de um modo descritivo, quais os agrupamentos de identificações e papeis que valorizam, mais ou menos, os diversos factores de decisão. Os Quadros 8.10. e 8.11. resumem esta informação, indicando as categorias cujos valores estatísticos são extremos [*mais* altos (+) ou mais baixos (-)] e intermédios [médios baixos (-0) ou médios altos (+0)].

Quadro 8.11. – Comparação entre papeis institucionais e factor de decisão

Factor decisão	Nível de significância	Identificação profissional					
		Outros Profissionais	Enfermeiro Chefe	Enfermeiro Admin.	Médico Director	Médico Admin.	Gestores
Central		(-0)	(-)	(+)	(-)	(+0)	(+)
Racional	p< 0,05	(-)	(+)	(+0)	(+0)	(-0)	(-)
Carismático		(+)	(-0)	(+0)	(-0)	(+0)	(+)
Contextual		(-0)	(+)	(-0)	(-0)	(-)	(-)
Formal	p< 0,1	(-0)	(+)	(-0)	(+)	(-0)	(-)
Ambiental		(+)	(-0)	(-0)	(-)	(+0)	(+)

As categorias de identificação e papel que importa destacar em primeiro lugar são aquelas em que se encontram mais polarizadas pelos resultados (sinais "+" e "—") e que, portanto, a relação social decisão/técnica é mais clara e distinta. Tomando por referência os factores em que se verificavam resultados estatísticos significativos poderemos identificar dois padrões de relação social decisão/técnica, a saber: (1) padrão A- protagonizado principalmente pelos "gestores" ao enfatizarem os processos políticos centrais (acompanhado pelos carismáticos e em oposição aos racionais e contextuais) e os processos regulatórios não-formais (ambientais, informais e abertos ao exterior, em oposição aos formais e internos); (2) padrão B- protagonizado principalmente pelos "técnicos não-peritos" e pelos "enfermeiros chefe" ao enfatizarem os processos políticos racionais (acompanhados pelos contextuais e em oposição aos centrais e carismáticos) e os processos regulatórios formais (aqui a oposição aos ambientais não é tão evidente).

O "padrão A" verifica-se noutras categorias, embora com menos intensidade, dado passarem a conter valores intermédios de teste nos factores mais significativos (central, racional ou formal), a saber: (3) padrão Ai1- os "decisores profissionais-gestores" valorizam os factores centrais, mas não tanto os carismáticos e os ambientais, no entanto os factores racionais e contextuais continuam a ser desvalorizados (mais o primeiro que o segundo); (4) padrão Ai2- os "outros profissionais" não são tão centralizadores, mas continuam a enfatizar os factores carismáticos e ambientais e a desvalorizar acentuadamente os racionais e contextuais; (5) padrão Ai3- os "peritos críticos" não são tão centralizadores nem tão carismáticos, mas continuam a acentuar negativamente os factores racionais e contextuais e a enfatizar positivamente os factores ambientais;

Entre os padrões "A" e "B" de relação social decisão/técnica encontramos situações híbridas e situações ambíguas. Híbridas, quando as categorias têm valores estatísticos de teste polarizados (pelos menos metade dos valores são de sinal "+" ou "—") mas, ao mesmo tempo, misturam características dos dois padrões, embora pendendo mais para o "padrão B" (Bh1): (6) padrão HB1- os "peritos ideólogos" enfatizam os processos de decisão racional e formal e fazem-os acompanhar por processos carismáticos (recusando tendencialmente os processos centralizadores e aproximando-se dos processos contextuais); (7) padrão Bh2-"os médicos directores" enfatizam positivamente o factor formal e negativamente o factor central e tendem a acentuar o factor racional mas não o factor contextual. Estamos perante padrões ambíguos quando as categorias têm demasiados valores estatísticos de teste intermédios: (8) padrão AB- casos dos "médicos e enfermeiros administradores", nos quais existe em comum alguma tendência para valorizar os processos decisórios centrais e carismáticos (mais evidente nos enfermeiros) e para desvalorizar os contextuais e os formais, havendo, ao mesmo tempo, tendências contraditórias nos processos racionais e ambientais.

8.3. Relação social decisão/técnica: conclusões

Retomando as hipóteses que colocámos no início deste capítulo, podemos concluir que as representações que os profissionais têm sobre os processos decisórios não concorrem de igual modo para valorizar a implicação do trabalho técnico na decisão. O "padrão A" de relação social decisão/técnica tende a não valorizar as contribuições do trabalho profissional-técnico (presentes nos factores mais racionais e mais contextuais) e, por isso, parece ser estritamente político e portanto facilmente instrumentalizado pelas políticas de saúde centrais. O "padrão B", pelo contrário, dá expressão (ainda que limitada) às contribuições do trabalho profissional-técnico na decisão, pois valoriza aquilo que lhe é mais específico: processo políticos racionais e contextuais e processos regulatórios formais, sem estarem totalmente em oposição aos ambientais. O Quadro 8.12. permite resumir e situar esta conclusão nas relações entre papeis e identificações.

Quadro 8.12. – Relação social decisão/técnica por papéis institucionais e identificações profissionais

Padrão	Papéis institucionais	Identificações Profissionais
A	Gestores Outros Profissionais	Decisores profissionais-gestor Peritos críticos
Ambíguo	Enfermeiro administrador Médico administrador	
B	Médico director Enfermeiro chefe	Peritos ideólogos Técnicos não peritos

Este quadro indica-nos que os processos políticos centralizadores ligados ao "padrão A" geram efeitos bastante contraditórios, pois juntam os papéis institucionais que têm as posições hierárquicas mais extremas e as identificações profissionais que seriam menos esperadas. De facto, como hipoteticamente atrás afirmámos, num sistema centralizado de poder político, como é este caso, as contribuições técnicas, ao não serem tão valorizadas, implicam que tenhamos o papel de gestor associado à figura de perito crítico, tal como ocorre com os "outros profissionais" (onde há maior autonomia corresponde uma participação decisória menor) ou associado à figura do decisor que actuaria num círculo de relações pessoais muito restrito (daí o peso do factor decisório carismático em prejuízo do racional), no qual a contribuição técnico-médica é irrelevante e em que, portanto, deixa de haver coexistência entre a hierarquia organizacional e a hierarquia técnica. Pelo contrário, é quando os processos decisórios políticos têm maior carácter contextual, como acontece com o "padrão B", que as relações decisão/técnica estão em melhores condições de se poderem desenvolver (daí a importância dos factores racionais e formais), embora só nas categorias de direcção intermédia (Directores e Chefes serviços médicos) associadas às figuras de "perito ideólogo" ou "técnico não perito", nas quais a autonomia técnica tende a ser baixa ou a participação tende a ser marginal, dado o sistema centralizado de poder vigente.

As consequências destas articulações contraditórias, entre papéis e identificações num sistema centralizado que não valoriza as contribuições técnico-médicas, são evidentes nas categorias de "médicos administradores" e "enfermeiros administradores" porque, apesar de se esperar estarem em melhor posição para articular decisão/técnica, acabam por apresentar uma maior dificuldade em se saber posicionar no sistema de relações decisão/técnica. Daí serem categorias que não seguem nenhum dos padrões identificados.

Estas situações de ambiguidade são, em parte, corroboradas por Nogueira (2004) quando identifica o perfil do médico director/administrador do hospital de pequenas/médias dimensões, cuja percepção do seu próprio papel institucional tendia a subvalorizar o seu real poder decisório. Uma parte da explicação desta subvalorização teria a ver com o facto de ao longo do sua carreira estes decisores terem desenvolvido uma actividade empresarial no sector de saúde em paralelo com as suas responsabilidades hospitalares, e não manifestaram grande interesse na formação contínua, nem procuraram ocupar uma posição favorável nas redes formais e informais de informação em contexto hospitalar. Embora seja difícil separar as causas e os efeitos neste percurso profissional, é claro que existe uma influência mútua entre as identificações profissionais (tanto do médico-decisor hospitalar, como do médico-empreendedor) e os papeis desempenhados nos seus respectivos organizações (tipicamente o hospital público e a clínica privada). Assim, estes médicos-empreendedores parecem partilhar as características do "perito crítico" (embora por razões distintas e com trajectórias diferentes daquelas sugeridas na maior parte dos casos aqui analisados), porque às autonomias técnico-médica e financeira junta-se o distanciamento crítico associado a uma dualidade que resulta da visão de quem conhece simultaneamente a lógica organizacional pública e a lógica organizacional privada, no campo da saúde.

ANEXOS

CAPÍTULO 8

Anexo VIII 1(a) – Análise factorial de componentes principais. Factores decio-nais-políticos (Central/Contextual/Carismático/Racional)

Indicadores obtidos com base num grupo de perguntas sobre o seguinte: As decisões sobre (des)investimentos de raiz são/estão baseadas,,,

Rotated Component Matrix(a)

Factores	Indicadores	1	2	3	4
Carismático	Baseadas na intuição de quem decide	-,097	-,129	,824	,037
	Baseadas na visão de futuro de quem decide	,493	,487	,379	-,238
	Baseadas na experiência de quem decide	,016	,167	,772	,003
Contextual	Baseadas nos departamentos e/ou serviços do Hospital	,097	,173	,339	,802
	Baseadas na negociação entre os diferentes interessados	,071	-,041	-,215	,872
Central	Baseadas nos órgãos do SNS que exercem a tutela sobre o hospital	-,331	,761	-,038	,334
	Baseadas na sugestão ou Influência de personalidades públicas	-,593	,369	,402	-,175
	Baseadas na sugestão ou na decisão dos órgãos do SNS	-,176	,856	,041	-,032
Racional	Baseadas na racionalidade técnica que fomentou a decisão	,709	-,073	-,146	,260
	Baseadas num processo de estudo e planeamento atempado	,829	-,263	,118	-,095

Extraction Method: Principal Component Analysis. Rotation Method: Varimax with Kaiser Normalization.
a Rotation converged in 8 iterations.

KMO and Bartlett's Test

Kaiser-Meyer-Olkin Measure of Sampling Adequacy.		,559
Bartlett's Test of Sphericity	Approx. Chi-Square	123,478
	df	45
	Sig.	,000

Total Variance Explained

Component	Extraction Sums of Squared Loadings			Rotation Sums of Squared Loadings		
	Total	% of Variance	Cumulative %	Total	% of Variance	Cumulative %
1	2,663	26,631	26,631	1,949	19,494	19,494
2	1,767	17,675	44,306	1,836	18,358	37,852
3	1,734	17,345	61,651	1,781	17,811	55,662
4	1,083	10,830	72,481	1,682	16,818	72,481

Extraction Method: Principal Component Analysis.

Anexo VIII 1(b) – Análise factorial de componentes principais. Factores decionais-regulatórios (formais e ambientais)

Indicadores obtidos com base em dois grupos de perguntas sobre o seguinte:
1- A informação que de facto é utilizada no processo de decisão sobre (des)investimentos de raiz é proveniente dos...
2- No seu Hospital está disponível informação devidamente explicitada sobre a articulação da decisão sobre (des)investimentos de raiz com...

Rotated Component Matrix(a)

Factores	Indicadores	Componente 1	2
Ambiental	1 - Dos contactos ocasionais entre pessoas do hospital, doentes, etc.	,058	,653
	1 - Dos relatos da comunicação social	-,032	,873
	1 - Das queixas e/ou Sugestões dos Utentes	,216	,609
	1 - Dos conhecimento e/ou amizade com pessoas variadas ou personalidades da vida pública	-,550	,526
Formal	2 - Com os objectivos específicos da actividade hospitalar	,861	,011
	2 - Com os objectivos globais da actividade hospitalar	,913	,036
	2 - Com a avaliação dos resultados da actividade hospitalar	,838	,254
	2 - Com a identificação dos critérios de avaliação da actividade hospitalar	,887	,064

Extraction Method: Principal Component Analysis. Rotation Method: Varimax with Kaiser Normalization.
a Rotation converged in 3 iterations.

KMO and Bartlett's Test

Kaiser-Meyer-Olkin Measure of Sampling Adequacy.		,716
Bartlett's Test of Sphericity	Approx. Chi-Square	148,985
	df	28
	Sig.	,000

Total Variance Explained

Component	Extraction Sums of Squared Loadings			Rotation Sums of Squared Loadings		
	Total	% of Variance	Cumulative %	Total	% of Variance	Cumulative %
1	3,434	42,922	42,922	3,416	42,704	42,704
2	1,888	23,604	66,526	1,906	23,823	66,526

Extraction Method: Principal Component Analysis.

Anexos

AnexoVIII. 2(a) – Papel institucional (profissão+cargo) * Identificação Profissional (autonomia+participação) Crosstabulation

		Identificação Profissional (autonomia+participação)				
Grande e Médio Hospital		Técnico subalterno	Perito Crítico	Perito ideólogo	Decisor	Total
Papel Institucional (profissão-cargo)	Gestor Administrador	0 .0%	3 42.9%	3 42.9%	1 14.3%	7 100.0%
	Gestor Director	0 .0%	1 50.0%	0 .0%	1 50.0%	2 100.0%
	Médico Administrador	0 .0%	1 25.0%	1 25.0%	2 50.0%	4 100.0%
	Médico Director	4 50.0%	2 25.0%	2 25.0%	0 .0%	8 100.0%
	Enfermeiro Administrador	0 .0%	2 50.0%	0 .0%	2 50.0%	4 100.0%
	Enfermeiro Chefe	1 33.3%	2 66.7%	0 .0%	0 .0%	3 100.0%
	Técnicos sem cargos de chefia	2 50.0%	2 50.0%	0 .0%	0 .0%	4 100.0%
	Total	7 21.9%	13 40.6%	6 18.8%	6 18.8%	32 100.0%

AnexoVIII. 2(b) – Papel institucional (profissão-cargo) * Identificação Profissional (autonomia+participação) Crosstabulation

		Identificação Profissional (autonomia+participação)				
Gestão Pública		Técnico subalterno	Perito Crítico	Perito ideólogo	Decisor	Total
Papel Institucional (profissão-cargo)	Gestor Administrador	0 .0%	1 20.0%	3 60.0%	1 20.0%	5 100.0%
	Médico Administrador	0 .0%	1 25.0%	2 50.0%	1 25.0%	4 100.0%
	Médico Director	4 57.1%	1 14.3%	2 28.6%	0 .0%	7 100.0%
	Enfermeiro Administrador	0 .0%	2 40.0%	0 .0%	3 60.0%	5 100.0%
	Enfermeiro Chefe	2 50.0%	2 50.0%	0 .0%	0 .0%	4 100.0%
	Técnicos sem cargos de chefia	3 50.0%	3 50.0%	0 .0%	0 .0%	6 100.0%
	Total	9 29.0%	10 32.3%	7 22.6%	5 16.1%	31 100.0%

AnexoVIII. 3(a) – Ranks Kruskal Wallis

	Papel Institucional (profissão-cargo)	N	Mean Rank
Factor Racional	Gestor Adminstrador e Director	10	14.45
	Médico Adminstrador	7	20.29
	Médico Director	8	28.38
	Enfermeiro Adminstrador	5	25.80
	Enfermeiro Chefe	5	34.30
	Técnicos sem cargos de chefia	8	16.50
	Total	43	
Factor Formal	Gestor Adminstrador e Director	9	12.94
	Médico Adminstrador	7	20.79
	Médico Director	11	29.55
	Enfermeiro Adminstrador	5	20.80
	Enfermeiro Chefe	4	27.75
	Técnicos sem cargos de chefia	7	20.57
	Total	43	
Factor Ambiental	Gestor Adminstrador e Director	10	26.15
	Médico Adminstrador	7	24.50
	Médico Director	9	14.72
	Enfermeiro Adminstrador	6	20.75
	Enfermeiro Chefe	5	21.30
	Técnicos sem cargos de chefia	8	29.81
	Total	45	
Factor Central	Gestor Adminstrador e Director	10	26.30
	Médico Adminstrador	7	25.64
	Médico Director	9	19.11
	Enfermeiro Adminstrador	5	26.80
	Enfermeiro Chefe	5	11.20
	Técnicos sem cargos de chefia	8	23.19
	Total	44	
Factor Contextual	Gestor Adminstrador e Director	10	18.00
	Médico Adminstrador	7	18.64
	Médico Director	9	24.11
	Enfermeiro Adminstrador	5	23.40
	Enfermeiro Chefe	5	32.20
	Técnicos sem cargos de chefia	8	23.06
	Total	44	
Factor Carismático	Gestor Adminstrador e Director	10	27.65
	Médico Adminstrador	8	23.69
	Médico Director	10	20.80
	Enfermeiro Adminstrador	6	22.58
	Enfermeiro Chefe	5	21.00
	Técnicos sem cargos de chefia	8	26.69
	Total	47	

AnexoVIII. 3(b) – Test Statistics – Grouping Variable: Papel institucional

	Factor Racional	Factor Formal	Factor Ambiental	Factor Central	Factor Contextual	Factor Carismático
Chi-Square	12.637	9.714	6.668	6.374	4.891	1.883
df	5	5	5	5	5	5
Asymp. Sig.	.027	.084	.247	.272	.429	.865

AnexoVIII. 3(c) – Ranks Kruskal Wallis

	Identificação Profissional (autonomia+participação)	N	Mean Rank
Factor Racional	Técnico subalterno	6	26.00
	Perito crítico	14	17.00
	Perito ideólogo	9	22.78
	Decisor	9	15.78
	Total	38	
Factor Formal	Técnico subalterno	8	26.63
	Perito crítico	14	17.32
	Perito ideólogo	7	26.21
	Decisor	9	11.33
	Total	38	
Factor Ambiental	Técnico subalterno	7	18.86
	Perito crítico	15	24.90
	Perito ideólogo	9	17.56
	Decisor	9	17.39
	Total	40	
Factor Central	Técnico subalterno	7	12.64
	Perito crítico	14	20.00
	Perito ideólogo	9	17.94
	Decisor	9	27.78
	Total	39	
Factor Contextual	Técnico subalterno	7	25.07
	Perito crítico	14	15.79
	Perito ideólogo	9	22.50
	Decisor	9	20.11
	Total	39	
Factor Carismático	Técnico subalterno	8	16.63
	Perito crítico	15	21.53
	Perito ideólogo	9	23.89
	Decisor	9	21.11
	Total	41	

AnexoVIII. 3(d) – Test Statistics – Grouping Variable: Identificação Profissional

	Factor Racional	Factor Formal	Factor Ambiental	Factor Central	Factor Contextual	Factor Carismático
Chi-Square	4.567	11.269	3.479	7.396	3.731	1.630
df	3	3	3	3	3	3
Asymp. Sig.	.206	.010	.324	.060	.292	.653

COMENTÁRIO CRÍTICO
Situar o olhar, perspectivar o "saber profissional"

Ana Paula Marques

Introdução

Transformado em problema político, económico, social e científico – com rasgos de mediatismo crescente –, o "saber profissional" que enforma o desempenho de um número crescente de técnicos-intelectuais nos mais diversos contextos de trabalho, parece submeter-se a uma operação de alquimia simbólica. Enquanto panaceia universal, o saber profissional responde, assim, aos crescentes desafios, riscos e incertezas que perpassam as sociedades actuais, nomeadamente as ocidentais, na medida em que se fundamenta em conhecimentos abstractos certificados e em competências requeridas e saberes de acções validados em contexto de trabalho. Em sentido contrário, aquele saber profissional expressa movimentos de desprofissionalização, desclassificação e proletarização dos estatutos e competências dos seus detentores, legitimando uma fragmentação social cada vez mais visível dos grupos profissionais.

Começando por tentar situar o meu ponto de vista relativamente ao tema geral deste livro, organizado por Telmo Caria e reunindo o contributo de vários autores, intitulado *Saber profissional. Análise social das profissões em trabalho técnico-intelectual (aspti)*, direi que o mesmo se encontra distante quer de tendências homogeneizantes ou lineares de pendor determinista, quer de uma perspectivação subjectivista do actor social que assenta na "ilusão da pertinência a todos os azimutes de uma experiência singular" (Passeron, 1995: 207). Com efeito, enquanto na primeira daquelas tendências, a argumentação encerrar-se-ia num radicalismo das formas, num grau de abstracção tal que debilitaria o seu potencial heurístico face à pluralidade de constrangimentos que caracterizam hoje os quadros de acção; na segunda daquela tendência, anular-se-ia, no limite, a própria possibilidade da análise sociológica, já que, sendo "tudo significativo", o mundo se apresentaria indescritível, consumando-se assim a "utopia biográfica (Idem, ibidem).

O meu propósito, ao ter aceite o desafio para comentar as principais contribuições teóricas, empíricas e metodológicas que dão substância a este livro, será o de partilhar algumas notas de reflexão que permitam reforçar ou contrastar ideias e resultados, ou sugerir, ainda, outros eixos analíticos de cruzamento com a temática central da obra em referência. Assim, o comentário crítico aqui exposto desenvolve-se a partir de três objectivos: i) em primeiro lugar, contribuir para sistematizar os contributos centrais e inovadores em torno da análise do "saber profissional"; ii) em segundo lugar, realçar a necessária historização e relativização do debate entre qualificação ou diferentes tipos de conhecimento e técnica, tendo como referência os processos de re-simbolização do trabalho na actualidade; iii) em último lugar, destacar os esforços de triangulação metodológica que suporta o trabalho de recolha e de tratamento das informações relevantes contidas no presente livro. Não pretendo ser exaustiva no tratamento das temáticas e questões aí enunciadas e analisadas. Tal não é, também, o objectivo dos autores que, no início da apresentação do livro, sugerem que o texto por eles proposto deverá ser lido como "um escrito a 'meio de um caminho'", aberto ao contributo de diversos olhares inter/disciplinares.

1. Recontextualizações e reflexividades

Ao colocar no centro da análise sociológica as transformações em curso do/no trabalho técnico-intelectual, as propostas dos autores aqui reunidos entroncam-se, de forma manifesta ou latente, por um lado, na importância que o trabalho e as relações que se constroem a partir dele assumem na compreensão da sociedade; e, por outro, na pertinência da actual sociologia dos grupos profissionais, com novas problemáticas e conceitos, em particular, os de profissionalização (e seus derivados), de saber e de poder.

Privilegiando investigações de cariz microssociológicas sobre o trabalho intelectual desenvolvido por técnicos inseridos em três contextos organizacionais diferentes, designadamente em associações de desenvolvimento local, organizações de agricultores e hospitais regionais, uma das questões mais relevantes patente neste livro consistem no esforço de identificar os contornos de profissionalização daqueles grupos profissionais, a partir de conceitos centrais, como sejam o da identificação e da cultura profissionais.

Numa sociedade que, segundo os autores, é ainda a de uma sociedade de transição, não se encontram reunidas as condições para se utilizar o conceito de "cultura profissional" já que este é expressão de uma "articulação explícita entres duas mentes: a racional e a cultural"; pelo contrário, na maioria dos quotidianos de trabalho profissional analisados é possível apenas encontrar "formas mitigadas da cultura profissional", a que os autores designam de identificações profissionais (v. Cap. 2).

Ora, parece-me que a expressão "identificações profissionais", à luz de outras como, por exemplo, "formas identitárias" introduzida por Dubar (1991) e "inscrições identitárias" de jovens (Marques, 2004), contribuem para que a identidade seja assumida hoje como uma questão incontornável na análise da especificidade dos espaços profissionais de diferentes grupos sociais, não só de quadros técnicos, como de jovens em inserção profissional, de quadros vulneráveis às reestruturações dotados de qualificações obsoletas, de mulheres em (re)inserção, de desempregados, entre outros.

Nesse sentido, o conceito de identificação profissional permite perceber melhor o "modo como o trabalho profissional-técnico consegue colectivizar os saberes e socializar indivíduos em condições de mudança social e global" (v. Cap. 2), o que pressupõe, indirectamente, a relativização do peso das heterodeterminações provindas de instituições sociais, regulamentações e classificações cristalizadas no tempo e no espaço. De forma aproximada, também, a proposta de "formas identitárias", como configurações socialmente pertinentes e subjectivamente significativas de "novas categorizações indígenas permitindo aos indivíduos se auto-definirem e se identificarem com os outros" (Dubar, 1992: 523), permite captar as recomposições identitárias pela "experimentação de definições de si e do outro mais pertinentes do que as antigas categorias oficiais" (idem, ibidem). Importa, por conseguinte, perceber que, na base da constituição destas categorias de identificação emergentes nos quotidianos de trabalho, persistem os mesmos processos conflituais, negociais ou de compromisso, constituindo-se em componentes da estruturação do social.

A partir daí, desenvolve-se uma outra questão central que consiste na "recontextualização do conhecimento em contexto de trabalho", remetendo para um considerável esforço de sinalização do papel do saber, do conhecimento e da informação, ou seja, dos "usos do conhecimento abstracto" nos quotidianos de trabalho por parte dos técnicos. A este propósito, a posição dos autores é clara. Com o alargamento das potencialidades heurísticas das noções de reflexividade e de uso do conhecimento abstracto/escrito, estas não podem ser mais apanágio exclusivo dos diversos públicos da ciência, nem dos agentes e instituições científicas (v. Cap. 1); pelo contrário, na proclamada sociedade do conhecimento, os processos de profissionalização transversais aos vários grupos profissionais criam, reformulam ou, mesmo, rejeitam os sistemas normativo-valorativos dominantes e as respectivas bases do poder ideológico das ocupações (Dubar, 2000).

Com efeito, a expansão do mercado de emprego relativo a este tipo de técnicos assalariados, a par de importantes desenvolvimentos nos sistemas de educação, nomeadamente a diversificação do leque de oferta de cursos superiores, têm contribuído para que se utilizem os termos profissão e profissionalismo para caracterizar ocupações que escapam ao ideal de "verdadeira profissão" definido segundo os cânones da tradição anglo-americana. Esta constitui, igualmente, uma outra questão central tratada no livro que nos permite avançar no debate sobre os recentes desafios na análise sociológica do profissionalismo. Para lá das diversas interpretações sobre as tendências do profissionalismo (Evetts, 2003), importa reconhecer a utilização crescente dessa expressão na compreensão das mudanças ocupacionais e organizacionais em curso, por um lado, e na relevância das actividades baseadas no conhecimento nas sociedades contemporâneas, por outro.

Portanto, pode admitir-se que estas questões são ilustrativas de um certo desenvolvimento dos principais marcos teóricos e que contribuem, de forma exemplar, para o reforço da especificidade do conhecimento sociológico, em particular na enunciação de esquemas de análise relacionais, contextualizadas, verificáveis e empiricamente refutáveis.

2. Saber, técnica e re-simbolização do trabalho

A relação entre saber e técnica tem atravessado várias disciplinas especializadas no campo da Sociologia, e das Ciências Sociais em geral, nas últimas décadas do século XX, sendo (re)actualizada com base na incorporação dos efeitos resultantes da difusão e utilização das novas tecnologias de informação (TIC) e da transformação dos modelos de produção e organização do trabalho que caracterizam, presentemente, a economia e a sociedade baseadas na informação – "Information Age" (Castells, 1996). As (re)composições das bases sócio-profissionais convencionais daí resultantes têm contribuído para que se registem importantes processos de reestruturação dos modelos de socialização e de identificação, tanto familiares, como profissionais, em grande parte explicados pela introdução de outras dimensões como incerteza, flexibilidade e reversibilidade nas trajectórias sociais e contextos profissionais.

No campo da Sociologia do Trabalho, por exemplo, na base da relação entre qualificação e técnica tem estado, de forma explícita ou implícita, um certo paradigma explicativo forjado no determinismo tecnológico. Com efeito, nos anos setenta, as explicações sobre a evolução das qualificações profissionais oscilaram entre uma abordagem optimista ou pessimista, em regra ideologizada, para, nos anos oitenta, se reconhecer uma polarização ou requalificação de certos trabalhadores em função dos contextos e situações de trabalho. Nos anos noventa, na reflexão sobre a pertinência da própria noção de qualificação são introduzidos, de forma complementar ou concorrencial, outros termos como os da competência ou dos saberes. Não é meu intuito dar conta aqui das polémicas desenvolvidas em torno dos conceitos de qualificações, competências e saberes (Marques, 1999) que, quando baseadas em estratégias de oposição ou substituição, tendem a deslizar frequentemente para a ideologização das respectivas noções: qual ou quais os critérios que melhor sustentarão a opção por uma ou outra noção?[1]

A historicidade e relatividade daquelas expressões enfatizam, sobretudo, o seu carácter relacional e socialmente construído. Nesse sentido, as "três teses" sobre as qualificações, que Terssac (1992, 1998) faz uma súmula das expressões "fazer", "saber-fazer" e "saber-que-fazer", recobrem aquela evolução no tempo e expõem três concepções diferentes da qualificação. A tese da qualificação em termos de "fazer" define um conjunto de capacidades e de conhecimentos socialmente definidos e requeridos para a execução de um determinado trabalho. Assenta nos pressupostos de que: i) o trabalho a executar estava claramente prescrito (tarefas repetitivas e monótonas); ii) apresentava um conteúdo pobre, sujeito a um controlo reforçado e disciplinador; iii) a execução esperada consistia no respeito pelas normas de produtividade impostas. No fundo, havia um "não reconhecimento" da qualificação dos trabalhadores iniciada com a Organização Científica do Trabalho e que perduraria até finais dos anos setenta.

---

[1] Neste sentido, a elucidação das concepções das instituições que as produzem, utilizam e reconhecem/legitimam parece ser uma alternativa promissora.

A tese da qualificação em termos de "saber-fazer", emergente na década de oitenta e no contexto das reestruturações das empresas, pretendia abrir algum espaço à intervenção não prescrita dos operadores para fazerem face aos imprevistos e às avarias dos equipamentos produtivos. As prescrições das funções e operações a realizar são tomadas como indicações incompletas que, para funcionarem de um modo óptimo, apelam à capacidade individual, aos conhecimentos e "truques" de cada trabalhador. Daí a "tolerância" das qualificações com o objectivo de assegurar o normal funcionamento produtivo, mesmo que não se reconheçam formalmente outras dimensões ocultas e qualitativas integrantes como as qualificações "tácitas" e de natureza "colectiva" e "polivalente". Com a progressiva "intelectualização" da produção fala-se, a partir de então, de "novos modelos de produção" que se alimentam destas dimensões recuperadas das qualificações.

Finalmente, a tese da qualificação em termos de "saber-que-fazer" chega nos anos noventa, com a reconhecida necessidade de conceder autonomia ao trabalhador, dada a imprevisibilidade e os riscos que comportam os actuais "contextos de acção" nos espaços de trabalho. A mobilização de conhecimentos e saberes teóricos, comunicacionais, relacionais e simbólicos (valorização de esquemas mentais de interpretação e representação de informações), para além dos saberes técnicos específicos, "permite definir o que é necessário fazer, analisar o contexto, reelaborar o objectivo a atingir, organizar a acção no seio de um colectivo" (Terssac, 1998: 227). Assim, a qualificação "reencontrada" acompanha a própria estruturação dos espaços de trabalho actuais.

Distante daquelas tendências homogeneizantes ou lineares, importa ter presente as dinâmicas sociais de transformação do saber profissional nos vários contextos de trabalho de que esta obra colectiva nos dá conta, resistindo-se ora a abordagens de pendor determinista, ora a abordagens de cariz subjectivista das relações sociais. Tais abordagens, é nossa convicção, além de serem dificilmente sustentáveis empiricamente, dada a heterogeneidade e complexidade de práticas, normas e valores sociais que tendem a caracterizar os quotidianos de trabalho, remeter-nos-iam, no limite, para visões "inelutáveis" ou "culturalistas", porquanto associadas, respectivamente, a uma concepção da realidade como fenómeno--reflexo ou fenómeno-subjectivo[2].

---

[2] Ambas as visões remetem, respectivamente, para a crítica original do pensamento estruturalista e funcionalista e culturalista subjectivista.

Mas, a partir daquela relação podem retirar-se três ilações fundamentais no quadro dos processos de re-simbolização do trabalho na actualidade.

A primeira e inequívoca ilação que podemos daí extrair, é a de que ao se reflectir sobre as transformações em curso referenciáveis grosso modo à flexibilidade dos processos produtivos, organizacionais e dos sistemas de emprego, importa reconhecer a actualidade da centralidade do trabalho nesta sociedade de transição. Além de se ter presente a dimensão profissional, manifesta nomeadamente na gestão dos requisitos dos postos de trabalho e emprego, no perfil de recrutamento, nas grelhas salariais, nas cadeias de mobilidade, muito mais está implicado, quando se centra a análise da reflexividade social no quadro de relações sociais de conhecimento como nos é dado a conhecer pelos resultados a que o autores chegaram. Não constituindo uma realidade uniforme no tempo e no espaço, o trabalho exprime realidades mutáveis quer da sua arquitectura técnico-organizacional, quer dos seus quadros de interacção, quer, ainda, dos seus valores e representações mentais.

A segunda ilação remete-nos, consequentemente, para a insuficiência dos critérios convencionais de definição de trabalho e emprego para dar conta da diversidade de profissões e estatutos passíveis de serem assumidos pelos trabalhadores. Hoje, parte-se de uma posição relativamente consensual no que diz respeito ao facto de o trabalho se constituir num traço específico da espécie humana, numa dimensão estruturante e modal da vida social. Porém, um dos problemas que se fazem sentir a esse nível prende-se com a ambiguidade semântica que lhe subjaz, proliferando vocábulos e expressões, umas próximas, relativamente equivalentes, outras remetendo para quadros de pensamento diferenciados. Eis alguns exemplos de proximidades, mas também de distâncias conceptuais: trabalho e actividade, trabalho e emprego, trabalho e desemprego, não-trabalho e inactividade.

Com efeito, se trabalho se refere a uma actividade que pode ser ou não remunerada, produtiva ou não produtiva no sentido económico restrito, o emprego pressupõe sempre uma actividade remunerada articulada com as condições que definem a utilização da mão-de-obra (qualificação profissional, reforma, subsídio de doença, etc.), ou seja, de acordo com um certo quadro jurídico-legal vigente. Nesse sentido, ter um trabalho pode não ser incompatível com o estatuto de desempregado, assim como o não-trabalho não tem necessariamente o mesmo significado de desemprego, já que pode representar diversas situações, desde inactividade (constrangida ou voluntária) à frequência de acções de formação. Igualmente, o conceito de trabalho pode ser utilizado para definir aspectos objectivados (v.g. nível salarial, rendimento, grau de destreza intelectual/manual) como também aspectos não materiais e subjectivados (v.g. auto-realização profissional, prestígio e status, atitudes e representações simbólicas).

Por fim, a terceira ilação que interessa reter é a pressuposta naturalização do saber e da técnica quando se (sobre)valoriza a sua quantificação seja pela concessão de um diploma/ salário/ categoria socioprofissional, seja pela assunção de uma lógica instrumental de eficácia universalmente satisfatória. Sabemos hoje que a incorporação progressiva da ciência no processo de trabalho, nas novas tecnologias de informação (TIC) e nas novas formas de organização do trabalho (NFOT)[3], legitimam e reforçam as antinomias teórico/prático, intelectual/empírico, técnico/ /manual, exacto/impreciso, estruturando desigualmente as qualificações e posições organizacionais, bem como as localizações dos lugares de classe e estilos de vida a elas associadas. Portanto, aquela naturalização associada a formas subtis de dominação (Bourdieu, 1996), que quase sempre acompanha outras, tais como o género, a idade, a vocação, o mérito, contribui para a reprodução secular das principais clivagens sociais (sendo a reprodução de classes sociais exemplar a esse nível).

3. Pela não radicalização de opções metodológicas

Perante a crescente complexidade dos fenómenos em análise sabe-se que, além da prática de triangulação teórica de que a interdisciplinaridade é exemplar, importa adoptar estratégias metodológicas flexíveis, encontrar formas de abordagem heuristicamente mais ajustadas aos campos teórico e empírico. Estas passam certamente pelo apelo à não radicalização de opções metodológicas disponíveis, pela prática de cruzamento de diversas técnicas com alcances e limites próprios que, quando conhecidos, podem ser controlados.

---

[3] A origem deste movimento encontra-se nas investigações anti-tayloristas da Escola das Relações Humanas e desenvolvidas mais tarde pelo Instituto de Tavistock em Londres. Ao potencial heurístico contido na noção de "sistema sócio-técnico", as formas emergentes de "auto-adaptação" por parte dos trabalhadores face à introdução de novas sistemas técnicos de produção tornaram pertinentes as formas de "alargamento e enriquecimento de funções", o trabalho em "grupos autónomos e semi-autónomos", configurando-se, pela primeira vez, uma concepção da divisão do trabalho alternativa efectiva às abordagens racionalizadoras da organização do trabalho.

A utilização de várias técnicas pelos autores que dão corpo a este livro – por exemplo, entrevistas (semi-estruturadas, em profundidade), observação (directa, participante), análise documental (fontes secundárias), técnicas quantitativas de *redução* da informação (análise factorial por componentes principais, técnica de Homals) – constitui um exercício exemplar de investigação concreta, de análise das transformações registadas nos quotidianos de trabalho daqueles técnicos. O incentivo à prática da validação de resultados, pelo confronto empírico, tem estado presente em certos autores, como Castillo (1999), que se defende de uma "literatura de aeroporto", de uma sociologia retórica como a que configura o pensamento único neoliberal, sem que na sua base se inscrevam aturadas pesquisas empíricas. Assumindo-se que a "investigação é ciência a fazer-se", próxima de uma abordagem de tipo *grounded theory* (Glaser e Strauss, 1967), realça-se o contributo deste livro para o aperfeiçoamento e partilha dos instrumentos de trabalho de que lançam mão os autores nos quadros das suas estratégias empíricas.

Se a passagem da teoria à pesquisa empírica se impõe como um momento particular de criatividade do investigador, não deixa de colocar, contudo, exigências importantes de "vigilância epistemológica" no processo de construção de conhecimento científico. Nesse sentido, como controlar a *medida* do conhecimento quando se trabalha com conceitos complexos como é o caso, por exemplo, do saber profissional?

Certamente muitas foram as cautelas e os protocolos seguidos pelos investigadores. Senão veja-se, o esforço de explicitação das opções em termos de operacionalização dos conceitos, seguindo de perto a proposta de construção de variáveis de Lazaresfeld (1965), a "construção" de variáveis de intervalo e o cruzamento de variáveis. Um outro exemplo é visível na referência, por parte dos investigadores, quanto aos limites e à validade das observações e conclusões a que iam chegando, desenhando percursos de "vai-e-vem", pela comparação, acumulação, sistematização e integração do conjunto de informações recolhidas.

Porém, não nos podemos esquecer de que a tradução dos conceitos numa qualquer medida exprime sempre uma tensão entre os indicadores e a generalização dos resultados, o que permite compreender o quanto pode conter de ilógico ou de irracional a atitude empirista ao configurar a verdade como inscrita nos próprios dados. Com efeito, ao se atribuir um número a cada modalidade de resposta prevista, não deixamos de trabalhar com variáveis nominais ou quando muito com variáveis de escalas de intervalo, fruto já de várias transformações, o que coloca algumas reservas nestes processos de *recode*[4] já que no limite, se poderá não medir o que inicialmente se tinha proposto medir.

Por outro lado, como reconhecer cientificidade à lógica compreensiva que assenta na assunção da intersubjectividade de todo o trabalho de investigação científica e de interpretação dos actores sociais? Como se sabe, as metodologias qualitativas assentam no trabalho de *explicitação* de todos os pressupostos e condicionamentos registados na *compreensão* do fenómeno em estudo, permitindo que a observação explique os "acasos" e as "singularidades" dos acontecimentos. Além disso, essas metodologias privilegiam a reflexão crítica sobre os efeitos dos contextos de trabalho e dos resultados, as especificidades do investigador na construção dos dados, a durabilidade no terreno e, por fim, a transparência dos procedimentos de investigação ao assegurar de forma pragmática as condições de reprodução do estudo por outro investigador (*v.g.* notas de trabalho de campo).

O rigor, a sistematicidade e a auto-reflexividade assumidos por parte dos investigadores perpassam nos estudos empíricos realizados, o que lhes permitem traçar já uma "direcção na caminhada", uma orientação metodológica que, a meu ver, privilegia uma abordagem indutiva da realidade social.

4. Outros eixos analíticos

Para não alongar em demasia este comentário, proponho-me avançar rapidamente com algumas interrogações que me foram sendo sugeridas à medida que ia avançando na leitura do livro, sem assumir qualquer preocupação com a sequência lógico-argumentativa até então exposta.

Desde logo, as estratégias de flexibilização da economia nas suas vertentes produtiva, formativa, funcional, salarial, duração do horário de trabalho, vínculo laboral, entre outras, introduzem importantes mudanças no trabalho e emprego, nos grupos profissionais em geral e nas bases de fidelização e confiança por parte dos trabalhadores (Sennett, 2000).

---

[4] Para se trabalhar com variáveis com um nível de medida superior à nominal ou ordinal, importa que se verifiquem certos pressupostos exigidos pelas teorias estatísticas disponíveis. Ora sabemos que são raras as situações em que tais pressupostos se verificam, além de que as amostras com as quais os investigadores trabalham são, geralmente, de pequena dimensão.

Senão vejamos. A carreira profissional deixa de se fazer exclusivamente numa empresa, num mercado interno alegadamente estabilizado e previsível, para se passar a construir a partir da acumulação de experiências forjadas na mobilidade inter-empresas, em mercados profissionais externos à empresa. Por outro lado, as pressões no sentido de uma "empregabilidade permanente" (Marques, 2001) de todos e de cada um dos trabalhadores desloca a análise que até então se tinha focalizado na (des)articulação educação-emprego (Tanguy, 1996), para uma outra centrada nos comportamentos, as atitudes e os saberes a possuir pelos trabalhadores. Esta lógica consubstancia-se "novamente" na retórica do indivíduo e no seu saber profissional. Ora, ao se fazer economia da análise de configurações institucionais, organizacionais e societais concretas em que esse saber se actualiza, como explicar os movimentos contraditórios de desqualificação, flexibilização e precariedade que atingem os diferentes grupos sócio-profissionais?

Igualmente, a proliferação de dispositivos legais, de estratégias de flexibilidade e de pressões profissionais que se instalam no reconhecimento dos diplomas e respectivos saberes (re)produzem uma crescente heterogeneidade e hierarquização de estatutos sociais por referência à relação entre trabalho e emprego. Justamente, neste quadro de crescimento da oferta em termos de diplomas escolares de diversos níveis têm-se colocado algumas interrogações relativas aos efeitos do alegado fenómeno de "banalização" dos mesmos, à "crise de legitimidade" (Hatzfeld, 1998) que perpassa a maioria dos "grupos profissionais" e, ainda, à pertinência da tese de proletarização dos quadros. Como explicar a tendência para a crescente delimitação de áreas de exercício da actividade, da formalização do monopólio do saber profissional, do fechamento do campo profissional, explicitados em movimentos de neo/institucionalização agenciados por diversos actores colectivos. Neste quadro, a configuração de novos segmentos de mercado, seguindo outras lógicas indiciarão, um esgotamento e, concomitantemente, uma alternativa ao modelo das "profissões"? Como se estruturarão as diversas formas específicas de mercados de trabalho, designadamente os mercados internos, secundários, profissionais, locais, entre outros?

Independentemente da relativa circunscrição do objecto teórico pelos autores deste livro – que, aliás com inteira justiça, delimitam o campo empírico e controlam a amplitude semântica dos conceitos por eles trabalhados – importaria que a análise sobre o trabalho técnico-intectual incorporasse, igualmente, uma dimensão co-explicativa conferida pela perspectiva de género. Com efeito, além do fenómeno de feminização do mercado de trabalho, é a crescente participação das mulheres em profissões "masculinizadas", com modelos sócio-culturais androcênticos que mais desafios tende a colocar na análise nos processos de reestruturação do mercado de emprego e dos padrões de profissionalização. Será que é sustentável (e por quanto tempo) que, para empregos com requisitos de maiores qualificações académicas e profissionais - como são os empregos nas áreas da ciência e da engenharia que, progressivamente, têm vindo a ser ocupados também por mulheres –, se mantenha a mesma lógica masculina dominante? Igualmente, associada a essa dimensão estruturante das relações sociais, coloca-se a questão das desigualdades de recursos e de poder que, explícita e implicitamente, marcam as relações quotidianas no mundo do trabalho. Nesse sentido, poder-se-ão compreender, em grande medida, as tendências diferenciadoras na transformação dos perfis dos grupos profissionais em contexto hospital, por exemplo, o desfasamento verificado entre a autonomia técnica-intelectual e o poder de decisão dos mesmos nomeadamente entre os médicos e enfermeiros (v. Cap. 8).

Por fim, o incentivo a uma antropologia do trabalho assalariado, privilegiando a análise de situações concretas de trabalho, contribuiria, do meu ponto de vista, para aumentar o campo de visibilidade de novas problemáticas e desenhos de pesquisa, constituindo, consequentemente, uma fonte de desafios intelectuais e de criatividade sociológica. Com efeito, além de se chamar a atenção para a relevante dimensão profissional, contemplar-se-iam outras, tais como as dimensões históricas e psico-
-socio-culturais da divisão social, sexual e internacional do trabalho, restituindo-se ao trabalho uma "dimensão social concreta" nas sociedades contemporâneas.

REFERÊNCIAS BIBLIOGRÁFICAS

AA.VV. (2000), *Société du savoir et gestion des connaissances*. Paris, OCDE.

AA.VV (2001), *Novo conhecimento, nova aprendizagem*. Lisboa, Fundação Calouste Gulbenkian.

AA.VV. (2003), *Cuzamento de saberes, aprendizagens sustentáveis*. Lisboa, Fundação Calouste Gulbenkian.

ALMEIDA, J., FIRMINO DA COSTA, A. e MACHADO, J.(1994), "Recomposições socioprofissionais e novos protagonistas", in António Reis (org.), *Portugal: 20 anos de Democracia*. Lisboa, Círculo dos Leitores, pp.307-330.

MARQUES, Ana P. (1999) "Lógicas de utilização e produção de qualificações profissionais". Comunicação ao *VIII Encontro Nacional de SIOT - O Futuro do Trabalho: Novas relações e competências*. Lisboa, APSIOT, cópia em CD-Rom.

MARQUES, Ana P. (2001), "Dinâmicas da relação entre trabalho e emprego: o fetiche da 'empregabilidade permanente'", *Cadernos do Noroeste, Série Sociologia*, XVI(1-2), pp. 167-185.

MARQUES, Ana P. (2004), "Percursos e Estratégias de Inscrição Identitária de Jovens Diplomados", in A. M Brandão, A. P. Marques e E. R. Araújo (orgs.), *Formas Identitárias e Modernidade Tardia — Actas de Encontros em Sociologia*. Braga, NES, Universidade do Minho, pp. 85-118.

ANDER-EGG, Ezequiel (1975), *Del ajuste a la transformación: apuntes para una historia del trabajo social*. Buenos Aires, Editorial Librería.

ANDER-EGG, Ezequiel (1992), *Introducción al Trabajo Social*. Madrid, Siglo XXI de España Editores.

APPLE, Michael (1989), *Maestros y textos. Una economía política de las relaciones de clase y de sexo en educación*. Barcelona, Paidós-MEC.

APPLE, Michael (1996), *El conocimiento oficial. La educación en una era conservadora*. Barcelona, Paidós.

APPLE, Michael (1997), *Os Professores e o Currículo: Abordagens Sociológicas*. Lisboa, Educa.

AREIA, Alcina do Rosário Monteiro (1992), *A Formação Académica dos Assistentes Sociais: uma retrospectiva critica da institucionalização do Serviço Social em Portugal*. S. Paulo, Universidade Católica Pontifícia de S. Paulo [Dissertação de doutoramento em Serviço Social].

BENAVENTE, Ana (org.) (1996), *A literacia em Portugal. Resultados de uma pesquisa extensiva e monográfica*. Lisboa, Fundação Calouste Gulbenkian/Conselho Nacional de Educação.

BERNOUX, Philippe (1992), *A sociologia das organizações*. Porto, Rés.

BERNSTEIN, Basil (1990), *The structuring of pedagogic discourse*. London, Routledge.

BERNSTEIN, Basil (1993), *La estructura del discurso pedagógico*. Madrid, Morata.

BERNSTEIN, Basil (1998), *Pedagogía, control simbólico e identidad – teoría, investigación y crítica*. Morata: Madrid.

BIESTEK, Félix P. (1957), *O Relacionamento em Serviço Social de Casos*, Porto alegre, Pontifícia Universidade católica de Rio Grande do Sul.

BLUMER, Herbert. (1982). *El Interaccionismo Simbólico: Perspectiva y Método*. Colección Psicología Social y Sociología. Barcelona, Hora.

BOUFFARTIGUE, Paul (1994), *De l'école au monde du travail*. Paris, L'Harmattan.

BOUFFARTIGUE, Paul (2001a), "La fonction d'encadrement: de l'importance du travail dans l'étude cadres", in *Colloque Autour des travaux de Georges Benguigui: encadrer, surveiller, inventer*. Nanterre, Université de Paris X.

BOUFFARTIGUE, Paul (org.) (2001b), *Cadres: la grande rupture*. Paris, La Découverte.

BOUFFARTIGUE, Paul e Gadea, Charles (2000), *Sociologie des cadres*. Paris, La Découverte & Syros.

BOURDIEU, P. (org.) (1996), "Les nouvelles formes de domination dans le travail", *Actes de la recherche en sciences sociales*, n.º 114 e 115.

BOURDIEU, Pierre (1997), *Les usages sociaux de la science: pour une sociologie clinique du champ scientifique*. Paris, INRA editions.

BRAEM, Sophie (2000), "La nécessaire développement théorique de la notion de professionalité pour la Sociologie des Professions française". Comunicação à Conferência Internacional sobre Sociologia dos Grupos Profissionais. *State Political Power and Professional Structures: new partterns and new challenges* (Conference Interim of International Sociological Association (ISA) – RC52), Lisboa, ISCTE (mimeo).

BRAGANÇA, José Miranda (2002), *Teoria da cultura*. Lisboa, Século XXI.

BRANCO, Francisco José e outros (1992) *A Construção do Conhecimento no Serviço Social em Portugal na década de 60*. Lisboa, ISSS, Estudos e Pesquisas, n° 2.

BURGESS, Robert (1997), *A pesquisa de terreno. Uma introdução*. Oeiras, Celta.

BURNS, Tom e FLAM, Helena (1999, 1987), *Sistema de regras sociais*. Oeiras, Celta.

CABRAL, Manuel Villaverde (1999), ÒTeoria cr'tica & informationcritique", *Revista Crítica de Ciências Sociais*, n°54, pp.31-37.

CARAPINHEIRO, Graça (1993), *Saberes e poderes no Hospital — uma sociologia dos serviços hospitalares*. Porto, Afrontamento.

CARAPINHEIRO, Graça e LOPES, Noémia (1997), *Recursos e condições de trabalho dos enfermeiros portugueses — estudo sociográfico de âmbito nacional*. Lisboa, SEP.

CARAPINHEIRO, Graça e PAGE, Paula (2001), "As determinantes globais do sistema de saúde português", in Pedro Hespanha e Graça Carapinheiro (orgs), *Risco social e incerteza. Pode o Estado social recuar?* Porto, Afrontamento.

CARIA, Telmo H. (1995), "A interpretação da reforma educativa como processo de subordinação formal dos professores", *Inovação*, VIII(3), pp.333-344.

CARIA, Telmo H. (1996)"As políticas educativas e a mente cultural dos professores", *Economia e Sociologia*, n°62, pp.81-92.

CARIA, Telmo H. (1997),"As culturas curriculares dos professores de matemática — uma contribuição etno-sociológica no quadro do 2° ciclo do ensino básico", *Educação, Sociedade & Culturas*, n°7, pp.55-74.

CARIA, Telmo H. (1999), "A racionalização da cultura profissional dos professores — uma abordagem etno-sociológica no contexto do 2° ciclo do ensino básico", *Revista Portuguesa de Educação*, vol. XII(1), pp.205-242.

CARIA, Telmo H. (2000), *A Cultura Profissional dos Professores — o uso do conhecimento em contexto de trabalho na conjuntura da reforma educativa dos anos 90*. Lisboa, Fundação Calouste Gulbenkian/Fundação para a Ciência e Tecnologia [versão actualizada e revista da tese de doutoramento defendida em 1997].

CARIA, Telmo H. (2001a), "A Universidade e a recontextualização profissional do conhecimento abstracto - hipóteses de investigação e acção política", *Cadernos de Ciências Sociais*, n° n°21-22, pp.71-85.

CARIA, Telmo H. (2001b), "O conceito de cultura aplicado à análise dos grupos profissionais - interrogações e comentário", *Educação, Sociedade e Culturas*, n°15, pp.199-204 [Comentário crítico ao artigo de Jorge A. Lima (2000), publicado no n°13 da mesma revista].

CARIA, Telmo H. (2002a), "O uso do conhecimento: os professores e os outros", *Análise Social*, n°164, pp.805-831.

CARIA, Telmo H. (2002b), "Dos dualismos de sentido aos usos sociais das teorias educativas", *Educação, Sociedade e Culturas*, pp.149-169

CARIA, Telmo H. (2002c), "Da estrutura prática à conjuntura interactiva: relendo o esboço de uma teoria da prática de Pierre Bourdieu", *Revista Crítica de Ciências Sociais*, n°64, pp.135-143.

CARIA, Telmo H. (2003a), "Um itinerário de reflexões e aprendizagens: análise social dos grupos profissionais na intercepção da educação com o trabalho e a ciência". Comunicação apresentada no *Seminário de Investigação em Sociologia da Educação. Associação Portuguesa de Sociologia*, Aveiro, Outubro (mimeo).

CARIA, Telmo H. (2003b) (org.), *Experiência etnográfica em ciências sociais*. Porto, Afrontamento.

CARIA, Telmo H. (2004), "O conceito de prática em Bourdieu e a pesquisa em educação", *Educação & Realidade*, XXVIII (1), pp.31-48.

CARIA, Telmo H. (2005a), "Os saberes profissionais técnico-intelectuais nas relações entre educação, trabalho e ciência" in António Teodoro e Carlos Alberto Torres (orgs), *Educação Crítica & Utopia: perspectivas emergentes para o sec.XXI*. Porto, Edições Afrontamento (São Paulo, Cortez Editora).

CARIA, Telmo H. (2005b), "Connaissance et savoir professionnels dans les relations entre éducation, travail et science", *Esprit Critique* [no prelo].

CARIA, Telmo H. e VALE, Ana Paula (1997), "O uso racionalizado da cultura. O caso da relação entre a consciência metafonológica e a aquisição da leitura", *Educação, Sociedade & Culturas*, nº 8, pp.45-72.

CARREIRA, Henrique de Medina (1996), "As políticas sociais em Portugal", in António Barreto (org.), *A situação social em Portugal, 1960 – 1995*. Lisboa, Instituto de Ciências Sociais, pp.365-498.

CARVALHO, Helena (2004), *Análise multivariada de dados qualitativos*. Lisboa, Sílabo.

CASTEL, Robert (1998), *As Metamorfoses da Questão Social: uma crónica do salário*, Petrópolis/Rio de Janeiro, Editora Vozes.

CASTELLS, Manuel (1996), *The rise of Network Society, The Information Age. Economy, Society and Culture*, Vol. 1, Britain, Blackwell Publishers.

CASTELLS, Manuel (2002), *A sociedade em rede*. Lisboa, Fundação Calouste Gulbenkian.

CASTILLO, J. (org.) (1999), *El Trabajo del Futuro*, Madrid, Editorial Complutense.

CEREZO, José Lopez (2003), "Governabilidade na sociedade de conhecimento", in Hermínio Martins e José Luís Garcia, (org.), *Dilemas da civilização tecnológica*. Lisboa, Imprensa de Ciências Sociais, pp. 139-145.

CHAMBERS, R.; PACEY, A. e TRUPP, L. A. (1989) (orgs.), *Farmer First: Farmer Innovation and Agricultural Research*. London, Intermediate Technology Publications.

CHARLOT, Bernard (2000), *Da relação com o saber — elementos para uma teoria*. Porto Alegre, Artmed.

CHURCHMAN, C.; ACKOFF, R.; ARNOFF, E. (1957), *Introduction to Operations Research*. New York, John Wiley and Sons.

CORNU, Roger (2003), *Educação, saber e produção*, Lisboa, Instituto Piaget.

CORREIA, Fernando (1950), "História Geral e Conceito do Serviço Social", Separata da *Revista Clínica Contemporânea*, IV(4), pp. 165-180.

CORCUFF, Philippe. (2001). *As Novas Sociologias*. Sintra, Vral.

COUTURIER, Yves (2002). "Les réflexivités de l'oeuvre théorique de Bourdieu: entre méthode et théorie de la pratique.", *Esprit critique*", IV (3) [http://www.espritcritique.org].

COUTURIER, Yves (2004), "Le déploiement de l'intervention. Lecture d'un transversal interdisciplinaire à la lumière de l'herméneutique du sujet selon Foucault", *Esprit critique*,VI (1) [http://www.espritcritique.org].

CRISTÓVÃO, Artur (1994). "Do Sistema de Formação e Visitas à Investigação e Desenvolvimento de Sistemas Agrários: Análise Crítica de um Percurso", *Revista Economia e Sociologia*, nº 59, pp. 93-124.

CRISTÓVÃO, Artur e PEREIRA, Pereira. (2003). "Extension Reform in Portugal. A Case Study Illustrated by the Experience of the Interior North", in Rivera, W. e Alex, G. (orgs.) *Demand-Driven Approaches to Agriculture Extension. Case Studies of International Initiatives. The World Bank. Agriculture and Rural Development.* Discussion Paper 10- Extension Reform for Rural Development, Volume III, pp. 96-104.

CRUZ, Manuel Braga da (1983), "Para a história da sociologia académica em Portugal", Coimbra, *Boletim da Faculdade de Direito*, pp. 3-49.

CYERT, R. e MARCH, J. (1963), *A Behavioral Theory of the Firm.* Prentice-Hall: Englewood Cliffs, N.J.

DONDEYNE, Christéle (2001), "Quelle prise de distance avec l'entreprise?", in Paul Bouffartigue (org.), *Cadres: la grande rupture.* Paris, La Découverte, pp.63-81.

DUBAR, C. (1992), "Formes identitaires et socialisation professionnelle", *Revue française de sociologie*, XXXIII (4), pp. 505-529.

DUBAR, Claude, (1991), *La socialisation — construction des identités sociales e profissionelles.* Paris, Armand Colin.

DUBAR, C. (2000), *La crise des identités. L'interprétation d'une mutation.* Paris, PUF.

DUBAR, Claude e TRIPIER, Pierre (1998), *Sociologie des professions.* Paris, Armand Colin.

DUBET, François (1996), *Sociologia da experiência.* Lisboa, Instituto Piaget,.

DUBET, François (2002), *Le declin de l'institution.* Paris, Seuil.

DUBET, François e MARTUCCELLI, Danilo (1996), "Theorie de la socialisation et définitions sociologiques de l'école.", *Revue Française de Sociologie*, XXXVI, pp. 511-535.

DUBOIS, Michel (2001), *La nouvelle sociologie des sciences.* Paris, Presses Universitaires de France.

DUBREUIL, Bertrand (2000), *Imaginário técnico e ética social*, Lisboa, Instituto Piaget.

DIEUAIDE, Patrick (2004), "Le travail cognitif comme acte productif. Eléments d'analyse pour une caractérisation de la notion de 'knowledge worker'". Comunicação à Conferência Internacional sobre Sociologia dos Grupos Profissionais, *Savoir, Travail e Organization.* (Conference Interim of International Sociological Association, (ISA) – (RC 52). Paris. Uninversité de Versailles, (mimeo).

ELIAS, Norbert (1997), *Envolvimento e Distanciamento. Estudos Sobre a Sociologia do Conhecimento.* Lisboa, Publicações Dom Quixote.

ELSTER, J. (1989), *Sour Grapes: Studies in the Subversion of Rationality.* Cambridge, Cambridge University Press.

ENGEL, P. e ROLING N. (1991). "It from a Knowledge System Perspective: Concepts and Issues", *in* D. Kuiner e N. Roling (orgs.), *Proceedings of the European Seminar on Knowledge Management and Information Technology.* The Netherlands-Wageningen, Agricultural University, Department of Extension Service. pp. 9-20.

ESTANQUE, Elísio e MENDES, José Manuel (1998), *Classes e desigualdades sociais em Portugal.* Porto, Afrontamento.

ESTANQUE, Elísio e MENDES, José Manuel (1999), "Análise de classes e mobilidade social em Portugal: um breve balanço crítico", *Revista Crítica de Ciências Sociais*, n°52/ /53, pp.173-198.

EVETTS, Julia (2000), "Sociology of professos: international developments". Comunicação à Conferência Internacional sobre Sociologia dos Grupos Profissionais *State, Political Power and Professional Structures: new partterns anda new challenges.* (Conference Interim of International Sociological Association (ISA) – RC 52). Lisboa, ISCTE (mimeo).

EVETTS, J. (2003), "The Sociological Analysis of Professionalism: occupational change in the modern world", *International Sociology*, XVIII (2), pp. 395-415.

FERNANDES, Ernesto (1985), "Evolução da Formação dos Assistentes Sociais no Instituto de Lisboa", *Intervenção Social*, n° 2/3, pp. 123-141.

FERNANDES, Luís (2003), "Um diário de campo nos territórios psicotrópicos: as facetas da escrita etnográfica", in Telmo Caria (org.), *Experiência Etnográfica em ciências sociais*, Porto, Afrontamento, pp.23-40.

FILIPE, José P. (2003a), "Educadoras, Terapeutas e Centros de Actividade Ocupacional". Comunicação apresentada no *VI Seminário ASPTI.* Porto, documento de trabalho ASPTI, n°22.

FILIPE, José P. (2003b), "Reflexividade Interactiva e Reflexividade Institucional no Desenvolvimento Profissional de Educadoras e Professoras na Educação Especial". Comunicação apresentada no Midterm Conference Europe 2003, RC 04. *Critical Education & Utopia. Emergent Perspectives for the 21st Century.* International Sociological Association, Lisboa, Setembro.

FIRMINO DA COSTA, António (1996), "Ciência e reflexividade social. Relações entre ciência e sociedade segundo inquérito aos investigadores portugueses", in Maria Eduarda Gonçalves, (org.) (1996), *Ciência e democracia.* Lisboa, Bertrand Editora, pp.199- -222.

FIRMINO DA COSTA, António, ÁVILA, Patrícia e MARTINS, S., (2003), *Os pœblicos da Ci•ncia.* Lisboa, Gradiva.

FIRMINO DA COSTA, António, MACHADO, F., ALMEIDA, J., MAURITTI, R. e MARTINS, S., (2002), "Classes sociais na Europa", *Sociologia – Problemas e Práticas*, n°34, pp. 9-43.

FOUCAULT, Michel (1975), *Surveiller et punir*, Paris, Gallimard

FREIDSON, Eliot. (1994a), "Porquoi l'art ne peut pas être une profession", in J.-P. Menger e J.-C. Passeron, *L'art de la recherche*. Nancy, La Documentation Française.

FREIDSON, Eliot. (1994b), *Why art canot be a profession*. In: http:// itsa.ucsf.edu/ ~eliotf/ Why Art Cannot be a Profes.html.

FREIDSON, Eliot. (1994c), *Professionalism Reborne- theory, prophecy and policy*. Cambridge. Polity Press.

FREIDSON, Eliot. (2001), *Professionalism*. Cambridge, Polity Press.

FREIRE, João (1993), *Sociologia do trabalho — uma introdução*. Porto, Afrontamento.

FREIRE, João (org.) (2004), *Associações Profissionais em Portugal*. Oeiras, Celta.

GABIÑA, Juanjo (1995), *El futuro revisitado. La reflexión prospectiva como arma de estrategia y decisión*, Barcelona, Marcombo.

GIBBONS, M., LIMOGES, C., NOWOTNY, H, SCHARTZMAN, S. Scott, P. e TROW, M. (1994), *The new prodution of knowledge. The dynamics of science ans research in contemporary societies*. London, Sage.

GIDDENS, Anthony (1989), *A constituição da sociedade*. São Paulo, Martins Fontes.

GIDDENS, Anthony (1992), *As Consequências da Modernidade*. Oeiras, Celta

GIDDENS, Anthony (1994), *Modernidade e identidade pessoal*. Oeiras, Celta.

GIDDENS, Anthony (1996), *As novas regras do método sociológico*. Lisboa, Gradiva.

GIDDENS, Anthony (2000), *A dualidade da estrutura*. Oeiras, Celta

GIDDENS, Anthony, Beck, Ulrich, e Lash, Scott (1994), *Modernização reflexiva*. Oeiras Celta.

GLASER, B. e STRAUSS, A. L. (1967), *The discovery of grounded theory: strategies for qualitative research*, New York, Aldine de Gryter.

GLEESON, B. J. (1997), "Disability Studies: a historical materealist vew", *Disabilityb & Society*, XII (2), pp. 179-202

GODINHO, Manuel Mira (1993), "Interacção ciência-tecnologia em Portugal", in Maria Eduarda Gonçalves (org.), *Comunidade científica e poder*. Lisboa, Edições 70, pp.177-202.

GOFFMAN, Erving (1991, 1974), *Les cadres de l'experience*. Paris, Minuit.

GOMES, Rui ??[Comentário crítico ao artigo de Rui Gomes (2001), publicado no nº16 da mesma revista].

GONÇALVES, Maria Eduarda (1996b), "Mitos e realidades da política de Ciência em Portugal", *Revista Crítica de Ciências Sociais*, nº46, pp.47-68.

GONÇALVES, Maria Eduarda (org.) (1993), *Comunidade científica e poder*. Lisboa, Edições 70.

GONÇALVES, Maria Eduarda (org.) (1996a), *Ciência e democracia*. Lisboa, Bertrand Editora.

GONÇALVES, Maria Eduarda, (org.) (2000), *Cultura científica e participação pública*. Oeiras, Celta.

GORJÃO, Vanda (2002), *Mulheres em Tempos Sombrios – Oposição feminina ao Estado Novo*. Lisboa, Instituto de Ciências Sociais.

GRIM, Olivier (2000), *Du monstre àl'enfant. Anthropologie et psychanalyse de l'infirmité*, Paris, CTNERHI

HABERMAS, Jurgen (1993, 1968), *Técnica e ciência como ideologia*. Lisboa, Edições 70.

HABERMAS, Jurgen (2002, 1996), *Racionalidade e comunicação* Lisboa, Edições 70.

HATZFELD, H. (1998), *Construire des nouvelles légitimités en travail social*, Paris, Dunod.

HENRIQUEZ, Alfredo (1991), *A Politica Social no Estado Novo*. Lisboa, ISSS, Estudos e Documentos, n°3.

HILL, Manuela Magalhães e HILL, Andrew (2002), *Investigação por questionário*. Lisboa Sílabo.

IAMAMOTO, Marilda Vilela (1998), *O Serviço Social na contemporaneidade: trabalho e formação profissional*, São Paulo, Cortez Editora.

IAMAMOTO, Marilda Vilela (2002), *Renovação e Conservadorismo no Serviço Social*, Ensaios Críticos, 6ª edição, São Paulo, Cortez Editora.

ITURRA, Raúl (1988), "A construção conjuntural do grupo doméstico", *Sociologia — problemas e práticas*, n° 5, pp. 61-78.

ITURRA, Raúl (1990a) *Fugirás à Escola para trabalhar a terra*. Lisboa, Escher.

ITURRA, Raúl (1990b) *A construção social do insucesso escolar*. Lisboa, Escher.

ITURRA, Raúl (1994), "O processo educativo: ensino ou aprendizagem", *Educação, Sociedade & Culturas*, n°1, pp.29-50.

JASANOFF, Sheila (1993), "O parecer científico e a legitimação de políticas nos EUA", in Maria Eduarda Gonçalves (org.), *Comunidade científica e poder*. Lisboa, Edições 70, pp.223-237.

JESUÍNO, Jorge Correia (1996), "Imagens e contextos da ciência", in Maria Eduarda Gonçalves, (org.), *Ciência e democracia*. Lisboa, Bertrand Editora, pp.161-197.

KNORR-CETINA, Karin (1998), "Les épistémès de la societé: l'enclarement du savoir dans les strutures sociales", *Sociologie et Société*, vol.XXX(1).

KOVAKS, Ilona (1993), "Cientistas sociais nos processos de mudança do trabalho e das organizações", in Maria Eduarda Gonçalves (org.), *Comunidade científica e poder*. Lisboa, Edições 70, pp.239-256.

LASH, S. (2000), " A reflexividade e os seus duplos", in Ulrich Beck, Anthony Giddens e Scott Lash, *Modernização Reflexiva*, Oeiras, Celta, pp.105-164.

LASH, Scott (1999), "Crítica da informação", *Revista Crítica de Ciências Sociais*, n°54, pp.13-30.

LATOUR, Bruno (1997), *Nous n'avons jamais été modernes – essai d'anthropologie symétrique*. Paris, La Découverte & Syros.

LATOUR, Bruno (2001), *Le métier de chercheur regard d'un anthropologue*. Paris, INRA editions.

LAVE, Jean (1991, 1988), *La cognición en la prática*. Barcelona, Paidós.

LAVE, Jean e CHAIKLIN, Seth (1993), *Understanding Pratice*. Cambridge University Press.

LAVE, Jean e WENGER, Etienne (1999), *Situated learning*. Cambridge, Cambridge University Press.

LAZARSFELD, Paul (1965), "Des concepts aux indices empiriques", in Raymond Boudon e Paul Lazarsfeld, *Le Vocabulaire des Sciences sociales: concepts e indices*, Paris, Mouton & Maison des Sciences de l'Homme, pp. 27-36.

LEICHT, Kevin e FENNELL, Mary L. (1997), "The changing organizational context of professional work", ., n° 23, pp.215-231.

LE STRAT, Nicolas (1996), *L'implication, une nouvelle base de l'intervention sociale*. Paris, L'Harmattan.

LHAIRE, Bernard (1998), *L'homme pluriel, les ressorts de l'action*. Paris, Nathan.

LINDBLOM, C. (1959), "The science of muddling-through", *Public Administration Review*, XIX (1).

LINDBLOM, C. (1980), *O processo de decisão política*. Brasília: UNB.

LIVIAN, Yves-Frédéric (2001), "Une relation d'emploi ordinaire?" in Paul Bouffartigue (org.) (2001), *Cadres: la grande rupture*. Paris, La Découverte, pp.51-61.

LUNDVALL, Bengt-Ake (2000), "L`économie apprenante et certains de ses conséquences pour la base de savoir du système de sante et du sytème educatif", in AA.VV. *Société du savoir et gestion des connaissances*, Paris, OCDE, pp.143-162.

MACDONALD, N. (1995), *The sociology of professions*. London-New York, Sage.

MADUREIra, C. Novais e ROCHA, Carlos M. (2002), "As diferentes faces da razão (II): risco, ciência e peritos", *Revista Crítica de Ciências Sociais*, n°64, pp.81-106.

MAIA, Fernando (1984), *A segurança social em Portugal – evolução e tendências*. Lisboa, Edição do autor.

MARTINELLI, Maria Lúcia (2001), *Serviço Social, Identidade e Alienação*, São Paulo, Cortez Editora.

MARTINS, Alcina Maria(1999), *Génese, emergência e institucionalização do serviço social português*. Lisboa, Fundação Calouste Gulbenkian/Fundação para a Ciência e Tecnologia.

MARTINS, Alcina Maria de Castro (1999), *Génese, Emergência e Institucionalização do Serviço Social Português*. Lisboa, Fundação Calouste Gulbenkian.

MARTINS, Hermínio e GARCIA, José Luís (org.) (2003), *Dilemas da civilização tecnológica*. Lisboa, Imprensa de Ciências Sociais.

MÓNICA, Maria Filomena (1996), "A evolução dos costumes em Portugal, 1960 - 1995", in António Barreto, *A situação social em Portugal, 1960 – 1995*. Lisboa, Instituto de Ciências Sociais, pp. 215 – 231.

MONTEIRO, Alcina (1995), "A Formação Académica dos Assistentes Sociais: uma retrospectiva crítica da institucionalização do Serviço Social no Estado Novo", *Intervenção Social*, nº 11/12, pp. 43-76.

MORIN, Edgar (1984), *Sociologia*, Lisboa, Publicações Europa-América.

MORIN, Edgar (1994), *Ciência com consciência*. Lisboa, Publicações Europa-América.

MOUZELIS, Nicos.(1991), *Back to sociological theory. The construction of social orders*. Londres, Macmillan, 1991.

NEWMANN, J.; MORGENSTERN, O. (1947), *Theory of Games and Economic Behavior*. N.J., USA: Princeton University Press.

NIZA, Sérgio (1996), "Necessidades Especiais de Educação: Da Exclusão à Inclusão na Escola Comum", *Inovação*, IX(1), pp.139-149.

NOGUEIRA, F. (2004), *Decisores Hospitalares - Necessidades Formativas e Informativas*. Vila Real, UTAD-DESG [Dissertação de Doutoramento].

NÓVOA, António (1987), *Le temps des professeurs: analyse socio-historique de la profession enseignante au Portugal (XVIII-XX siecle)*. Lisboa, Instituto Nacional de Investigação Científica.

OLIVEIRA, Luísa (2002), "Desafios à Universidade: comercialização da ciência e recomposição dos saberes académicos", *Sociologia – Problemas e Práticas*, nº34, pp. 93--116.

PAIS, José Machado (2002), *Sociologia da vida quotidiana*, Lisboa, ICS.

PAIS, José Machado (2001), *Vida quotidiana: enigmas e revelações*. São Paulo, Cortez editora.

PATRIARCA, Fátima (1995), A *Questão Social no Salazarismo*. Lisboa, Imprensa Nacional Casa da Moeda.

PASSERON, J.-C. (1995), *O raciocínio sociológico. O espaço não-popperiano*. Rio de Janeiro, Editora Vozes.

PEREIRA, José Pacheco (1999), *Álvaro Cunhal, uma Biografia Política*. Lisboa, Temas e Debates – Actividades Editoriais, Lda.

PEREIRA, Fernando (2004), *Identidades Profissionais, Trabalho Técnico e Associativismo/ Cooperativismo Agrário em Trás-os-Montes e Alto-Douro: Uma Construção Identitária Partilhada*. Vila Real, UTAD-DESG. [Dissertação de Doutoramento].

PERRENOUD, Philippe (1999), *Enseigner: agir dans l'urgence, décider dans l'incertitude*. Paris, Editions Sociales Françaises.

PERRENOUD, Philippe (2001), *Porquê construir competências a partir da escola?* Porto, ASA.

PINTO, Maria de Lurdes Alves (1992), *A Construção do Conhecimento do Serviço Social em Portugal: Período do metodologismo, década de 50.* Lisboa, ISSS, Estudos e Pesquisas, nº 2.

POSTIC, Marcel e KETELE, Jean-Marie (1988), *Observer les situations éducatives*, Paris, PUF.

PRADES, Jacques (org.) (1992), *La technoscience: les fractures des discours.* Paris, L'Harmattan.

QUINN, J. (1980), *Strategies for Change.* Homewood, Illinois: Irwin

REICH, Robert (1996), *O trabalho das nações*, Lisboa, Quetzal.

RIBEIRO, Manuela (2003), "E como é que, realmente, se chega às pessoas? Considerações introdutórias sobre as notas e trabalho de campo como processo social", in Telmo Caria (org.), *Experiência Etnográfica em ciências sociais*, Porto, Afrontamento, pp.99-114.

ROCHA, Cristina (1999), *Da oficina à Universidade: continuidade e mudança na construção da profissão farmacêutica.* Porto, Faculdade de Psicologia e Ciências da Educação (versão policopiada de tese de doutoramento).

RODRIGUES, Fernanda (1999), *Assistência Social e Políticas Sociais em Portugal.* Lisboa, CPIHTS, ISSScoop Departamento Editirial.

RODRIGUES, Maria Lurdes (1997), *Sociologia das profissões.* Oeiras, Celta.

RODRIGUES, Maria Lurdes (1999), *Os engenheiros em Portugal.* Oeiras, Celta.

ROSAS, Fernando (1994), "O Estado Novo (1926 – 1974) ", in José Mattoso, *História de Portugal.* Lisboa, Circulo de Leitores, Vol. VII.

ROSAS, Fernando e BRITO, J. M. Brandão de (1996), *Dicionário de História do Estado Novo.* Lisboa, Circulo de Leitores, Vol. I e II.

RUDIGER, Francisco (2004), *Introdução às teorias da cibercultura.* Porto Alegre, Editora Sulina

SACKS, Mike (2000), "Social scientific miopia? The limitations of current "professionscentries" studies of the professos". Comunicação à Conferência Internacional sobre Sociologia dos Grupos Profissionais, *State Political Power and Professional Structures: new partterns and new challenges* (Conference Interim of International Sociological Association (ISA) – RC52). Lisboa, ISCTE (mimeo).

SALLIS, Edward e JONES, Gary (2002). *Knowledge Management in Education. Enhancing Learning & Education.* London, Kogan Page Limited.

SANTOS, Boaventura Sousa (1990), *O estado e a sociedade em Portugal(1974-1988).* Porto, Afrontamento.

SANTOS, Boaventura Sousa (1994), *Pela mão de Alice: o social, e o político na pósmodernidade.* Porto, Afrontamento.

SANTOS, Boaventura Sousa (2000), *A crítica da razão indolente: contra o desperdício da experiência.* Porto, Afrontamento.

SARTRE, Jean-Paul (1960), *Questions de méthode,* Paris, Gallimard.

SCHÖN, Donald A. (1983). *The Reflective Practitioner. How Professionals Think in Action.* USA, BasicBooks.??

SCHÖN, Donald (1998), *El professional reflexivo: como piensan los professionales cuando actúan.* Barcelona, Paidós.

SCHÖN, Donald (1992), *La formación de profesionales reflexivos. Hacia un nuevo diseño de la enseñanza y el aprendizaje en las profesiones*, Barcelona, Paidós.

SCHONS, Selma Maria (1999), *Assistência Social entre a ordem e a (des)ordem*, São Paulo, Cortez Editora.

SHANER, N. W.; PHILIP, P. F. e SCHMEHL, W. R. (1982). *Farming Systems Research & Development: Guidelines for Developing Countries.* Boulder, Colorado, Westview.

SENNETT, R. (2000), *La corrosión del carácter. Las consecuencias personales del trabajo en el nuevo capitalismo.* Barcelona, Editorial Anagrama.

SENGE, Peter (2002), *La quinta disciplina. El arte y la práctica de la organización abierta al aprendizaje,* Barcelona, Granica.

SILVA, Pedro (2003), *Etnografia e Educação: reflexões a propósito de uma pesquisa sociológica.* Porto, Profedições,

SIMÕES, Jorge (2004), *Retrato Político da Saúde, Dependência do Percurso e Inovação em Saúde: Da ideologia ao desempenho.* Coimbra, Almedina.

SPERANZA, Lorenzo (2000), "Professional Powers". Comunicação à Conferência Internacional sobre Sociologia dos Grupos Profissionais, *State Political Power and Professional Structures: new partterns and new challenges* (Conference Interim of International Sociological Association (ISA) – RC52). Lisboa, ISCTE (mimeo).

STOER, Stephen (1994), "Construindo a escola democrática através do campo da recontextualização pedagógica", *Educação, Sociedade & Culturas*, n° 1, pp.7.28.

STOOBANTS, Marcelle (1993). *Sociologie du Travail.* Paris, Nathan.

SUN, Ron (2002). *Duality of the Mind. A Botton Up Approach Toward Cognition.* Mahwah, New Jersey; London, Lawrence Erlbaum Associates, Publishers.

TANGUY, Lucy (org.) (1986), *L'Introuvable relation formation-emploi.* Paris, La Documentation française.

TERSSAC, Gilbert de (1992), *Autonomie dans le travail*, Paris, PUF.

TERSSAC, Gilbert de (1996), "Savoirs, compétences et travail", in Jean-Marie Barbier (org.), *Savoirs théroriques et savoirs d'action*, Paris, PUF, pp.223-247.

TOURAINE, Alain (1994), *Crítica da modernidade.* Lisboa, Instituto Piaget.

TOURAINE, Alain (1997), *Pourrons-nous vivre ensemble?* Paris, Fayard

VERDES-LEROUX, Jeanine (1986), *Trabalhador Social: Práticas, Ethos, Formas de Intervenção.* S. Paulo, Cortez.

VIEIRA, Balbina Ottoni (1976), Serviço *Social: Processos e Técnicas*. Rio de Janeiro, Livraria Agir Editora.

WEBER, Max (1979, 1904), *Sobre a teoria das Ciências sociais*. Lisboa, Presença.

WEBER, Max (1979, 1919), *O político e o cientista*. Lisboa, Presença.

WENGER, Etienne (2001), *Comunidades de práctica. Aprendizage, significado e identidad*. Barcelona, Paidós

WINNER, Laugdon (2003), "Duas visões da civilização tecnológica", in Hermínio Martins e José Luís Garcia, (org.), *Dilemas da civilização tecnológica*. Lisboa, Imprensa de Ciências Sociais, pp. 79-90.

YEALLEY, Steven, FORRESTER, Jonh e BAYLEY, Peter (2000) "Participação e perícia científica sobre os modelos científicos" in Maria Eduarda Gonçalves, (org.), *Cultura científica e participação pública*. Oeiras, Celta, pp. 183-200.